媒体产业系列丛书

中外新媒体产业

曾静平　杜振华　编著

北京邮电大学出版社
www. buptpress. com

内 容 简 介

全书分为概述、电脑媒体产业、手机媒体产业、楼宇广场媒体产业、车船媒体产业、星空媒体产业、动漫游戏产业、移动互联网产业、融合媒体产业等相关内容，对新媒体产业的概念、特征、产生背景、社会影响、产业发展以及新媒体带来的媒介产业融合、新媒体产业管理规范等问题进行了系统深入阐述。

本书既适用于高校新闻传播学及相关专业本、专科生和研究生的新媒体产业教材，还可作为新闻传播学及相关专业的教学科研人员和媒体从业人士的学习参考书。

图书在版编目(CIP)数据

中外新媒体产业 / 曾静平，杜振华编著. -- 北京 ：北京邮电大学出版社，2014.6

ISBN 978-7-5635-2219-4

Ⅰ. ①中… Ⅱ. ①曾…②杜… Ⅲ. ①传播媒介－产业发展－研究－世界 Ⅳ. ①G219.1

中国版本图书馆 CIP 数据核字(2013)第 296118 号

书　　名：中外新媒体产业
著作责任者：曾静平　杜振华　编著
责 任 编 辑：王丹丹
出 版 发 行：北京邮电大学出版社
社　　址：北京市海淀区西土城路 10 号(邮编：100876)
发 行 部：电话：010-62282185　传真：010-62283578
E-mail：publish@bupt.edu.cn
经　　销：各地新华书店
印　　刷：北京联兴华印刷厂
开　　本：787 mm×1 092 mm　1/16
印　　张：12.75
字　　数：247 千字
印　　数：1—3 000 册
版　　次：2014 年 6 月第 1 版　2014 年 6 月第 1 次印刷

ISBN 978-7-5635-2219-4　　定　价：28.00 元

· 如有印装质量问题，请与北京邮电大学出版社发行部联系 ·

编 委 会

序

当传媒产业变得与传媒事业同等重要甚至在某些时候某些地方位置尤高一层时，业界内外关注的热度自然也不断升长。全国各地的文化产业研究机构、传媒产业研究机构应运而生，专家学者撰写的鸿篇巨著陆续进入公众视野。

浙江传媒学院作为国内两所综合性专业传媒院校之一，一直在规划建构传媒产业学科体系，聚合国内高校的最强科研力量谱写传媒产业教材。经过多年的精心策划和缜密组织，由我和浙江省钱江学者特聘教授、浙江传媒学院特聘教授曾静平博士牵头，融合了浙江传媒学院、北京邮电大学、中国传媒大学、北京大学、武汉大学、四川大学和北京服装学院等众多一线顶级学者的“传媒产业系列丛书”终于到了瓜熟蒂落的时候，即将陆续与读者见面。

“传媒产业系列丛书”包括《中外新媒体产业》、《电视购物产业》、《网络购物产业》、《广电网站产业》、《电影院线产业》和《数字之手》(译著)共 6 卷，集萃了浙江文化产业发展研究中心、浙江省传播与文化产业研究中心、北京邮电大学电视购物研究与发展中心、中国电信传播研究中心、中国传媒大学电视购物与网络购物研究中心和央视索福瑞媒介研究有限公司等潜心经年的研究成果，是跨区域、跨学科和跨院校协同创新的产物，是群策群力集体智慧的结晶。

其中，《中外新媒体产业》从新媒体产业发生发展的终端着眼，以电脑媒体、手机媒体、车载媒体、楼宇广场媒体和星空媒体这几大新媒体着手，对中外新媒体产业进行一个宏观而又深入的论证。书中还对动漫与游戏产业(贯穿于新媒体产业的方方面面)、网吧产业、移动互联网产业和融合媒体产业(包括三网融合产业、物联网产业和云计算产业)进行了畅想解析。

《电视购物产业》和《网络购物产业》瞄准了国内被人忽略的“巨无霸”产业盲区，书写了电视购物产业与网络购物产业作为现代服务业的支柱地位。2013 年，全国电视购物总销售量超过了 1 000 亿元人民币，网络购物产业规模接近 3 万亿元。在中国电视购物产业急剧扩张、电视购物与网络购物趋于融合以及传统店商向网络购物转型的节点，这两本书的出版发行可谓生逢其时。

广播电视网站是“三网融合”的重要标志。《广电网站产业》是在借鉴国外广播电视网站产业发展背景的基础上，对我国广播电视网站的全面纵览与高度提炼，是我国广播电视行业力图在新媒体领域产业发展的一部重要参考书，是广大专业研究人员了解中国广播电视网站发展和产业链丰富壮大全貌的范本。

《电视购物产业》、《网络购物产业》、《广电网站产业》和《电影院线产业》是国内第一本将视角投向该领域的开山之作，首次在书中介绍了电视购物、网络购物、广播电视网站和电影院线的发展渊源，以传播学、管理学、史学、艺术学、市场营销学以及计算机等学科多维解构，结合中外经典案例展开实证研究，旁征博引，图文并茂，是理论创新的精品力作。

“传媒产业系列丛书”既是中外新媒体产业、电视购物产业、网络购物产业、电影院线产业等发展的历史见证，是文化产业重要组成部分的具体铺展，是新闻传播和产业经营管理研究成员和第一线实践工作者的宝贵资料，也是新闻传播院系本科生和研究生开拓视野不可多得的崭新教材。是为序。

吴建华

前　言

从珍藏在德国古腾堡印刷博物馆的世界上最早的报纸(这份报纸诞生于1605年前。通常认为,世界上最早的报纸诞生在1609年),到1920年广播媒介在美国的匹兹堡问世,1936年BBC成为世界上第一座商业电视台,三大传统媒体相继出现,开启了人类智慧的新纪元,开创了信息传播新时代,俨然"三阳开泰"。

20世纪80年代,互联网进入美国千家万户,并于90年代逐渐走向世界,成为全球崭新的通信联络手段,麦克卢汉的"地球村"构想得以实现。在1998年5月举行的联合国新闻委员会年会上,"第四媒体"概念被正式提出。时任联合国秘书长安南在会上指出,在加强传统媒体的文字和声像传播手段的同时,应利用最先进的第四媒体——因特网,以加强新闻传播工作。1999年4月14日,在北京召开的"第二届亚太地区报刊与科技和社会发展研讨会"上,中国首次确定了第四媒体的概念,同时在新华社播发的通稿中有这样的表述:"中外专家提出,以因特网和信息高速公路为主体的第四媒体的影响在10~20年之内将可能超过报刊、广播和电视。"

1992年,沃达丰公司发送了世界上第一条手机短信。手机的媒体功能慢慢得到显现,随着手机广播、手机报纸、手机电视和手机互联网的陆续开通,"第五媒体"作为又一个新媒体越叫越响。2005年7月13日,我国楼宇广场媒体的代表和先锋——分众传媒在美国成功上市,创造了"等候经济"纳斯达克奇迹,是当之无愧的"第六媒体"。广源传媒开启了列车电视作为"第七媒体"的新洞天,公交地铁长途客车高速列车以及20多万艘客船等车船媒体,酝酿着勃勃生机。

2007年10月25日,从新加坡首航至澳大利亚悉尼的A380客机,开始了空中上网的崭新尝试,让人们看到了"星空媒体"的无限商机,第八大新媒体在璀璨星空中熠熠闪光。电脑媒体、手机媒体、楼宇广场媒体、车船载媒体和星空媒体"五子登科",与报纸广播电视三大传统媒体构筑成"大媒体",形成了传统大众媒体和新媒体"八仙过海"壮观局面。随着新媒体的群雄并起,传统广播电视报纸杂志面临严酷的竞争压力。当下，传统媒体之间的竞争，传统媒体与自身新媒体的竞争，各种不同类型的新媒体之间的竞争愈演愈烈。

电脑媒体和手机媒体是新媒体产业的主力军。根据国际电信联盟分析，到2010年年底，全球互联网用户人数超过24亿，手机用户数达到超过60亿，3G注册用户数突破10亿。2011年的美国福特斯统计数据显示，在美国媒体消费总时间上，互联网占据着36%的比例，比2006年的19%将近翻了一番。与此形成对比，消费电视的时间从44%降到35%，电视广告额从40%降到33%。故此，广告主投放新媒体出版业的份额也在相应地增加，2011年互联网广告的投放值占媒体出版业广告总额的15%，达到350亿美元。

我国的新媒体建设起步较晚，但成长迅速，产业规模巨大，市场前景广阔。现在，我国已经超过美国一跃而成为世界上互联网用户最多的国家，是全球互联网产业的中坚力量。

发展新媒体产业，已经在我国宏观政策中得以体现。国家在《"十一五"时期文化发展规划纲要》中指出，要"发展手机网站、手机报刊、IP电视、移动数字电视、网络广播、网络电视等新兴传播载体"，强调要"积极发展以数字化生产、网络化传播为主要特征的数字内容产业。积极发展网络文化产业，鼓励扶持民族原创的、健康向上的网络文化产品的创作和研发，拓展民族网络文化发展空间"，提出"鼓励自主研发数字内容、数字传播、数字服务终端的产品和装备，开发数据处理、存储、传输、下载、适用互动等数字出版的增值业务，扩大数字出版的产业群体"。国家"十二五"规划纲要进一步明确指出，推进文化产业转型升级，推进文化科技创新，培育发展新兴文化产业等。这表明，国家已经把新媒体产业作为传媒业现代化的重点之一，为新媒体产业的发展提供了制度支持和法制保障。

2009年9月22日，国务院召开常务会议，讨论并原则通过《文化产业振兴规划》，为加快我国文化产业振兴提出了明确的"指导思想、基本原则和规划目标"，并且指出了具体的"重点任务"、"政策措施"和"保障条件"。9月26日，新华社授权全文播发了《文化产业振兴规划》。这是我国成立60年来首部全国性的文化产业专项规划，此规划对我国应对金融危机、加快文化产业发展、推动经济结构调整有着重要意义，意味着我国文化产业经过多年的探索性发展，正迎来一个历史性拐点，将进入一个高速增长周期。

在《文化产业振兴规划》中的"重点任务"中提及，当前和今后一个时期要着力做好的八个方面工作中，从不同侧面提及新媒体和新媒体产业，并专列第七条展开部署“发展新兴文化业态”的具体实施，突出新媒体产业的特殊地位。《文化产业振兴规划》第三部分“重点任务”的第七条“发展新兴文化业态”中指出，“采用数字、网络等高新技术，大力推动文化产业升级。支持发展移动多媒体广播电视、网络广播影视、数字多媒体广播、手机广播电视，开发移动文化信息服务、数字娱乐产品等增值业务，为各种便携显示终端提供内容服务。加快广播电视传播和电影放映数字化进程。积极推进下一代广播电视网建设，发挥第三代移动通信网络、宽带光纤接入网络等网络基础设施的作用，制定和完善网络标准，促进互联互通和资源共享，推进三网融合。积极发展纸质有声读物、电子书、手机报和网络出版物等新兴出版发行业态。发展高新技术印刷，运用高新技术改造传统娱乐设施和舞台技术，鼓励文化设备提供商研发新型电影院、数字电影娱乐设备、便携式音响系统、流动演出系统及多功能集成化音响产品。加强数字技术、数字内容、网络技术等核心技术的研发，加快关键技术设备改造更新”。从数字网络与文化产业升级的关系、移动多媒体广播电视、移动文化信息服务和数字娱乐产品等方面明确了我国新媒体产业发展目标。

《文化产业振兴规划》特别强调要加快数字内容、动漫等新媒体产业的发展，同时降低准入门槛，“积极发展移动多媒体广播电视、网络广播影视、手机广播电视等新兴文化业态，推动文化产业升级”，这些都将切实提升我国文化产业的创造力和生产力，直接刺激新媒体产业跃上新台阶。

2006 年，我国新媒体产业市场总值为 1 140 亿元，占传媒产业总值的近三分之一。其中，移动媒体和网络媒体两大板块均实现了较快增长。移动媒体包括手机电视、手机广播、手机短信、手机游戏、移动电视等。网络媒体包括网络游戏、网络广告、网络视频、博客、各种下载业务等。第一创业证券数据显示，过去 5 年新媒体的复合增长率高达 50%，新媒体的收入规模从 2004 年的 263 亿元增长到 2009 年的 2021 亿元，占传媒产业的结构由 12%提升至 41%。新媒体产业发展势头强劲，未来的市场规模潜力依然较大。

新媒体产业的快速发展，直接受益于网络普及率的提升。根据中国互联网络信息中心数据，2003—2010 年我国互联网经济市场规模年均复合增长率高达 63%。2010 年，我国互联网经济市场规模已达 1 500 亿元，比 2009 年增长了 53.40%，五倍于同期 GDP 增速。截至 2013 年 6 月底，中国网民规模已达 5.91 亿，互联网普及率则攀升至 44.1%。随着智能手机的普及、互联网企业的发力和无线网络的发展，我国移动互联网发展态势良好，截至 2013 年 6 月底，我国手机网民规模为4.64亿，较2012年年底增加约4 379万人，网民中使用手机上网的用户占比例由2011年年底的69.3%提升至78.5%，为移动互联网的各应用领域的产业推展创造了良好条件。根据艾瑞咨询集团发布的2012年中国网络经济总结报告，2012年，中国网络经济市场规模再创新高，飙升到3 850.4亿元。

新媒体的快速成长，不仅给人们的生活带来许多便利，而且以全新的产业模式推动着我国传媒事业与传媒产业的发展。由于新媒体产业是计算机技术、数字技术和现代通信技术等创新和发展的成果，融合了多种技术革新，对人们生活、电信通信、广播电视报纸杂志等传统媒体的众多相关产业发展产生了极大的推动作用，成为推动世界经济发展重新布局、刺激多种市场繁荣和扩大多方就业的重要推动力。

目前，研究新媒体的角度多种多样，新媒体产业也成为一个热门词，对新媒体及新媒体产业的内涵与外延一直没有一个公认的权威概念，新媒体产业分野各有洞天。胡正荣的《新媒体前沿》致力于研究全球范围内新媒体的发展趋势，力求为我国新媒体发展提供一个全景式的、深入透彻的国际竞争环境的分析，中涉及其中国数字电视、电信新媒体、视听新媒体和数字出版等发展概况。翁立伟和宫承波的《新媒体产业论》从“网络媒体的产业化”、“手机媒体的产业化”、“互动性电视媒体的产业化”等角度阐述了中国新媒体产业动态。“中国拥有研究人员数量最多，规模最大，综合实力最强”的中商智业公司，其发布的《2013—2018年中国新媒体市场发展前景预测报告》对新媒体产业领域细分是“移动媒体”、“移动电视媒体”、“手机媒体”、“网络电视”、“网络媒体”和其他新媒体。

吴信训主编的“国际新媒体产业瞭望”丛书获得了上海市高校人文社会科学重点研究基地基金资助，是上海市教委“085工程”项目成果，颇受关注。吴小坤和吴信训的《美国新媒体产业》从“互联网产业”、“数字电视产业”、“数字出版产业”、“移动新媒体产业”和“动漫与游戏产业”五个方面展开进行论述，龙锦的《日本新媒体产业》与《美国新媒体产业》架构基本相同，仅少了“动漫与游戏产业”部分，曹月娟的《印度新媒体产业》则从“手机产业”、“互联网产业”、“动画产业”和“游戏产业”进行素描。

综合考察业界内外专家的研究成果，结合笔者多年的调研和论证，尽量避免论著中产业切割的交叉重叠，保证研究的系统性与严谨性，本书主要从新媒体产业发生发展的终端着眼，从计算机媒体（这可能是第一次有人这么称谓一个媒体）、手机媒体、车载媒体、楼宇广场媒体和星空媒体这几大新媒体着手，对中外新媒体产业进行一个宏观而又深入的论证。应该看到的是，互联网已经渗透到新媒体产业的各个角落，如果不以终端来区隔切割，那就会造成每一个章节纠葛不休。突兀地提出“计算机媒体”可能会贻笑大方，得罪各方神圣，但实在是迫不得已。书中的“计算机媒体”特指个人、家庭和办公室使用台式机和笔记本式计算机为载体并且以互联网为主体主线的媒体产业。对于出现在手机、楼宇广场、各类车船和飞机飞船等载体上的互联网产业，另有描述。

全书共分 9 章，第一章为概述，从新媒体产业的定义、分类、特征和产业链几个方面进行学理论述。第二章是电脑媒体产业，详尽解析以电脑为代表的网络媒体产业。第三章是手机媒体产业，分析手机报纸、手机广播和手机电视等的产业发展动态。第四章是楼宇广场媒体产业，新媒体产业的“想象力”特质有了注脚。第五章是车船媒体产业，展望高铁电视市场前景和车载广播的细分产业。第六章的星空媒体产业，畅想星空广播星空电视星空网络的未来。第七章是动漫与游戏产业，贯穿于新媒体产业的方方面面，是网吧产业、电脑媒体产业和移动互联网产业等的主要支柱。第八章是移动互联网产业，手机、PDA 和各种 PAD 以及车船等互联网吸引投资者的极大热情。第九章是融合媒体产业，试图对三网融合发展路径和市场空间展开论述，同时触及到方兴未艾的物联网产业和云计算产业。

目　录

第一章 概　　述

以互联网为代表的新媒体诞生以来，内容产业、制造业、广告业、软件开发业和信息服务业等相关产业相继如影相随成长壮大，成为“战略性新兴产业”的核心，是新型文化产业的杰出代表。

新媒体产业与新闻传播学、电信通信、计算机、市场营销、管理学、广告学和艺术学等学科有着千丝万缕的联系，属于交叉融合学科。新媒体产业涉及通信设备制造、高端计算机制造和广播电视设备及数字视听产品制造等制造业领域，实际操作过程中变数较多，实战性较强。因此，厘清新媒体产业的基本定义、产业分野、产业特征以及产业链，既需要科学合理进行多学科整合，又要紧扣时代脉搏，从中外新媒体产业发展的实际出发，理论联系实际展开论述。

第一节　新媒体及其产业的基本定义

“新媒体”是热门话题，也是争议颇多的议题。围绕新媒体的概念之争，就有不下十种。有专家认为，“新媒体就是手机电视”，无疑太过狭隘；也有学者说，“新媒体是某种新技术命名的媒体”，这又好像忽视了融合的力量；还有学者将新媒体说成是“人对人的传播”，这只是体现了传播对象与传播路径的差异，似乎失之片面。而“除了网络媒体之外，一切借助于数字技术和网络技术形成的、有别于传统传播形式的、革新的信息传播渠道都可以被归结为新媒体”的观点，将互联网络新媒体排斥在外，在逻辑上似显前后矛盾。

一、新媒体含义

美国传播学教授帕夫力克在《新媒体技术——文化和商业前景》一书中，描述了“新媒体景观轮廓和概念脉络”，给我们对新媒体的界定提供了启示。帕夫力克指出，新媒体技术的基本环节，即生产、发送、显示和存储[①]。

生产指的是那些用于搜集和加工信息的技术、包括计算机、电子照相机、扫描仪以及遥感技术。发送指的是电子信息在传输和运转时所采用的技术，包括无线广播、以地面为基地的远程通信、同轴电缆、卫星通信、无线传输和电力网。显示指将信息直接传送给终端用户、受众人员或者消费者，它们包括呈现不同格式电子信息的各种设备。存储指的是那些用于储藏电子格式信息的媒介。

我们认为，新媒体是运用计算机技术、电子通信技术、数字广播技术等高科技手段，通过互联网、无线通信网、数字广播电视网和卫星等传播渠道，通过计算机、手机、车船、楼宇广场、飞机火箭飞船和 MP3、MP4 等全天候全方位的多样式接收终端，以个性化、精细化和联动化的传播方式，实现点对点、点对多、多对点以及多对多的传播。

二、新媒体的一般特点

自从 1998 年 5 月“第四媒体”的概念被正式提出开始，第五媒体（手机）、第六媒体（楼宇广场）、第七媒体（车船）和第八媒体（星空）等相继被排序列入新媒体阵营。如果说，报纸杂志媒体、广播媒体和电视媒体的出现，形如“三阳开泰”，开启了人类心智的窗口，开创了信息传播的新纪元，那么五种新媒体的横空出世，正像“五子登科”，使世界真正进入到“人体即媒介”的“地球村”时代。

新媒体的“新”主要是相对传统大众媒体而言，归根结底就是传播载体新、传播方式新、传播效果新，继而带给受众新的思想、新的思维方式、新的生活方式、新的精神境界。美国经济学家詹姆斯科塔达（James W. Cortada）在 *Digital Hand* 一书中，详尽描述了数字信息技术在 20 世纪后半叶及 21 世纪初扮演的角色和发挥的作用，包括对制造、运输、零售、金融、电信、媒体和娱乐行业等多个产业产生了深刻影响。

第一，新媒体及其产业的产生与成长过程，是信息技术不断更新进步、各种媒体交叉融合的过程。帕夫力克认为，“新媒体技术边界处于一个不断变化的流动状态，几乎不会受到约束”。澳大利亚学者大卫（David）在其著作《澳大利亚的媒体通信》（*The Media Communication in Australia*）中论及“融合”的力量和效果。他认为，传统媒体之间的融合、电信媒体之间的融合以及传统媒体与电信媒体的融合，集中到一点组成了“互动信息平台”，诞生了“互动产业”。

第二，新媒体的产生速率快，成长迅速。进入 21 世纪，除了互联网媒体不

---

① 参见帕夫力克：《新媒体技术——文化和商业前景》，清华大学出版社，2005 年 5 月第 1 版。

断更新外，各种新媒体纷至沓来。无论是互联网媒体，还是手机媒体、楼宇广场媒体、车载媒体等，其成长速度远远超过了传统媒体。广播和电视媒介分别在诞生近40年和15年后，才拥有5 000万听众和视众，而互联网媒体从1993年对全世界公众开放，到拥有这个数量的用户只花了4年时间，手机媒体、楼宇广场和车载媒体等的产生与成长速度更是快得惊人。

第三，新媒体改变了以往“居高临下”的传播样式，不再是高高在上的说教，其伴随、实时、平等、互动、开放、亲和的传播形式，拉近了传受者的距离，有些地点和时间打破了传受者的界限，实现了传者与受者的合二为一。新媒体随处可见随时可用，“议程设置”变化多样，“意见领袖”更迭频繁，“沉默的螺旋”在新媒体空间里大展身手。

第四，新媒体展示了前所未有的传播效果，在应急机制中有着不可替代的作用。新媒体可以“无障碍传播”，建立了法国传播学者戴维·莫利概念中的“媒介新秩序”和尼葛洛庞蒂的“记忆办公室”构想不谋而合。新媒体的到达率高，目标受众明确，传播效果优势明显。

新媒体是高科技的产物，是人类潜智的彰显，是想象力和创造力的体现。从某种意义上说，新媒体就是想象力媒体。新媒体产业，就是想象力产业，新媒体经济，就是想象力经济[①]。

根据新媒体的概念，新媒体的分类为两大类，一类是全新技术载体和全新的传播特征与方式，例如互联网（含博客、播客、D客[②]）与手机短信；另一类是传统媒体应用高新技术嫁接到新的载体上，影响新的受众，产生新的媒体市场，手机电视、手机广播、手机报纸和车（船）载媒体、楼宇广场媒体、星空媒体等，都属于此种类型。

三、新媒体的“新”特点

新媒体有着与传统报纸杂志广播电视完全迥异的传播渠道与受众人群，有着不同寻常的“新”特点：

一是实时性、移动性和伴随性。由于新媒体的技术特征所在，无论是何种形式的IPTV，都具有实时性特点，IPTV可以在第一时间传输信息，让用户实时感受和体验外界的瞬间变化。而IPTV用户感受和体验其实时性特质，则是倚靠接收终端的移动性和伴随性功能来实现的，使得用户无时无刻、随处随地地可以看到自己所需要的资讯。

---

① 参见曾静平：新媒体正名——名家观点，《中国广播影视》首页，2008年3月下半月刊。

② D客即视频博客，有人称为维客、闪客。由于视频博客主要源自数码（digital）设备，曾静平在做客央视国际网络时，将其称为“D客”，与博客播客统称为“网络三剑客”，得到广泛认同。

二是草根性。新媒体用户中，移动人群的比例将日益增大，他们对节目的选择期望，大部分倾向于源自普通百姓的平民式草根作品，节目源头渠道广泛，内容丰富多彩，原创性强，富有灵感和激情。随着人民生活水平的提高，数码产品进入到了寻常百姓家，原创素材越来越多，中生代和新生一代已经不再满足于观赏“行家里手”的专业作品，期望创作拍摄“自己”的作品，在各种形式的新媒体上一展身手。这种饱含地域特色、来自基层百姓的草根文化作品，不仅可以激发受众对 IPTV 品牌的忠诚度，彰显个性化特征，而且避免了大量节目雷同的同质化竞争。

三是联动性。新媒体与传统广播电视最大的差异在于多向联动，如 IPTV 就被形象地解释为联动个性化电视（Interactive Personalized TV）。新媒体不但能像传统媒体那样接收广播电视节目，查阅各种信息，还能实现用户与 SP、用户与用户之间的互动，使用户摆脱时间制约，随心所欲阅读任何时候的文稿、收看自己想看的节目，并且可以非常容易地将广播电视服务和互联网浏览、电子邮件，以及在线信息咨询、娱乐、教育及商务等多种功能结合在一起。新媒体改变了传统媒体单一单向的传输模式，既可以单向传播，也可以双向或者多向联动传递信息。这种互动式、联动式的传播方式，让受众耳目一新，真正享受信息时代的愉悦与快乐。受众在接收信息、欣赏广播电视节目之余，可以即时传达自己的意愿和建议。联动性是新媒体的灵魂，它可以灵活地部署各类增值服务，根据用户不同的年龄、职业、收入状况、爱好，提供不同的个性化服务。

四是时尚性。新媒体是从“旧”媒体脱胎换骨而来的，是新潮时尚的代名词，这包括时尚的产品终端、新鲜刺激花样翻新的节目内容，别具一格的联动方式等。远程教育、可视电话、会议电视等“电子政务”等成为“移动城市”、“智慧城市”的重要内容，网上购物、网上银行、网上证券、网上彩票等电子商务日渐兴起，而在有些地方，甚至希望将新媒体视为“高端时尚礼物”，送给至爱亲朋。

五是定位性。当下的手机电视、车载电视、广场电视、星空电视和掌上电脑（PDA）电视等新媒体都具有传统媒体所不具备的 GPS（全球定位系统）功能，运营商可以依据 GPS 提供的不同区位的信息，锁定目标受众，即时调配节目和服务。受众也可以根据自身的位置和行进方向需求，选择所需要的节目或者服务，包括道路拥堵情况、最佳行车路线等交通路况信息、前进方向的人流车辆状况、即时天气资讯等。

四、新媒体产业及其属性

与新媒体至今也没明确定论一样，新媒体产业也没有一个准确而权威的概念。综合专家学者的基本定义，根据新媒体的基本业态和我国文化产业发展的实际情况，我们认为：

新媒体产业是溶入全球信息产业浪潮，以计算机技术、电子通信技术、数字广播技术等高精技术为主导，融合报纸杂志广播电视内容，开启的计算机、手机、车船、楼宇广场和飞机火箭飞船等各种各样新媒体终端的新兴产业形态。

首先，新媒体产业是信息产业。在我国，新媒体产业是新一代信息技术产业，划归到“新兴文化业态”，属于文化产业范畴。2009 年国务院颁发的《文化产业振兴规划》在第七条“发展新兴文化业态”已经明确了新媒体产业在我国文化产业中的特殊地位，这就需要我们按照我国文化产业发展的整体布局来规划和发展新媒体产业，按照文化产业的理论来创造和发展新媒体产业理论。

其次，新媒体产业是高精技术主导的融合产业，集中体现在传统媒体与电信通信技术的融合。2000 年 1 月 10 日，世界上最大的互联网服务公司美国在线和世界上最大的传媒公司时代华纳宣布合并，合并后的美国在线——时代华纳公司成为融媒体、娱乐和通信为一体的世界新媒体产业巨头，公司市值高达 3 500 亿美元。2006 年 6 月 8 日，中国移动和凤凰卫视结成战略联盟，共同开发、推广和分销移动内容、产品、服务和新媒体应用。

最后，3G 时代的跨平台融合助长产业剧增。2008 年中国电信几大运营商重组之后，中国移动、中国电信以及中国联通都成为全业务运营商，基于固网的互联网业务与基于移动通信网络以及目前的 3G 网络移动互联网业务之间的相互融合步伐将会进一步加快。在 3G 以至 4G 时代，移动互联网业务已经成为全球移动运营商发展的重点，是新媒体产业的新生力量①。

第二节　新媒体产业分类

根据国民经济的一般分类，新媒体产业包括新闻出版、广告业、知识产权、电子出版物等服务类产业，属于第三产业。

继第一、二、三产业后，在工业发达国家，把信息产业作为所在产业核心的新兴产业群，称为第四产业。我国对信息产业分类没有统一的模式，一般认为包括七个方面：一是微电子产品的生产与销售；二是电子计算机、终端设备及其配套的各种软件、硬件的开发、研究和销售；三是各种信息材料产业；四是信息服务业，包括信息数据、检索、查询、商务咨询；五是通信业，包括计算机、卫星

① 参见杜振华，曾静平：3G 发展的动力源及其与文化创意产业的融合，《移动通信》，2008 年第 1 期。

通讯、电报、电话、邮政等；六是与各种制造业有关的信息技术；七是大众传播媒介的娱乐节目及图书情报等。可见，新媒体产业纵贯第四产业中除了第一项外的其他六个方面，是第四产业中的支撑与骨干。因此可以说，新媒体产业同时跨越了第三产业和第四产业。

2012年，我国战略性新兴产业分类出炉，共包括节能环保产业、新一代信息技术产业、生物产业、高端装备制造产业、新能源产业、新材料产业、新能源汽车产业七大产业。其中，新一代信息技术产业涵盖了下一代信息网络创业、电子核心基础产业和高端软件和新型信息技术服务三个大类，基本上廓出了新媒体产业的全貌特征（见表1.1）。

表1.1　新一代信息技术产业分类表①

下一代信息网络产业	新一代移动通信网络服务	**移动电信服务：** 核心网建设、组网，接入网建设、组网，通信网优化、维护，基础语音服务，数据卡上网服务，数据及信息服务
		其他电信服务： 话音服务，数据通信服务，可视电话服务，多媒体彩信服务，彩铃服务，手机阅读服务，光纤出租服务，光纤接入的其他相关服务，出租数字电路服务，基于物联网的行业应用服务，基于物联网的公共事业服务，基于物联网的支撑性服务，IPTV服务，便携手持设备电视服务，固定移动融合服务，位置服务
	下一代互联网服务	**互联网接入及相关服务：** 家庭用户光纤接入服务，企业用户光纤接入服务，基于IPv4/IPv6技术过渡的骨干网络改造，基于IPv6技术的骨干网络运营服务，基于IPv6技术的接入网组建，IPv4向IPv6改造，IPv6网络运营服务
		互联网信息服务： 网络文化娱乐服务，网络媒体服务，网络基础应用服务，教育、医疗、旅游等领域公共事业信息服务，卫星导航多模增强应用服务系统，卫星遥感系统综合应用平台，行业综合性公共信息网络平台
		其他互联网服务： 基于IPv6技术的提供网络服务的软硬件平台建设，互联网资源协作服务，非金融机构支付服务，电子商务网络支付服务
	下一代广播电视传输服务	**有线广播电视传输服务：** 高清/超高清电视服务，3D电视服务，交互电视服务，视频点播服务，时移播放服务

① 依据国家统计局的战略性新兴产业分类摘选。

续表

电子核心基础产业	通信设备制造	**其他计算机制造：** 工业控制计算机，高端路由器，宽带网络接入服务器，信令网关，IP中断媒体网关，云存储设备，云终端设备，海量数据智能处理平台，绿色云计算平台，云应用开发支撑平台，物联网网关，无线射频（RFID）产品
		通信系统设备制造： 新一代移动通信基站设备，新一代移动通信网络控制设备，新一代移动通信基站天线，新一代移动通信电路交换机，新一代移动通信分组交换机，数字程控交换机，卫星通信传输设备，散射通信设备，载波通信设备，通信导航定向设备，交互式广播网络
	高端计算机制造	**计算机整机制造：** 新型计算机，高端服务器
		计算机零部件制造
		计算机外围设备制造
	广播电视设备及数字视听产品制造	广播电视节目制作及发射设备制造
		广播电视接收设备及器材制造
		电视机制造： 高清/超高清电视机，交互电视机，节能电视机，3D电视机，OLED电视机，激光投影电视机，网络及智能电视机，新型数字显示终端
		音响设备制造
		影视录放设备制造
	高端电子装备和仪器制造	电子工业专用设备制造
		传感器生产设备
		电子测量仪器制造
	基础电子元器件及器材制造	光纤、光缆制造
		半导体分立器件制造
		功率晶体管
		电力电子元器件
		光电子器件及其他电子器件制造
		电子元件及组件制造
		其他电子设备制造
	集成电路	集成电路设计
		集成电路制造

续表

高端软件和新型信息技术服务	高端软件开发	**软件开发：** 桌面操作系统，服务器操作系统，智能终端操作系统，搜索引擎，数据库管理系统
		数字装备设备嵌入式软件
	新型信息技术服务	**信息系统集成服务：** 信息系统设计服务，集成实施服务，运行维护
		信息技术咨询服务： 信息化规划，信息技术管理咨询，信息系统工程监理服务，测试评估认证，信息技术培训
		数据处理和存储服务： 企业对企业（B2B）电子商务服务，企业对个人（B2C）电子商务服务，第三方电子商务平台服务，数据存储、备份服务，数据传输服务，数据集成服务，软件运营服务（SaaS），软件支持与运行平台服务（PaaS），基础设施运营服务（IaaS），数据加工处理服务
		数字内容服务： 数字游戏，数字动漫，数字文学，数字影音，数字学习，数字版权保护，动漫游戏设计制作
		数字内容加工处理服务
	呼叫中心	客户交互服务

资料来源：依据国家统计局的战略性新兴产业分类。

新媒体产业指的是依附于数字技术、计算机技术和网络技术等高精科技而发展起来的新型产业。这种基于数字技术、网络技术的新媒体，具有先天的技术优势与作为媒体的信息服务功能，是数字经济与传媒产业实现对接的最佳选择。这种具有社会公益和经济利益双重属性的新媒体，既负有传播先进文化的责任，又有商业盈利的需要。当前，世界上尚未出现专门的新媒体产业条分缕析的著作。从我国对新媒体产业的研究成果来看，新媒体叫法很多，新媒体产业分类角度各异。本书中所论及的新媒体产业主要在互联网媒体、手机媒体、车载媒体、楼宇广场媒体和星空媒体等几个方面。

值得注意的是，除了计算机终端集中了报纸杂志广播电视全部传统媒体产业形态之外，当前的新媒体产业大多将注意力集中于电视新媒体，广播新媒体产业开发基本上停滞在空想和概念阶段，手机广播车载广播形同虚设，基本上就是传统广播的复制，楼宇广场广播和星空广播产业开发基本上停滞在空想和概念阶段，报纸新媒体的产业推进也不尽如人意。

一、电脑媒体产业

早期的互联网全部是连接在计算机上，很长一段时间世界各国的互联网产业集中在计算机终端，网络经济实际上也即是“电脑经济”。而且，现在可供参照的世界上很多国家的“网络经济”或“互联网产业”，特指的就是以台式计算机和笔记本计算机为终端的“电脑经济”。

从1994年开始，互联网开始了“全球行动”，世界各国的互联网逐渐开通，开启了互联网世界新纪元。目前，由美国国家科学基金会（NSF）掌管的互联网，已经成为跨国界的计算机信息网络，实现了与将近200个国家和地区的计算机网络互联互通，构建出未来全球信息高速公路的雏形。随着计算机技术的升级换代，办公和家庭计算机的普及，全球上网人数以每月20%左右的速度增长。2012年，全球互联网用户总数达到24亿元，美洲及加勒比地区互联网用户数为5.29亿，欧洲5.19亿，非洲1.67亿。亚洲是全球中国互联网用户数最多的地区，总数达到11亿，其中中国网民5.64亿，居世界之首①。

1994年是中国互联网“元年”。1994年4月初，中美科技合作联委会在美国华盛顿举行。会前，中国科学院副院长胡启恒院士代表中方向美国国家科学基金会（NSF）重申接入Internet的要求，得到认可。1994年4月20日，NCFC工程通过美国Sprint公司连入Internet的64K国际专线开通，实现了与Internet的全功能连接。中国被国际上正式承认为真正拥有全功能Internet的国家。从此，我国的互联网经济方兴未艾，对信息传播的影响逐年增大。

2006年，我国的互联网市场收入约占GDP的2%。随着中国网民的激增，增加了对互联网多样化个性化的需求，直接拉动了中国互联网经济的繁荣。互联网媒体经济、网吧经济、网络广告经济、下载创意经济等持续升温，互联网经济总量创出新高，现在已经占到GDP的5%左右。互联网经济的持续升温，繁荣了我国的劳动力就业市场，缓解了我国的就业压力。2007年，我国互联网及关联行业的就业人口接近3 000万人。2012年，这个数字超过了7 000万，成为全球金融危机背景下最重要也是最具活力的就业港湾。

第一，互联网经济是“注意力经济”。1997年，因特尔前总裁格罗夫提出了“争夺眼球”的概念，“注意力经济”引人关注。注意力经济，是以最小成本吸引客户注意力，培养潜在消费群体，获得未来的无形资本。注意力是企业在网络经济中把潜在购买力变现的前提和关键，是虚拟经济的“硬通货”。

第二，互联网经济是“新经济”的重要形态。新经济是指以网络和信息技术为基础，全面改造传统产业，提高全社会生产率的经济状态。新经济包括20世

---

① 依据瑞典互联网市场研究机构Pingdom 2013年1月17日在其网站公布的数据，新浪科技当日转载。

纪90年代以来以信息产业为核心，以网络为基础的、带有新科技革命特征的社会生产力，以及由美国所推动的全球化资本主义特征的生产方式。

第三，互联网经济是全球信息化导致各国的经济边界日益弱化的全球经济一体化。新经济之所以“新”，正是源于互联网经济的外延竞争力，推动了其产生与发展的原动力——信息、技术革命所具有的全新的革命意义。同以往的任何一次技术革命不同，信息技术革命改变的不仅是人类对自然资源的利用方式。新经济的影响所及必然导致人类对自然资源利用率的提高，它是通过改变人类信息的传输、存储方式来实现的。

从21世纪以来，随着用户数不断提升，互联网经济持续升温，全世界整个市场的增长率超过50%。2007年，全球互联网市场规模达到460亿美元。我国的互联网经济总量规模到2012年时达到3 850.4亿元人民币，是中国经济最为重要的助力引擎之一。

二、手机媒体产业

1947年，便携式电话即手机的概念由美国新泽西州朗讯技术公司贝尔实验室提出。1973年4月3日，第一部真正的便携式手机发明者——美国摩托罗拉公司的马丁·库珀向竞争对手——贝尔实验室研究主管乔尔·恩格尔打了第一个电话，标志着手机正式在世界上诞生。1992年，从沃达丰公司发送的世界上第一条手机短信开始，手机的媒体功能日益显现。随着手机广播、手机报纸、手机电视和手机网络的陆续开通，手机媒体家族愈发“人丁兴旺”——手机电影、手机文学、手机搜索、手机音乐等先后涌现，成为“第五媒体”已无争议。

根据GSM数据，到2012年年末，全球正在使用的手机和各种移动设备总数已经达到68亿部，相当于全球人口的总数。以平均每部手机最低单价1 000元人民币和年通讯费600元人民币计算，单单全球手机媒体的设备制造产业市场超过了10万亿元。

中国是全球最大的手机用户市场。2012年，全国移动电话用户净增1.26亿户，达到11.12亿户。其中，3G用户净增10 438.0万户，年净增用户首次突破1亿户，达到2.33亿户，2013年5月，3G用户突破3亿户。移动电话普及率达到82.6%，意味着80%以上的中国人中都拥有一部手机。如此庞大的手机用户群，构筑成大众传播所必需的受众群体，有着以往媒体传播所没有的到达率和准确度。

到2013年6月末，中国手机网民规模为4.64亿人，占整体网民的78.5%，年增长率为18.1%，网民中使用手机的比例继续提升，第一大上网终端的地位更加稳固。移动互联网经济在手机终端大有潜力。

手机短信是无可争议的当今移动通信之王，是手机媒体增值服务的领头羊，手机用户的激增也伴随着手机短信数量不断上升。根据英国市场调查机构Portio

Research的调查报告，2011年全球发送了7.8万亿条短信，2012年短信发送量将增长至9.6万亿条。这一数据远远高出这一机构《2007—2012年移动信息预测》的“2012年，全球短信发送量达到37 000亿条，短信业务收入将达到670亿美元。”[①] 最近几年，我国短信发送量呈现爆炸式增长势头，短信息发送量从2000年的10亿条飙升到2012年的8 973亿条（见表1.2）。

表1.2 中国近年来短信彩信数量统计表[②]

年份	短信数量/亿条	彩信数量/亿条
2000	10	—
2001	189	—
2002	900	—
2003	1 371	—
2004	2 177	—
2005	3 046	—
2006	4 295	—
2007	5 946	—
2008	6 997	—
2009	7 727	455
2010	8 250	556
2011	8 788	600
2012	8 973	696

注：“—”为未统计。

手机短信传播不仅成为寻常百姓的常用联络工具，也逐渐登上“大雅之堂”。出现重大突发事件时，手机短信是危机传播的迅速、准确而有效的手段。在信息化时代的很多时候和越来越多的地方，手机短信还是电子政务的重要组成部分。在事件营销时，手机短信是我国广播电视大型活动时与受众沟通互动的主要桥梁。

手机短信平台在一些大规模的群体事件以及区域性的公众危机中发挥着重要的信息传播作用。据统计，2003年非典时期，北京地区日均发送短信量达2亿条，相当于正常时期的1 200%。近年来，北京、上海、天津、江苏、浙江等地先后建立了灾害天气和交通出行手机短信预警机制，给人们出行带来极大便利。

微信新媒体。微信附身于手机之上，打通了传统电信通信和移动互联网的界

① 据腾讯科技：移动IM持续增长受限短信依然是移动通信之王，2012年9月26日。

② 数据来源：依照工业和信息化部年报资料整理。

线，把交换寂寞和沟通渴望变成人类的基本需求。微信以轻盈的新媒体技术重新构建了人际关系和沟通方式。微信是腾讯公司于2011年1月21日推出的一款通过网络快速发送语音短信、视频、图片和文字，支持多人群聊的手机聊天软件。用户可以通过微信与好友进行形式上更加丰富的类似于短信、彩信等方式的联系。微信软件本身完全免费，使用任何功能都不会收取费用，微信时产生的上网流量费由网络运营商收取。2013年1月15日，微信注册用户已超过3亿。微信是一种更快速的即时通讯工具。具有零资费、跨平台沟通、显示实时输入状态等功能，与传统的短信沟通方式相比，更灵活、智能，且节省资费。

微信公众平台，让移动互联网的推广多一个低价的渠道。低价近乎免费的推广方式有什么方法？微信公众平台的出现，可能会改变这个局面，让很多的企业都有很大的推广资源。微信公众平台正式向公众开放注册后，很多推广人员立即嗅出它的价值性，很多人气微博都转战微信公众平台，靠自己微博、论坛、博客资源的推荐，快速拥有几百、几千甚至几万的微信粉丝。而微信粉丝的属性有个天然的优势，就是100%是手机用户，因为微信只能手机登录。微信公众平台似乎就是为广大企业在移动互联网推广专门打造的，虽然很多功能还不齐全，但相信不用多久，它的威力就会发挥出来。所以企业应该掌握这个时机，在短时间内快速积累微信用户，等待机会的到来。微信公众平台的影响力不会低于微博的。

微信将成为企业或网站用户的最快捷的沟通桥梁。微博的出现让企业和用户有了很好的互动，但随着发展，各种广告的出现，微博已经慢慢地在褪减它的影响力。微信只针对手机用户，精准性更高，而且如果微信用户越多，和用户的沟通更直接，微信公众平台每天都能发一条图文信息，频率不高，但很专，用户不但不会觉得扰人反而会觉得亲切。

手机电视是手机媒体的重要成员。2005年1月，全球最大的CDMA运营商——美国威瑞森（Verizon）无线通讯公司推出了付费手机电视项目。我国的手机电视业务的开展基本上与世界同步。2005年1月1日，由上海文广新闻传媒集团和上海移动合作的手机电视“梦视界”试播，该服务提供6套直播电视节目及VOD点播。同年5月，国家广电总局给上海文广颁发全国首张IPTV执照。

手机报纸是手机媒体的另一形式。2004年7月18日，全国第一家手机报纸《中国妇女报·彩信版》开通，引发全国手机报纸热浪高涨，并在2005年掀起一个小高潮。在中国电影诞生100周年之际的2005年，中国电影界各路人士赶集手机电影。谢飞、田壮壮、李少红、顾长卫、黄磊、徐静蕾等老中青三代电影人宣布将拍摄10部长度3～5分钟的手机电影。2005年7月，王小帅、贾樟柯、孟京辉等八位导演推出了由8部独立的影片组成、每部3分钟的手机电影《这一刻》 10月，由手机拍摄、通过手机播放的《苹果》诞生，制作者自认为是中国

第一部真正的手机电影。12 月，一直追赶时尚的冯小刚推出手机电影《手机，打死也不说》。

三、车载媒体产业

2002 年 10 月，上海安装了中国内地第一批公交车载移动数字电视，并相继投入了运行，拉开了公交车载移动数字电视的序幕。2004 年 5 月 28 日，北广传媒的移动电视项目启动，北京市车载电视快速发展。2005 年，北京公交车装载移动电视为 5 000 辆，出租车接近 5 000 辆，社会车载约 1 000 辆。受众在公交车、出租车等交通工具上逐渐了解到数字电视的作用，收看新闻、资讯、路况、娱乐、体育信息。此后，全国车载电视如雨后春笋般兴起。继上海、北京之后，成都、重庆、南京、沈阳、武汉、南昌、郑州、石家庄、太原、青岛等地都启动了公交车载和小型客车移动数字电视项目。现在，我国已有近百个城市陆续开始了车载电视业务，市场年平均增长率超过了 50%。

2004 年，我国车载电视的移动终端只有 1.8 万台，而 2007 年达到 45 万台。2008 年，全国共有 30 个省市及计划单列市在公交车上安装了 25.7 万个车载视听系统终端，我国车载电视越过百万大关。2012 年，我国车载电视的市场保有量接近 600 万台。移动电视具有即时传播节目的效果，受众面广，接触频率高，正在成为广电和家电行业不可忽视的新的经济增长点。

1994 年，我国民用汽车保有量为 940 万辆，其中私人汽车保有量为 205 万辆，占民用汽车保有总量的 21%。根据国家统计局的最新统计数据，2012 年年末，我国民用汽车保有量达到 12 089 万辆（包括三轮汽车和低速货车 1 145 万辆），是 1994 年的将近 13 倍，其中私人汽车保有量 9 309 万辆（是 1994 年的 45.4 倍），民用轿车保有量 5 989 万辆（含私人轿车 5 308 万辆）。接近一个亿的各种载客用车，与近 6 000 万辆的小轿车一起成为车载媒体的主力军。

目前，移动数字电视技术已经在铁路、地铁、长途客运汽车、公共汽车等领域得到了广泛应用。随着我国汽车消费市场的扩大，以及私家车影音产品需求的增长，车载移动数字电视已成为电视行业新的经济增长点，开辟出一个非常庞大的车载电子消费市场。

当下，我国数字移动技术日渐成熟。该领域的领跑者海信已将业务拓展到列车、地铁、船舶、楼宇等领域，目前已在青藏铁路，青岛到北京、上海等城市列车的卧铺车厢上安装使用了车载电视。同时，海信正与全国重点客车厂进行合作，将产品大批应用在高速动力火车上。复旦微纳、上海高清等芯片厂家，以及海尔、海信等整机厂家都表示，已经开始和整车厂家洽谈，努力开拓私家车车载电视市场。上海高清的车载电视芯片，已经在时速 430 km/h 的磁悬浮列车上经过测试，完全可以满足高速运动接收的要求。从技术上来说，在高速运转的铁路、公路甚至飞机上都完全可以接收数字电视信号。

由于车载移动电视具有覆盖面广、强迫收视、效果显著、反馈迅速以及移动人群结构优势等众多特点，广告优势迅速被广大企业和代理广告商所认同。2007年，公交移动电视广告刊例价格不断上涨，市场前景一片看好。调查显示，2005年全国车载广告市场投放额大约为2亿元，2007年，这个数字已经突破了10亿元。2012年，其市场规模超过100亿元。以公交、小客车、长途客车、高速列车和各种客船移动电视为代表的数字新媒体正在冲击和改变着广告市场格局。

在三网融合的大背景下，车载电视沿产业链进行横向、纵向整合已经不可避免。未来，车载电视市场通过合营或兼并收购的方式来实现规模化运营的趋势也将日益加速。

尤为值得关注的是，我国广播电视对长途客车、高速列车和客船的移动电视市场重视不够，没有组织精兵强将调遣专门人员进行技术攻关和市场深入。如果能够将车载电视与GPS功能有机结合，将市场细分更加精确，将不同规格、不同档次的车船配置不同层级的接收设备和节目，市场前景难以估量。

四、楼宇媒体产业

20世纪90年代，楼宇广场媒体在加拿大诞生，成为继三大传统媒体、网络媒体、手机媒体和车载媒体之后的第七媒体。在随后十几年的时间里，第七媒体在世界范围内蓬勃发展，成为新媒体产业的一支生力军。

2002年年底，第七媒体漂洋过海来到中国。经过短短六年的发展，到2009年7月份，楼宇广场媒体终端规模已达到三十多万块，形成一个年市场规模近百亿的庞大产业。其中，以楼宇广场媒体为主业的分众传媒一家在2008年全年净营业额便达到了7.9亿美元，2008年年底分众传媒与新浪的重组更是组成了中国广告业的航母，并为中国楼宇广场媒体行业持续健康发展注入一剂强心剂并带来长远的利好。

1995年，加拿大的一家公司CaptivateNetwork Inc创立全球首个楼宇广场媒体，经过十多年发展，Captivate已经成为该领域最大、最受信赖的公司。北美最大的24个市场区域中，Captivate在830多个建筑里安装了超过8 800个显示屏，每天有约300万受众。

国内楼宇广场媒体发轫于2002年年底，江南春亲手同工人一起将三块液晶电视安装在上海华侨、浦项广场和招商局广场三座大厦里，中国楼宇广场媒体呱呱坠地。2003年，江春南创立了分众传媒（中国）控股有限公司，标志着中国楼宇广场媒体正式诞生。几乎与分众传媒产生同时，虞锋注册成立了“上海聚众传媒有限公司”，并于2003年年初在北京实施其楼宇液晶电视计划。分众传媒和聚众传媒不仅是中国楼宇广场媒体的先行者，在很长一段时期内更是呈现并驾齐驱的态势，在很短的时间内，将同类的“小鱼”以加盟、并购等形式一网打尽，引领中国楼宇广场媒体的发展。

2005年7月分众传媒成功登陆美国NASDAQ，成为海外上市的中国纯广告传媒第一股，同年10月，分众传媒宣布以1亿美元收购框架媒介的100%股权，阻击在公寓电梯视频广告领域占据优势的聚众传媒。

2006年1月，分众传媒以3.25亿美元的价格合并中国第二大楼宇视频媒体运营商——聚众传媒，从而掌握了75个城市的覆盖度和约98%的市场份额，成为楼宇广场媒体领域当之无愧的主导者。截至2008年12月31日，分众传媒商务楼宇联播网络在全国范围内安装的LCD液晶屏和数字框架总数为128 033块，分众传媒实现2008年全年净营业额7.9亿美元的成绩，雄霸楼宇广场媒体行业。

2005年东方明珠开始介入楼宇广场媒体领域，因其“及时性”和巨大的节目资源优势，被业界认为是楼宇广场媒体领域的有力竞争者。与分众传媒、聚众传媒等传统楼宇广场媒体“硬盘播出”的方式不同，东方明珠可以随时、远程地更换服务内容，这样所有终端上的内容更新便可同时完成，既便捷又节省了人力成本。同时，东方明珠可以廉价甚至免费使用相关广电行业的节目资源，使其对受众和广告客户更有吸引力，也使东方明珠楼宇广场媒体产业得到更为持久健康的发展。

2005年9月10日至14日，首届全国移动电视协作研讨会在重庆召开，会议的议题就是要建立跨省区的移动电视协作体，通过结盟进军楼宇广场电视，抢占分众传媒与聚众传媒的阵地。到2005年年底，重庆移动电视除已安装在主城区860多辆公交车和200多辆公务、私家车上外，同时也悄然占据了皇冠扶梯、凯旋路电梯等公众场所，并正与部分医院、商场、银行等商谈进驻。据知，重庆移动电视公司已占据了重庆市场80%以上的楼宇，同时与已进入的楼宇签订了排它协议。这一跑马圈地式的做法，无疑可以有效阻击对手。在北京、上海等地，楼宇电视的“抢夺战”也在悄然展开。

北广传媒集团旗下的北广传媒城市电视有限公司于2004年12月成立，是主要针对楼宇与户外流动人群而构建的户外电视媒体网络，是楼宇广场媒体行业又一支生力军。2006年1月19日晚，在北京京泰大厦电梯等候处，分众传媒的数字电视屏幕旁边，出现了标有北广传媒城市电视字样的另外一块巨型电视屏幕，在第一时间公布了一条最新消息：受郑州等地大到暴雪天气影响，部分由北京西站发出的列车晚点，3万多旅客滞留在车站内，车站已启动红色预警方案。随后，在20点30分，城市电视又公布了北京西站发布的最新列车时刻表，为春节前返乡的群众提供了最新乘车指南。从此，北广传媒城市电视开始与分众传媒正面交锋，不断挑战其行业霸主地位。2007 年，北广传媒分两批重点安装了 88 家奥运酒店，安装数量 6 000 多块，年底突破 10 000 块。2008 年，北广传媒借奥运东风，扩大自己的领地，北京市民在全市各主要政府机关、银行、医院和写字楼内都可以看到奥运赛事。北广传媒城市电视是北京地区唯一经过广电管理部门和宣传部门正式批准开办的新型城市视频媒体和唯一得到奥组委授权的户外电视媒体，内容保证和政策支持使“广电系”在楼宇广场媒体领域拥有的巨大优势。

随着楼宇广场媒体行业竞争的加剧以及金融危机对中国影响的显现，占据渠道优势而存在内容短板的分众传媒股价连续下挫。2008 年 12 月 22 日，新浪公司和分众传媒集团宣布双方达成协议，新浪将合并分众旗下的户外数字广告业务，最大的互联网广告公司与最大的楼宇广告的组合，成为一家真正的广告媒体巨头。新浪将增发 4 700 万股，以约 10 亿美元收购分众传媒的商业楼宇电视、公寓电梯平面及卖场电视三大业务板块。分众与新浪的整合将使各自的优势得到充分发挥，从而更好地服务于广告客户，提升两者在中国新媒体产业市场的竞争力，促使中国楼宇广场媒体得到更加健康而持久的发展。

五、星空媒体产业

继网络媒体、手机媒体、车载媒体和楼宇广场媒体之后，星空媒体浮出水面，其强大的发展潜力逐渐显现出来，被业内人士称为“第八媒体”。

航天航空技术的发展是星空媒体的强大动力和重要载体。航天产业，尤其是民用飞机是发展星空媒体的重要空间。运载火箭、航天飞机、宇宙飞船、遥感卫星等也是未来发展星空媒体的重要领域。

中国民用航空局规划发展司 2009 年 3 月 12 日发布的《2008 年民航机场生产统计公报》显示：2008 年，我国境内民用航空通航机场共有 158 个（不含中国台湾、中国香港和中国澳门），其中定期航班通航机场 152 个，定期航班通航城市 150 个，全国各机场共完成旅客吞吐量 40 576.2 万人次，比上年增长 4.70%。航天航空业的迅速发展壮大，技术不断进步并向军转民方向转化，从而带动了材料、机械、电子和交通运输等相关产业的发展，星空媒体产业也趁此东风借船出海，扬帆起航。

近年来，全球航天航空业迅速腾飞，庞大的航空人数形成一个巨大的媒介消费市场。无论在年龄、职业、收入、学历等各方面，这些人群毫无疑问属于高端消费群体，是社会最具有媒体消费能力的受众。世界各大航空公司和媒体逐渐意识到了星空媒体发展的巨大潜力，开始抢占这一传播制高点。

2004 年，波音公司旗下的业务集团之一——波音联接（Connexion by Boeing）和德国汉莎航空公司合作，启动了世界领先的空中互联网服务。2005 年，波音联接向新加坡航空公司的部分航班直接提供电视节目，首推“空中电视”业务，乘客可以通过笔记本计算机收看 BBC 国际新闻电视频道、欧洲新闻台、欧洲体育台和 NBC 环球有线台 4 个电视台的卫星电视节目。同时，乘客可以利用笔记本计算机或个人数字助理（PDA）享受安全的高速接入服务。联接互联网、个人和公司电子邮件账号以及公司局域网，他们还可以收发邮件并观看娱乐节目。波音联接服务不仅为乘客创造了价值，同时也为飞机用户带来价值，让他们可以利用波音联接的超级带宽提高运营效率，改善客户服务，增加安全性。波音联接拥有全球服务网络，为客户提供全天候的支持服务。波音联接拥有的这些强大功能吸引了德国汉莎航空公司、北欧航空公司、日本航空公司、新加坡航空公司等世界著名的航空公司与波音联接合作提供空中互联网业务。

空中客车 A380（Airbus A380）是由欧洲空中客车工业公司研制的超大型远程宽体客机，有“空中巨无霸”之称，2005 年出厂并试飞成功，2006 年测试成功并领取了机型试航证。A380 最大魅力在于其豪华舒适、各种娱乐设施齐全。机舱配备最先进的机上娱乐系统，光纤配电网络使电影、视频游戏和电视节目的选择更加灵活完备。2006 年下半年开始使用一种新型客舱无线网络，通过一种全新的方式，把各种无线应用集成到飞机的电子体系架构当中。客舱中只使用一根天线来传输和接收数据，网络的可靠性更高，而且无须安装或变动电线或电缆，航空公司可灵活自如地改变客舱布局。乘客在所有级别的客舱中都可以打手机，在客舱任何位置都可通过笔记本计算机和掌上电脑轻松实现无线上网。

2003 年，我国一家致力于为客户提供专业航空媒体投放策划的传媒公司——第七传媒高调成立。全面经营航机上的座椅枕片、视频、纸杯、杂志、报纸及机场的灯箱、视频、吊牌、手推车等不同类型的媒体形式，在航空媒体的主流电视传播方面，第七传媒还打造出了独具特色的王牌节目——空中新闻，被推崇为“空中的新闻联播”。第七传媒为山航经营的特色栏目《空中娱乐频道》，具有鲜明时代特色和时尚元素，并根据航程长度特设 30 分钟、60 分钟和 120 分钟三种不同版本。

2005 年，号称国内最大的机场、飞机客舱电视广告传媒机构——航美传媒集团（简称航美，AirMedia）精彩亮相。2007 年 11 月，航美成功登陆美国纳斯达克，成为中国第一家在纳斯达克上市的航空传媒公司（股票代码为 AMCN）。航美旗下拥有的国内唯一的“中国航空数字媒体网”，涵盖国航、东航、南航等 9 家航空公司、全球 2 000 余条航线的机上电视媒体系统和北京、上海、广州等全国 53 家主要机场电视媒体系统、数码灯箱系统等，实现了从进入出发地机场、登机、飞行，直至离开目的地机场的整个过程中广告传播的一站式服务模式。

以上两家传媒集团是我国开发星空媒体的领头羊，经过几年的发展已初具规模和影响力，探索出了一条符合自身发展的独特道路，在国内日益火爆的航空媒体策划市场中渐露锋芒。

2008年我国神州七号发射成功，从300多公里的太空上传播出清晰可辨的中国太空人走出机舱拥抱太空的场景，让媒体行业认识到我国空对地与地对空传输操控作业技术的成熟，对空中媒体的发展前景十分看好。

发展星空媒体需要跨区域、跨行业、跨媒体全方位的合作，航天航空业、通信业、媒体内容产业等共同开发，占领制高点，共享市场奶酪。星空媒体具有巨大的开发市场空间和无穷的发展潜力，是当下和未来新媒体产业的重要组成部分。

第三节　产业特征

新媒体产业的发展要以技术发展为前提，没有新技术的出台，新媒体的发展将步履蹒跚。同时，新媒体最终是以内容来打动受众，在技术发展的基础之上，新媒体的内容产业链条发展是关键。与传统媒体相比，新媒体是一种富有想象力的现代媒体，市场空间具有开放性，在现代市场经济中，新媒体可以“无孔不入”，其产业规模随着技术进步而扩张，随着内容的不断渗透与融合而增长，并且市场将变得越来越开放，兼容各种新的元素。总的来说，新媒体产业具有三大特征，主要包括技术的依赖性、内容的融合性、市场的开放性。在中国，新媒体产业的发展壮大，与国家政策法规的引导与管理密切相关，因此新媒体产业还有着政府主导性特征。

一、技术依赖性

互联网、无线通信、卫星发射、宽带、数字电视等高科技的迅速发展，3G、4G技术和数字流媒体的广泛应用，数字文化、信息、娱乐产品的不断涌现，以及三网融合等技术的发展，为新媒体产业的发展提供了技术支撑与外在动力。数字技术与网络技术的发展，使计算机变成了新媒体信息共存的平台，可以实现全球资源最大限度地共享。同时，数字技术的发展使信息的利用更加便捷，信息产品的开发更加深化。数字媒体的存储功能使文本的存储、加工、修复、上传与下载更加便捷；强大的数据库功能可以实现个性化点播、专题分播、重播、编排创新；将模拟转化为数字的应用可以永久保存一些珍贵的模拟信息资源；数据查询与搜索功能方便受众的学习、交流与挑选；未来音频与视频搜索技术的研发成功，将使人们更加方便地找到电视广播节目。尽管技术的发展与创新离不开政府的强大支持，但作为应用技术的新媒体技术的快速发展与应用，更需要企业研发机构的参与。因此，新媒体技术的发展与运用既是新媒体产业发展的前提，又需要新媒体产业的繁荣发展作支撑。

从新媒体的技术属性上，将其划分为三大类：

（1）数字电视广播（DTV）。数字电视是相对于传统的模拟电视，是从电视节目录制、播出、发射到接收全部采用数字编码与数字传输技术的新一代电视，是基于数字技术平台的全程数字化电视系统。根据传输方式不同，可分为卫星数字电视广播、地面数字电视广播、有线数字电视广播三大类。现阶段我国发展数字电视用户主要是通过发展有线数字电视用户来实现的，接收数字电视的主要方式为“电视机＋数字电视机顶盒”。

数字电视的国际标准包括美国的 ATSC 标准、欧洲的 DVB 标准和日本的 ISDB 标准。我国于 2006 年 8 月 18 日发布《数字电视地面传输系统帧结构、信道编码和调制》（GB-20600-2006）国家数字电视地面标准，定于 2007 年 8 月 1 日起实施。高清电视（HDTV）是数字电视的重要分支，除此之外，其他采用数字电视技术的媒体一概不属于数字电视。

（2）移动电视广播。移动电视广播业务属于数字多媒体广播（DMB）业务的一种。数字移动电视广播是国际公认的新兴媒体，它以数字技术为支撑，通过无线数字信号发射、地面数字接收的方式播放和接收信息，它最大的特点是在高速移动状态下的稳定接收。移动电视广播的受众面广、接触频率高、消费比高，具备巨大的产业发展潜力。移动电视广播主要包括以下四种类型：数字音频广播/数字多媒体广播/数字数据广播/数字调幅广播（DAB/DMB/DDB/DRM）、车载移动电视、楼宇广场电视和手机电视等。

（3）基于 IP 的媒体广播。凡采用 IP 技术的媒体广播均属此类。主要包括 IP 电视广播和互联网媒体两大类。IP 电视广播，包括 IP 电视和网络电视两大类。IP 电视广播即为互联网协议（IP 协议，Internet Protocol）电视广播，它是电视技术与网络技术相结合的产物。目前，业界对 IP 电视广播的概念还未形成共识，一种比较常见的理解是“利用宽带网，采用流媒体技术，通过互联网协议提供包括视音频节目在内的多媒体交互式业务”。因此，IP 电视广播可以非常容易地将电视服务和互联网浏览、电子邮件收发以及多种在线信息咨询、娱乐、教育及商务功能结合在一起。IP 电视广播是交互式电视的一种实现方式，它既可以在广电双向网络上传输，也可以在电信网络上传输。根据用户终端的不同，一般将采用“IP 机顶盒＋电视机”接收的业务叫 IP 电视，将采用“宽带＋计算机”接收的业务叫网络电视。此外 IP 电视与网络电视还有一个重要区别在于 IP 电视的前端（节目源）一般是可控的，而网络电视的前端（节目源）一般是不可控的。

目前，数字电视有三种国际标准，我国也制定了地面数字电视广播标准。高清电视有三种国际标准，我国尚未确定高清电视的国家标准。数字广播标准繁多，我国数字广播尚处于试验阶段，远落后于发达国家。手机电视有三种实现方式、六种国际标准，现在我国采用了其中的两种实现方式、两种国际标准，形成了三种运营模式。

二、内容融合性

最近几年，传统媒体之间、传统媒体与新媒体之间、新媒体与新媒体之间的融合越发引人关注。我们认为，媒介融合是以新技术为基础的、以内容整合为主导的、以行业融合为特色的、以政策法规为支撑的各个媒介之间战略联盟。如今，随着基于网络信息和数字技术而发展起来的新媒体形态层出不穷，人们对媒介融合更多地深入到了信息技术的角度。应该明确指出，很多人将对“媒介融合”局限在技术融合这个单一层面，陷入了“技术融合”的误区。媒介融合的前提是技术融合，但不仅仅是技术融合，内容融合也是新媒体发展的保障，是新媒体产业形成的重要元素。

“内容为王”是多年来传统媒体一直引为重视的主题，在新媒体市场份额越来越大的今天，内容融合愈显重要。新媒体的产业发展，明确了新媒体的市场占领不仅需要技术的支持，同时也需要新的内容的加入。这里所指的内容的融合性，既强调新媒体自身的内容创造，也重视新媒体植入更多的传统媒体的文字、图片、音视频等的内容。

（1）互联网络与传统媒体融合。传统媒体作为一个有很强的专业性媒体，有着很高水平的新闻获取和制作经验，相对于新媒体来说，其在新闻的采编方面能够驾轻就熟，能轻松自如地把握政策上的问题，这无疑是得天独厚的优势。同时，传统媒体的内容品牌起点就会相对较高，网民对其信息的认知度和可信度也会大大提升。

在传统媒体与互联网内容融合的初级阶段，网站内容基本上是传统媒体部分内容的文字翻版，所提供的信息类别和数量都很有限，检索功能、娱乐服务、受众互动等方面的建构工作较为落后。呈现出：一般信息多，实用信息少；静态信息多，动态信息少；转载信息多，原创信息少的现象。同时，传统媒体没有看到网络未来发展空间，对网站寄予的希望很小，认为网站只是传统媒体的附属品，所以对电视网站投入的精力和人力都很小，部分网站的内容更新速度较慢，不能做到实时更新，对一些突发事件的报道情况较为滞后。

目前，媒体网站的内容一改原先多为静态和死板的风格，内容活泼而抓人眼球，语言活泼，娱乐性较重，容易被网民所接受。传统媒体有很强的信息采集经验，可以沿用至互联网络，有着专门负责采集信息和编辑的工作人员对各个板块的内容进行实时更新，在整合报道电视媒体内容的同时加入新的内容元素。网站的信息内容，也在这一基础上更具有多元性，各方面的信息应有尽有，从一般性知识的普及，到新闻内容实时网络化报道，再到信息内容的具体分类，开辟出很多板块内容。由于传统媒体受到严格的时间限制和内容监控，节目内容的制作也根据时段来进行选择，而网络空间的无限与时间的无限，很多无法在传统媒体上播出的内容节目可以放置互联网，同时根据互联网的受众口味，发掘并且编辑更多的趣味性较强的信息供网民选择。

（2）手机媒体与传统媒体融合。在手机领域方面，上海文广在新媒体与传统媒体内容融合方面有着很好的典范。2002 年开始，上海文广便着力在新媒体业务方面布局，先后成立上海东方宽频传播有限公司（SMGBB，宽频门户网站）、上海百视通公司（主营 IPTV）、上海文广互动电视有限公司（SiTV，主营数字电视）、东方龙（主营移动多媒体业务）和文广新媒体（主营 WAP、彩铃等 SP 业务）。上海文广由此成为国内最早拓展新媒体业务的广电企业之一。

足球世界杯、亚运会、奥运会等重大国际体育赛事向来是各大媒体关注的焦点，以手机电视、IPTV 等为代表的新媒体为体育赛事提供了难得的报道平台。调查表明，手机电视最大的潜在消费群体是城市白领和时尚一族，他们对体育赛事有着由衷的热爱。因此，重视对体育赛事的报道，是手机电视短时间内有效吸引受众、迅速扩大收视群体的重要契机。2006 年德国世界杯前夕，国际足联首次发布了该赛事的手机数字版权，上海文广新闻传媒集团（SMG）斥资 1 亿多元人民币购得中国地区的手机独家播映权，并在中国移动的梦网平台上开设“掌上世界杯”独家视频栏目。SMG 此次转播报道充分考虑到了手机电视快捷、灵活、个性、互动的传播特点，向慕尼黑派出 30 多人的网络和手机转播报道组，为用户提供全部 64 场比赛期间任何触发事件的即时快报、每场比赛的四分钟官方视频集锦内容、赛场内外的精彩花絮、德国演播室的实时评球等节目。与传统电视媒体报道不同的是，考虑手机小屏幕播放的特点，转播选择了专用机位，通过智能画面跟踪技术和优化设计为用户提供高清晰和近距离的影像，使球员生动的表情和球场上快速更换的细节完整地展现出来。

2005 年 9 月 28 日，上海文广与中国移动共同宣布，正式开通手机电视“梦视界”，提供下载点播和直播等形式的手机电视节目。这次双方联手正式推出的手机电视业务，是全国唯一具备移动手机电视运营牌照的业务。上海东方龙移动信息有限公司是上海文广旗下全面负责该业务的公司。“梦视界”的开通意味着一个面向全国用户的手机电视平台的诞生，中国手机电视业务也由此从“测试级”升级到“运营级”。此次测试商使用过程中，“梦视界”可向上海、广东、福建地区用户手机提供视听节目的直播、VOD点播服务，全国其他地区的移动用户则可通过下载播放的方式收看。内容上，此次提供直播电视频道6套，点播节目每天更新节目数量可达百余条。

上海文广将传统的电视媒体的优势，巧妙地融合到手机媒体中来，不仅获得巨大的经济效益，也将新媒体的产业链发展提高到一个新台阶。

(3) 车载媒体与传统媒体融合。车载电视节目有着一些不可忽视的特点，与传统电视媒体相比，尽管传统电视能够实现直播，但受众却不一定拥有足够的时间能够即时收看，因为大多数人都有一个相对固定的上学上班的时间安排，而车载电视“边走边看”的特点，让受众实现了“赶路”和“直播节目即时收看”的两全其美。而与传统电视节目的不同之处在于，流动人群在赶路，尤其乘坐地铁和公交的人来说，乘车时间决定了他们不可能完全观看一个长达40分钟以上的电视节目。车载电视节目必须是短小精悍性的。节目短小的好处在于保证了节目内容的完整性，可以让绝大多数受众在乘车的过程中，获得完整的而不是碎片式的信息，有利于培养受众的收视期待和媒介使用习惯。

车载电视应该加大资讯和娱乐类节目的信息量，并发挥电视直播优势，将最新的新闻、天气、交通状况等受众最关心的内容播报出来，服务乘客的出行需要，达到资讯供应的最大化。近几年，车载电视的信息化服务水平已经提高很多。公交车载电视在信息资讯服务提供方面已经大大改善，尤其在北京公交车载电视上，定时有关于天气预报、饮食常识、交通状况的一些报道。目前的车载电视的节目制作与传统电视节目相比还显得很粗糙，对于目前的车载电视节目，还需要通过不断调整节目内容与编排形式，提高节目的质量，满足受众需求。车载电视还可以针对各条线路乘客的主要构成，有选择性地投放与传递节目内容和广告信息，通过节目内容的丰富和调整，提高公交车载移动电视节目的针对性。

三、市场的开放性

传统媒体由于资金、政策等各方面的问题，常常形成行业垄断或者是区域垄断。与传统媒体相比，新媒体空间具有无限性，使得其市场更具开放性，开放性使得很多人都可以进入这个市场，并让这个市场的蛋糕做大。市场的开放性是新媒体快速成长的重要因素。

据权威报告分析，未来五年，我国新媒体市场将达2 374亿美元。数字技术、移动传输和宽带将是主要的利润来源。在当今信息社会，主要特点就是其时效性。快速、方便、优质的数字传播技术几乎能使数字信息覆盖各个角落，使受众者能够根据需要随时随地查阅信息，减少信息时效性对受众者的约束。同时，随着信息技术的快速发展以及新媒体产业技术传输成本的相对降低，人们能够容易地得到更多的信息。电子期刊、电子书、网络视频、数字电视、车载电视、手机电视、手机短信、手机 WAP 等都可以通过计算机、电视、手机、PDA、MP4 等获得，提高了信息的受众面，能够有效消除信息量的差距。

随着 Web 2.0 技术的发展及应用范围的扩大，互联网媒体在网络营销方面的盈利模式越来越成熟。新媒体作为互联网媒体的重要组成部分，其营销传播的能力与价值正在逐步得到认同，受到越来越多的企业和营销机构的关注，近年来其市场规模也保持着高速增长的态势。随着无线通信网络的发展，新媒体呈现移动化趋势，其分流传统媒体的广告资源和用户资源更加明显，盈利模式日趋多样化。因此，新媒体市场的无限性为新媒体的发展提供了强大驱动力。

新媒体经济就是想象力经济。发挥人类最大想象力，在技术先行的基础上，新媒体的幻想很可能会变成现实。3G 服务就是在想象力基础上变成现实的一种新媒体运营模式。目前，国内三大运营商都已经推出了 3G 服务。由于比 2G 手机强大数十倍甚至上百倍的 3G 上网速率，无线上网也增添了强劲的动力。消费者对于无线移动上网的热衷性，也加快了 3G 行业发展的步伐。如果说 2008 年是运营商大兴土木布局 3G 的关键一年，那么，2009 年则可称为中国“3G 应用元年”。

2007 年，中国在 10 城市进行 TD-SCDMA 扩大网络规模技术试验，使中国 3G 产业在以 TD-SCDMA 为主要力量的方向上快速起步和发展，3G 的演进也在坚持自主创新的前提下，融合先进技术，继续向移动通信的前沿领域挺进。信息产业部在确定了三大 3G 标准为中国通信行业标准之后，又发布了涉及 WCDMA、CDMA2000、TD-SCDMA 三大 3G 技术的 130 项推荐性通信行业标准。3G 标准体系基本确立，无疑对中国 3G 的商用和产业化起到极大的促进作用。

2008 年，TD-SCDMA 终于面对普通消费者。2008 年 4 月 1 日，中国移动宣布在北京、上海、天津、沈阳、广州、深圳、厦门和秦皇岛正式启动 TD 网络的试商用。在 2008 年北京奥运上，基于 TD 无线带宽优势，无线宽带上网、奥运手机电视、奥运视频点播、奥运快讯、奥运多媒体彩铃、手机对讲 POC 等六项奥运亮点业务成功亮相，并经历了全面的实战。中国兑现了在北京奥运期间提供 3G 服务的承诺，中国 3G 产业正在加速成熟。

2009 年 1 月 7 日，中国工业和信息化部为中国移动、中国电信和中国联通发放 3 张第三代移动通信（3G）牌照。中国移动使用我国具有自主知识产权的 3G 标准 TD-SCDMA，中国电信获得 CDMA2000 牌照，中国联通获得 WCDMA 牌照。2009 年成为中国 3G 正式商用元年。

2011 年，我国 3G 进入规模化发展阶段。1～11 月份，中国电信、中国移动和中国联通三家基础电信企业共完成3G专用设施投资941亿元。3G基站规模达到79.2万个，其中TD基站22万个，3G网络已覆盖所有城市和县城以及部分乡镇。11月末，3G用户达到11 873万户，比年初新增7 168万户，其中TD用户4 801万户，新增2 731万户。在移动电话净增用户中，3G用户所占比重从年初的43.7%上升到72.5%。

截至2013年2月底，我国电话用户总数净增1 905.9万户，达到14.1亿户，移动电话用户总数达到113 204.3万户。其中，2G移动电话用户持续减少，3G移动电话用户再创新高，达到25 991.6万户，在移动电话用户的渗透率提升至23.0%。受多模TD移动终端的不断完善和2012年年底企业采购终端春节促销的利好影响，TD电话用户月增量达到932万，占3G移动电话用户总数的比重达到40.1%。2013年5月，3G用户以突破3亿，4G牌照年内即将发放。移动互联网技术的发展，使手机媒体在多种新媒体发展帖据统领地位。

第四节　产业链分析

新媒体产业链与传统媒体不同，产业链更长更丰富。整个新媒体产业链由多个个体组成，包括设备制造商（传统媒体产业并不涉及）、内容提供商、网络运营商、平台提供商、广告运营商、软件及技术提供商（传统媒体产业并不涉及）、终端提供商、受众和检测机构等。

由于纵贯新媒体产业链的核心是免费使用的全球化互联网，具有竞争基础的高度一致，用户群体又高度分散，这就创造了一个从零到无限，自由而宽阔的产业价值域，而且是一个有着高度弹性的价值区域，既可以实现在整个媒介产业的价值范畴，也可以实现在单个媒介企业的价值范畴。新媒体产业价值链的起点，始于货币成本趋近于零的那一刻，也就是互联网让用户得以免费传播和使用信息的时刻。但凡需要用户直接为技术的应用付出货币成本的，不论技术本身如何先进，其血缘都可以追溯并归属到传统媒体的范畴①。

在整个新媒体产业链中，设备制造商、内容提供商、网络运营商、平台提供商、广告运营商、软件及技术提供商、终端提供商、受众和检测机构等每个个体都有各自的作用且环环相扣，相互影响，相互呼应，形成了一个有机的整体，形成完整的新媒体产业链，见图1.1。

---

① 参见周笑：理解新媒体的产业价值，《视听界》，2011年第1期。

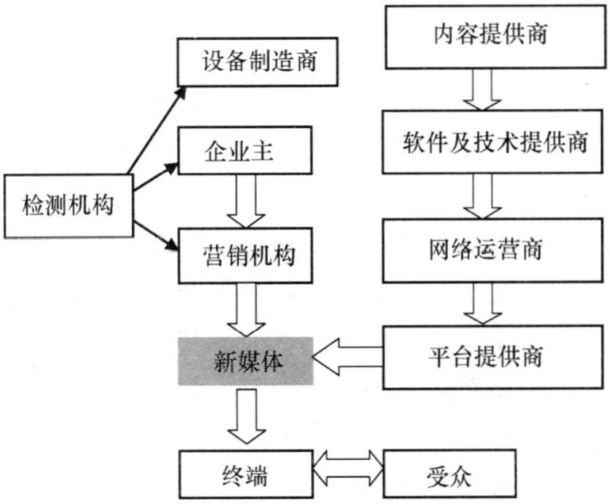

图 1.1　新媒体产业链

一、设备制造商

设备制造商是新媒体产业链的重要一环。试曾想，如果没有平板电视的制造生产，楼宇电视将在萌芽时期死于非命。车载电视和星空电视简直就成为了天方夜谭。

根据国家统计局 2012 年我国战略性新兴产业分类，新一代信息技术产业的设备制造包括高端计算机制造（内含新型计算机和高端服务器的整机制造、计算机零部件制造和计算机外围设备制造）、其他计算机制造（工业控制计算机、高端路由器、宽带网络接入服务器、信令网关、IP 中断媒体网关、云存储设备、云终端设备、海量数据智能处理平台、绿色云计算平台、云应用开发支撑平台、物联网网关和无线射频 RFID 产品）、通信系统设备制造（新一代移动通信基站设备、新一代移动通信网络控制设备、新一代移动通信基站天线、新一代移动通信电路交换机、新一代移动通信分组交换机、数字程控交换机、卫星通信传输设备、散射通信设备、载波通信设备、通信导航定向设备和交互式广播网络）、广播电视设备及数字视听产品制造（广播电视节目制作及发射设备制造、广播电视接收设备及器材制造、电视机制造、音响设备制造和影视录放设备制造）。单电视机制造就有高清/超高清电视机、交互电视机、节能电视机、3D 电视机、OLED 电视机、激光投影电视机、网络及智能电视机和新型数字显示终端等八个品类。此外，还有高端电子装备和仪器制造、基础电子元器件及器材制造和集成电路制造等。

2012 年我国战略性新兴产业分类缺失了手机新媒体产业。实际上，手机特别是智能手机的制造业与新媒体产业息息相关，应该在新媒体产业链中续补上去。

二、内容提供商

内容提供商包括内容的生产制作者和提供者，新媒体的内容提供主要来源于三大阵营：专业的内容提供商（含传统媒体）、新媒体运营商企业主和爱好新媒体内容创作的个人。

专业内容提供商主要指提供影视、新闻、音乐的专业制作公司和传媒机构等，传统媒体也在积极参与新媒体的内容制作两种类型的内容提供商均由技术的发展和普及为实现基础。新媒体时代也称为自媒体时代，即以个人为单位，自主创造节目，自由上传。平民获得更多机会发声，智慧积累的方式由少数精英的生产扩大为全民生产，各种知识冲破二八定律①，按照长尾理论或早或晚的整体疯狂膨胀、混杂无序，形成信息内爆。

三、软件技术提供商和网络运营商

如果说，传统媒体时代的产业发展是“渠道为王”或“内容为王”，那么，新媒体产业时代完全可能是“技术为王”或“想象力为王”。掌握信息时代的前沿核心技术，兼备超乎寻常创意想象，就将是新媒体产业的王者。

软件技术提供商是指新媒体整个产业链的运作中业务、资费、管理等环节的软件提供者和技术提供者。

网络运营商是指拥有骨干和核心网络资源，通过建立虚拟网络来进行运营服务，为平台提供商提供网络支持，网络运营商包括无线网络运营商、固网运营商、数字广播网络运营商等。

四、平台提供商和营销机构

平台提供商是指内容呈现平台，指为网络分享、交易等服务提供网络空间、技术支持、服务支持的计算机网络系统的网络运营者，如国内知名 C2C 网站淘宝网（www. taobao. com）、视频直播网 PPLive（www. pplive. com）和优酷网（www. youku. com）等。

营销机构主要指根据信息发布者需求，提供营销活动前期调研、营销方案制定、方案的执行监督等服务，如广告公司即广告运营商、PR、SP 公司等。部分营销机构单独或协同监测机构提供营销活动监测及效果评估服务。

---

① 二八定律又名帕累托定律，也叫巴莱多定律、80/20 定律、最省力的法则、不平衡原则等，是 19 世纪末 20 世纪初意大利经济学家帕累托发明。他认为：在任何一组东西中，最重要的只占其中一小部分，约 20%，其余 80% 的尽管是多数，却是次要的，因此又称二八法则，并被广泛运用到生活和企业管理方面。

五、受众

传统媒体时代，受众是指信息的接收者。新媒体时代，受众是具有信息接收者和信息生产者双重身份的人，可以自我产生内容，并将其传送给他人。新媒体的发展是在互动技术、搜索技术等基础上实现的。因此新媒体对受众技术的使用、掌握以及文化素质水平提出了更高的要求，新媒体的受众人群主要集中在上班族和学生群体，其中上班族多为企业管理者、技术人员等中高收入者。通过研究发现，传统媒体的受众呈现老龄化趋势，新媒体人群的消费能力远高于传统媒体。

六、检测机构和企业主

检测机构指的是提供效果评估的机构，对广告的传播效果、到达效果、用户行为等指标进行综合评估、分析，为下一步企业主营销计划提供参考。相对于传统媒体的检测机构，新媒体的检测机构涉及的检测范围传输网络多，传播行为复杂。

企业主指使用新媒体进行营销活动的发起者，新媒体营销服务费用的提供者。企业主同时是新媒体信息来源的重要发源地，企业主进行信息发布时，一方面通过营销机构发布信息，另一方面企业主也可自己发布营销信息。

随着新媒体产业内部分工不断向纵深发展，价值创造活动通常由多个企业协同完成。用产业链的学说来观察新媒体产业发展，可以看到新媒体产业链的环节相对传统产业的环节更为繁多，且产业链中上下游链条依附关系更为紧密。

当前，新媒体产业链有四个主要关键环节，即策划创意——内容制作——生产复制——交易传播。产业内部的分工与合作不但大大提高工作效率，还扩大了价值增值流量。四者紧密联系，为新媒体产业循环发展提供了良好的环境。在所有四个环环相扣的产业链中，策划创意所占比重最大，它决定着整个产业制作生产的作品能否适合市场需求，能否大规模批量复制，能否实现版权市场价值、达到低能耗、高产出的目标。其次是交易传播环节，各占产业链价值的 50%和 35%左右，这两个环节对新媒体产业价值链的贡献率达到 85%的比重，成为新媒体产业发展和聚集的关键环节。

在 3G 和未来 4G、5G 时代，以“技术为王”或“想象力为王”的趋势将更加明显。内容创意上的收入将达到整个产业链产值的将近 1/2。在发展新媒体产业的道路上，内容是基础，技术是支撑，创意是根本，这是新媒体产业发展的内在规律。

第二章 电脑媒体产业

美国是全球互联网的发祥地。从 1969 年互联网在军事上的应用，到 20 世纪 80 年代逐渐渗透到寻常百姓家庭，互联网日渐深入人心。20 世纪 90 年代初，美国将互联网应用于商业领域，直接刺激和带动了整个经济的急剧增长。经过 20 多年的发展壮大，互联网经济已然逐步取代了保险、通信和汽车制造等成为美国的第一大经济。电脑媒体产业已经是美国乃至全球最大的新兴产业形态。

第一节 起源与发展

一、电脑媒体产业的起源

在 1992－1999 年间，美国有 409 家互联网公司上市，市场价值达 1.3 万亿美元，其中仅 1999 年就有 309 家互联网公司上市。按照《数字经济 2000》的统计数据，1999 年，美国互联网市场收入达到了 5 239 亿美元，比上一年增长了 62％，占了美国整个经济收入的 8％，全国经济增长值的三分之一。互联网从业大军人数上升了 65 万，相关工作岗位同比增长了 36％，总数达到 250 万，互联网领域的从业人数超过了保险业、通信业和公共设施产业，是航空、医疗、法律业从业人数的两倍。互联网经济中每位员工的产值达 21.1 万美元，比上一年增加了 19％。在 1992－1999 年间，美国互联网创造的百万富翁比过去 50 年所有工业创造的百万富翁还要多。互联网经济的爆炸式增长，实现了美国资源和财富的再分配，知识型年轻化的互联网经济独占鳌头，整个国家焕发了活力。

2006 年，美国互联网经济的产值达到 8 500 亿美元，从而超过汽车业的 7280 亿美元和人寿保险业的 7 240 亿美元。到 2010 年，美国不仅继续雄踞互联网产业的霸主地位，拥有全球互联网产业 30％的产值，净收入更是超过了 40％。

在西方发达国家，互联网过去 15 年在工业化国家为 GDP 增长的贡献率高达 10%[①]。

据英国国家统计局综合调查及北爱尔兰综合调查部门发布的调查数据表明，2008 年，包括北爱尔兰在内的英国家庭，超过 1 650 万人（占 65%）已上网，相比 2007 年增加了 120 万（8%）的用户，56%的英国家庭通过宽带上网，而 70 岁以下大学毕业或有相关证书的成年人上网人数达 93%。

英国牛津大学牛津网络学院发布的《2009 英国网络发展报告》指出，网络已成为英国人获取信息的第一媒介，是人们获取信息的重要来源，65%的人在获取信息时都首选网络，人们对于网络信息的信任度在不断增强。同时，受众的媒体接触逐步发生变化，网络在人们获取信息、提供娱乐方面发挥着更重要的作用。在英国，几乎一半的人群拥有类似 Facebook 的社交网络。

从 20 世纪 90 年代开始，互联网开始了“全球行动”，世界各国的互联网逐渐开通，开启了互联网世界新纪元。目前，由美国国家科学基金会（NSF）掌管的互联网，已经成为跨国界的计算机信息网络，实现了与将近 200 个国家和地区的计算机网络互联互通，构建出全球信息高速公路的雏形。

自 1994 年我国接入互联网以来，我国的政治、经济、文化、生活等各方面都发生了深刻的变化。互联网真正实现了“地球村”的构想，全球信息互通，信息共享，变得轻而易举。中国对世界的影响力通过互联网的传播，正在以各种形式日益渗透到各个国家和地区。

我国的互联网经济方兴未艾，对 GDP 直接拉动和影响逐年增大。2006 年，我国的互联网市场收入约占 GDP 的 2%。中国网民的激增，增加了对互联网多样化个性化的需求，直接拉动了中国互联网经济的繁荣。现在，我国互联网媒体经济、网吧经济、下载创意经济等持续升温，互联网经济总量创出新高，约占 GDP 的 5%。

互联网经济的持续发展，繁荣了我国的劳动力就业市场，缓解了我国的就业压力。2007 年，我国互联网及关联行业的就业人口接近 3 000 万人。2012 年，这个数字超过了 7 000 万，成为全球金融危机背景下最重要也是最具活力的就业港湾。

网络广告作为互联网热点产业之一，市场规模逐步增加，广告主越来越倾向于在网络上投放广告，很多门户网站因为网络广告的兴起迅速发展起来。

网吧是我国新的消费热点和经济增长点，网吧为网络游戏提供了重要场所，吸引无数网络游戏的爱好者，而网络游戏商不断开发新的网络游戏为网吧注入了

① 参见美国麦肯锡全球研究所（MGI）2011 年 5 月 24 日在巴黎八国集团电子论坛上发布的《麦肯锡研究报告：美国仍是全球互联网产业最大参与者》。

新的活力。网吧产业不仅带动了网吧本身的发展，同时和网络游戏也形成了一个产业链，两者互通互联，是互联网产业发展的又一个新的增长点。

下载创意产业是互联网的热门产业，最常见的是音乐下载和影视下载，其商业模式主要包括有偿下载、无偿下载和拒绝下载，这其中包含了巨大的商机，目前，我国的下载创意产业方兴未艾，巨大的市场仍旧在挖掘之中。

互联网的影响在扩大，产业机会在增长，对于跻身其间和希望投身于此的公司来说，机会越来越多。过去的近 20 年时间，人们仅将部分资讯、游戏、通信、商务搬到互联网上，就产生如此多的创新机会，诞生了一个万亿计的新型产业，未来的互联网产业的想象空间更是几近无限。

二、电脑媒体产业的发展

1998 年，互联网被时任联合国秘书长安南列为“第四媒体”，这在很大程度提升了互联网对于人类的传播价值。20 世纪 90 年代以后，互联网的高速发展极大的推动力人类社会的发展，从各个方面改变了世界的政治、经济、科技、教育、医学等各个领域，同时也促进了传统媒体的积极变革和转型，真真切切带来了一场媒体的革命，也为传播学的发展提供了新的研究视角和研究方法。

网络媒体的发展能达到今天的状态，离不开在这期间无数技术人员对网络技术的钻研以及他们积极向上的创新精神。政府管理政策对网络的支持也对网络发展的起着直接的推动作用，尤其是美国政府在 20 世纪 90 年代“信息高速公路”概念的提出对现代计算机网络信息的更是起着很大的积极效用。其中，老少戈尔功不可没。

老戈尔是美国钢筋水泥高速公路的倡导者，而小戈尔（后来当选美国副总统）则是信息高速公路理论与实践的功勋人物。1992 年，当时的参议员阿尔·戈尔提出美国信息高速公路法案。1993 年 9 月，美国政府宣布实施一项新的高科技计划——“国家信息基础设施”，使所有的美国人方便地共享海量的信息资源。信息高速公路就是把信息的快速传输比喻为“高速公路”。所谓“信息高速公路”，就是一个高速度、大容量、多媒体的信息传输网络。其速度之快，比目前网络的传输速度高 1 万倍；其容量之大，一条信道就能传输大约 500 个电视频道或 50 万路电话。此外，信息来源、内容和形式也是多种多样的。网络用户可以在任何时间、任何地点以声音、数据、图像或影像等多媒体方式相互传递信息。

互联网络拥有着很多重要的媒体功能，如政治功能、文化功能、经济功能和娱乐功能等。其中，网络媒介的经济功能给整个世界带来了非同一般的影响力。

施拉姆在 1982 年出版的《男人、女人、讯息与媒介》一书中就明确指出了媒介的经济功能。施拉姆认为：“采用机械的媒介，尤其是电子媒介所成就的一件事，就是在世界上参与建立了史无前例的宏大的知识产业。”① 在网络媒介盛行的今天，施拉姆的这个观点也依然为信息社会和知识经济的发展所证实，电子商务、网络广告的急剧发展就是一个很好的证明。

1994 年 4 月 20 日，NCFC 通过美国 Sprint 公司连入因特网（Internet）的 64 kbit/s 国际专线开通，实现了与因特网的全功能连接。从此，中国被国际上正式承认为真正拥有全功能因特网的国家，进入了网络时代。

2008 年 2 月末，是中国互联网的里程碑时间，中国网络用户总人数达 2.285 亿人，一举超越美国的 2.171 亿人，雄居世界第一。截至 2012 年 12 月底，我国网民人数已经达到了 5.64 亿，占全球网民（24 亿）的将近 1/6，见表 2.1。

表 2.1　全球互联网用户情况表（单位：万）②

年份	全球	中国	ITU（individuals using internet）
1999 年	13 060	890	—
2000 年	25 000	2 250	—
2001 年	36 000	3 370	80 000
2002 年	59 100	5 910	107 000
2003 年	62 200	7 950	123 000
2004 年	93 000	9 400	141 000
2005 年	108 000	11 100	158 000
2006 年	124 000	13 700	176 000
2007 年	133 000	21 000	206 000
2008 年	158 000	29 800	232 000
2009 年	186 000	38 400	257 000
2010 年	208 000	45 730	295 000
2011 年	210 000	51 310	327 000
2012 年	240 000	56 400	357 000

第二节　互联网产业对经济的影响

互联网以其网络的开放性、技术的渗透性、信息传播的交互性等特点，与我

① 威尔伯·施拉姆：《传播学概论》，155 页，新华出版社，1984 年第 1 版。

② 数据来源：依据中国工业和信息化部官网及国际电联官网整理。

们的生产生活紧密相连，并广泛渗透到经济活动的各个领域，成为现代社会生产的新工具、科学技术创新的新手段、经济贸易合作的新载体、社会公共服务的新平台。

互联网的出现提升了社会生产力水平，扩大了经济活动的规模，拓展了经济活动的范围，挖掘出更广泛的经济价值。互联网对经济活动的影响是深远的。

一、互联网产业显著性分析

互联网产业的显著性分析主要从互联网的基础资源、互联网需求和使用以及互联网综合发展指数这三大方面展开的。

（1）互联网的基础资源。我们定义互联网基础资源为提供互联网服务所必须具备的基本资源，主要是指网上信息资源。此外，互联网连接能力在一定程度上也可以被看成是一种资源。

网上信息资源可以用域名、网站、网页和网页字节等表示，考虑到所反映内容的交叉性以及数据的可得性，同时考虑在中国域名总数中，CN 域名增长迅速，2008 年已居于世界第一位，因此，这里给出 CN 域名、网站、网页的数据。

互联网连接能力一般用网络带宽表示，鉴于网络的开放性以及中国与国际间信息交流的急剧增长，这里以国际出口带宽表示。

依据中国互联网络信息中心（CNNIC）每半年发布一次的《中国互联网络发展状况统计报告》，将 2002－2007 年间互联网基础资源的相关数据整理，见表 2.2。

表 2.2　互联网基础资源绝对数据（2002－2007 年）

指标	2002 年		2003 年		2004 年	
	上半年	全年	上半年	全年	上半年	全年
CN 域名数量（个）	126 146	179 544	250 651	340 040	382 216	432 077
网站数量（个）	293 213	371 600	473 900	595 550	626 600	668 900
网页总数（亿个）	0.897 05	1.60	2.079 6	3.10	5.886 55	8.70
国际出口带宽（Mbit/s）	10 576.5	9 380	18 599	27 216	53 941	74 429

指标	2005 年		2006 年		2007 年	
	上半年	全年	上半年	全年	上半年	全年
CN 域名数量（万个）	622 534	1 096 924	1 190 617	1 803 393	6 149 851	9 002 000
网站数量（万个）	677 500	694 200	788 400	843 000	1 311 600	1 503 800
网页总数（亿个）	15.379 1	26.00	33.618 45	44.70	63.665 8	84.70
国际出口带宽（Mbit/s）	82 617	136 106	214 175	256 696	312 346	368 927

表 2.2 给出了反映互联网基础资源供给状况的绝对量指标，为了能够全面了解互联网基础资源供给的广泛程度，需要引入相对量指标。这里将绝对量指标转换为按人口平均的相对量指标整理，见表 2.3。

表 2.3　互联网基础资源相对数据（2002—2007 年）

指标	2002 年		2003 年		2004 年		2005 年		2006 年		2007 年	
	上半年	全年	上半年	全年	上半年	全年	上半年	全年	上半年	全年	上半年	全年
CN 域名数量（个 /万人）	1	1	2	3	3	3	5	8	9	14	47	68
网站数量（个 /万人）	2	3	4	5	5	5	5	5	6	6	10	11
网页总数（个 /万人）	701	1 246	1 614	2 399	4 542	6 693	11 796	19 884	25 643	34 006	48 297	64 071
国际出口带宽（$Mbit \cdot s^{-1} \cdot$ 万人$^{-1}$）	0.082 3	0.073	0.144	0.211	0.416	0.573	0.634	1.041	1.634	1.953	2.369	2.791

（2）互联网需求和使用。互联网需求和使用状况可以通过互联网的应用规模表现出来。一般来说，互联网应用规模通常用网民数量、IP 地址数量和上网设备数量表示。根据中国互联网络信息中心（CNNIC）的界定，网民是指半年内使用过互联网的 6 周岁及以上中国公民。IP 地址主要指的是 IPv4 地址。上网设备目前来看主要是 PC、笔记本计算机和手机，鉴于目前 PC 仍占据上网设备的主流，因此，这里主要关注上网 PC。

网民数量、IP 地址数量和上网 PC 数量在一定程度上反映了互联网运用的绝对数量。同样，为了能够考察互联网需求和使用的广泛程度，需要引入相对量指标。

这里引入的相对量指标涉及互联网应用程度的两个层面，一是互联网普及的程度，用互联网普及率、每万人 IP 地址数量和每百人上网 PC 数量表示；二是互联网实际使用的程度，这里用每周平均上网时长表示。

依据中国互联网络信息中心（CNNIC）的《中国互联网络发展状况统计报告》，将 2002—2007 年间互联网需求和使用状况的相关数据整理，见表 2.4。

表 2.4　互联网需求和使用状况数据（2002—2007 年）

指标	2002 年		2003 年		2004 年	
	上半年	全年	上半年	全年	上半年	全年
网民数量（万人）	4 580	5 910	6 800	7 950	8 700	9 400
互联网普及率（%）	3.60	4.60	5.30	6.20	6.70	7.30
IP 地址数量（万个）	2 480.62	2 900.22	3 208.45	4 145.61	4 942.18	5 984.57
每万人 IP 地址数（个 /万人）	193.74	225.78	249.03	320.80	381.32	460.39
上网 PC 数量（万台）	1 613	2 083	2 572	3 089	3 630	4 160
每百人上网 PC（台 /百人）	35	35	38	39	42	44
平均上网时长（小时 /周）	8.3	9.8	13	13.4	12.3	13.2

指标	2005 年		2006 年		2007 年	
	上半年	全年	上半年	全年	上半年	全年
网民数量（万人）	10 300	11 100	12 300	13 700	16 200	21 000
互联网普及率（%）	7.90	8.50	9.60	10.50	12.30	16
IP 地址数量（万个）	6 830.00	7 439.13	8 478.67	9 801.57	11 824.82	13 527.48
每万人 IP 地址数（个 /万人）	523.89	568.93	646.72	745.66	897.03	1 023.28
上网 PC 数量（万台）	4 560	4 950	5 450	5 940	6 710	7 800
每百人上网 PC（台 /百人）	44	45	44	43	41	37
平均上网时长（小时 /周）	14	15.9	16.5	16.9	18.6	16.2

可以看出，无论是反映互联网基础资源供给的指标还是反映互联网需求和使用状况的指标，无论是绝对量指标还是相对量指标，其变化趋势大体都是上升的，这从不同方面反映了中国互联网快速的发展进程。

（3）互联网综合发展指数。为全面了解互联网的发展状况，需要将互联网基础资源供给以及互联网需求和使用状况这两个方面综合起来进行考察。比较适宜的方法是构建互联网综合发展指数。

构建互联网综合发展指数首先需要确定能够反映互联网各个方面发展状况的指标体系，该指标体系的确定必须遵循如下原则：一是科学性，从体现互联网发展状况的基本结构和要素出发，选择适当的指标，以期能够准确反映互联网的发展水平；二是系统性，从体现互联网发展状况的各个角度出发，选择系列指标以构成反映互联网发展状况的综合指标体系；三是代表性，所选择的各个指标具有典型性，要能够敏感地刻画互联网发展变化的印记；四是可操作性，所选择的指标一般要能够用数据自然赋值，并且数据可得，以便能够定量分析；五是全面性，所选择的指标既要能够反映互联网发展的规模和水平，又要能够反映互联网发展的效果和广泛程度，这样，无论是进行纵向比较还是横向比较，都能够说明互联网的发展变化。

根据上述原则，最终从表 2.2、表 2.3、表 2.4 中选取 11 个的指标作为构建互联网综合发展指数的指标体系，见表 2.5。

表 2.5　互联网综合发展指数指标体系

类型	指标	权重
互联网基础资源的供给	网站数量（万个）	0.094 3
	每万人网站数量（个）	0.101 4
	网页总数（亿个）	0.091 2
	每万人网页数量（个）	0.091 2
	国际出口带宽（Mbit/s）	0.077 1
	每万人国际出口带宽（Mbit/s）	0.077 0
互联网的需求和使用	网民数量（万人）	0.082 8
	互联网普及率/%	0.082 6
	上网 PC 数量/万台	0.079 3
	上网 PC 数量（台/百人）	0.153 6
	平均上网时长（小时/周）	0.069 4

指数的构建方式经过以下步骤：

设指标体系包含 N 个指标：$x_1, x_2, \cdots, x_N$。

第一步，对指标数据进行标准化处理，其目的是为了消除量纲的影响。这里采用初值化处理方法，即

$$Z_i = \frac{X_i}{X_{i(0)}}$$

式中，Z_i 为 X_i 的标准化指标，$X_{i(0)}$ 为第 i 个指标的基期数值，这里以 2002 年为基期。

第二步，确定各指标权重 W_i。为了避免赋权的主观性，这里采用因子分析方

法确定权重。具体方法是通过主成分分析提取公共因子并计算因子载荷矩阵，对因子载荷阵进行方差最大正交旋转得到方差最大因子载荷阵并计算各因子得分系数，根据各因子得分系数和各因子方差贡献率确定各指标权重。指标权重见表 2.5。

第三步，对各指标进行加权求和，构建指数。其方法为：

$$I=\frac{\sum_{i=1}^{N}Z_iW_i}{\sum_{i=1}^{N}W_i}$$

其中：$0\leqslant W_i\leqslant 1,\sum_{i=1}^{n}W_i=1$。

最终得到各年度互联网综合发展指数，见表 2.6。

表 2.6　互联网综合发展指数

2002 年		2003 年		2004 年	
上半年	全年	上半年	全年	上半年	全年
1.000 0	1.259 4	1.651 8	2.137 3	3.161 0	4.120 6
2005 年		**2006 年**		**2007 年**	
上半年	全年	上半年	全年	上半年	全年
1.730 2	2.154 0	2.433 8	2.662 3	2.962 6	3.205 1

二、互联网产业与国民经济发展的关系

互联网产业的发展与国民经济整体发展息息相关。互联网产业对国民经济的发展有着重要影响，同时互联网产业发展的同时，也需要与国民经济相呼应，注意两者之间的协调性。

1. 互联网产业对国民经济的影响

互联网对国民经济的影响是广泛的，包括各个领域、各个层面和各个环节，最终体现在对产出总量的影响上。这里采用 Cob-Douglas 生产函数模型对这种影响进行测算。

根据经济理论，社会总产品产量 Y、社会总资本量 K、社会总劳动量 L 和技术水平 T 之间存在着如下函数关系：

$$Y=f(A,K,L)$$

在上述生产函数公式中，计算技术水平 A 是一个很难确定的因素。但经济发展的实际状况显示，互联网的出现和飞速发展直接和间接对经济活动产生巨大的影响，因此，可以认为在互联网不断渗透到经济活动各个领域的今天，技术水平的

变化与互联网的发展水平的变化有很大关系。鉴于这样的认识，可以在研究社会生产的影响因素时，将互联网因素作为技术因素放入其中。

具体做法是，在生产函数公式中，以 GDP 代表社会总产品产量，以社会固定资产投资代表社会总资本量 K，以就业人数代表社会总劳动量 L，将技术水平 A 调整为：

$$A=A_0 I^r$$

式中，I 为互联网综合发展指数，r 为互联网产出弹性，A_0 为非互联网技术水平。

根据 Cob-Douglas 生产函数的形式，可以将模型 $Y=f(A,K,L)$ 表现为如下的多元回归形式：

$$Y=A_0 I^r K^\alpha L^\beta$$

(1)互联网对 GDP 的影响

以 GDP 代表产出 Y，包含互联网综合发展指数的 Cob-Douglas 生产函数可表示为：

$$\text{GDP}=A_0 I^r K^\alpha L^\beta \tag{1}$$

考虑到从投资到产生效益具有一定的滞后性，因此在公式(1)中资本 K 以前一年度的数据代入。由于在计算互联网发展指数时对构成指数的各个因素采用初值化处理方法，相应地，GDP、资本 K、劳动力 L 也采用初值化处理方法，即以 2002 年的 GDP、劳动力 L 和 2001 年的资本 K 为基准，各年度 GDP、资本 K、劳动力 L 与其相比，构建相应的指数形式。上述形式的生产函数则变为：

$$\text{GDP}_t/\text{GDP}_0=A_0 I^r (K_t/K_0)^\alpha (L_t/L_0)^\beta \tag{2}$$

令

$$\text{GDP}_t/\text{GDP}_0=\text{GDP}^* \quad K_t/K_0=K^* \quad L_t/L_0=L^*$$

则(2)式可写为：

$$\text{GDP}^*=A_0 I^r K^{*\alpha} L^{*\beta}$$

两边取对数得：

$$\ln\text{GDP}^*=\ln A_0+r\ln I+\alpha\ln K^*+\beta\ln L^* \tag{3}$$

这里，将 $\ln I$、$\ln K^*$、$\ln L^*$ 作为解释变量，InGDP* 作为被解释变量。其原始数据见表 2.7。

表 2.7　生产函数模型中各变量数据

年份		互联网综合发展指数 I	固定资产投资 K/亿元	劳动者人数 L/万人	GDP/亿元
2001 年	上半年		32 981.34		
	全年		33 044.795 37		

续表

年份		互联网综合发展指数 I	固定资产投资 K/亿元	劳动者人数 L/万人	GDP/亿元
2002 年	上半年	1.000 00	33 081.108 33	73 382.5	112 329
	全年	1.259 43	33 117.421 29	73 740	117 208.3
2003 年	上半年	1.651 78	33 480.550 91	74 086	123 083.6
	全年	2.137 31	33 843.680 53	74 432	128 958.9
2004 年	上半年	3.160 99	34 787.817 54	74 816	135 461.7
	全年	4.120 63	35 731.954 55	75 200	141 964.5
2005 年	上半年	5.642 01	36 013.380 01	75 512.5	149 369.9
	全年	8.619 13	36 294.805 46	75 825	156 775.3
2006 年	上半年	11.401 82	36 567.152 68	76 112.5	165 466.4
	全年	14.328 94	36 839.499 89	76 400	174 157.5
2007 年	上半年	19.348 63		76 707.85	184 084.5
	全年	24.656 88		77 015.7	194 011.5

注:①GDP 和社会固定资产投资都以 2000 年不变价为基准。②2007 年 GDP 数据依据国家统计局初步核算的结果进行调整,2007 年劳动者人数数据采用 GM(1,1)模型估算而得。③GDP、社会固定资产投资和就业人数上半年数据采用年末数据和年初(上年末)数据的算术平均数。

利用上述数据,进行多元线性回归。多元回归分析时对样本容量的最基本要求为 $n \geqslant 3(k+1)$,上述回归模型中解释变量的个数 $k=3$,样本容量 $n=12$,满足对样本容量的基本要求。

在回归模型(3)中,解释变量 $\ln I$、$\ln K^*$、$\ln L^*$ 的 Pearson 相关系数见表 2.8。

表 2.8 解释变量相关系数矩阵

	$\ln I$	$\ln K^*$	$\ln L^*$
$\ln I$	1.000 0	0.890 9	0.940 3
$\ln K^*$	0.890 9	1.000 0	0.984 8
$\ln L^*$	0.940 3	0.984 8	1.000 0

因此模型中存在着强烈的共线性,故对模型(3)不能直接采用普通最小二乘法估计参数。这里采用主成分回归法,要求主成分的方差贡献率不小于 90%,回归结果为:

$$\ln GDP^* = -9.5987 + 0.0452\ln I + 1.3376\ln K^* + 3.7829\ln L^*$$

$$\bar{R}^2 = 0.9937 \quad F = 288.77$$

模型拟合情况良好。将模型还原为原始变量的形式:

$$GDP^{*}=6.7817\times10^{-5}I^{0.0452}K^{*\,1.3376}L^{*\,3.7829}$$

GDP 对互联网综合发展指数的弹性为 $\frac{EGDP}{EI}=0.0452$，即互联网综合发展指数每增长 1%而导致 GDP 增长 0.0452%。

进入 21 世纪以来，我国互联网的发展速度十分迅速，其对 GDP 增长的带动作用也十分显著。这种带动作用一方面表现为互联网本身的经济活动而直接产生增加值以及各部门、各领域的经济活动借助于互联网而直接产生的增加值，这些增加值占新增 GDP 的比重可以认为是互联网对 GDP 的直接带动作用。另一方面，互联网的发展扩大了社会经济活动的范围，改变和优化了经济结构，提高了经济效率，转变了人们的观念，所有这些都对整个社会的经济活动产生深远的影响，这种影响效果往往是间接的并且是倍增的，由此而产生更大幅度的增加值，这一增加值占新增 GDP 的比重可以认为是互联网对 GDP 的间接带动作用。根据生产函数计算出来的互联网综合发展指数对 GDP 的产出弹性实际上反映的互联网的发展对经济活动的综合影响，其中既包括互联网的直接影响，也包括互联网的间接影响。

根据近几年互联网综合发展指数的变化可以进一步了解到由互联网的发展而带动的 GDP 增长率如图 2.1 所示。

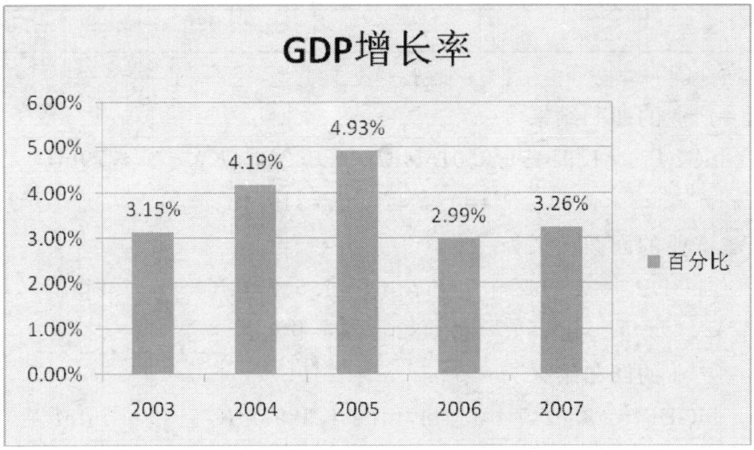

图 2.1　2003—2007 年互联网的 GDP 增长率

(2) 互联网对第一产业、第二产业、第三产业的影响

根据三次产业增加值、资本投入、劳动者人数的原始数据(见表 2.9)构建相应的指数，仍然采用主成分回归法分别对三次产业建立生产函数模型。

表 2.9　三次产业增加值、资本投入、劳动者人数的原始数据

年份		固定资产投资 K /亿元			劳动者人数 L /万人			产业增加值/亿元		
		第一产业	第二产业	第三产业	第一产业	第二产业	第三产业	第一产业	第二产业	第三产业
2001 年	上半年	1 011	11 762	20 207						
	全年	1 013	11 784	20 246						
2002 年	上半年	1 014	11 797	20 268	36 692	16 032	20 659	15 586	51 829	44 914
	全年	1 015	11 810	20 291	36 870	15 780	21 090	15 809	54 257	47 142
2003 年	上半年	1 026	11 940	20 513	36 708	15 929	21 450	16 006	57 695	49 382
	全年	1 037	12 069	20 736	36 546	16 077	21 809	16 204	61 133	51 622
2004 年	上半年	1 066	12 406	21 314	35 908	16 499	22 410	16 714	64 529	54 218
	全年	1 095	12 742	21 892	35 269	16 920	23 011	17 225	67 926	56 814
2005 年	上半年	1 104	12 843	22 065	34 620	17 502	23 391	17 675	71 898	59 796
	全年	1 112	12 943	22 237	33 970	18 084	23 771	18 126	75 870	62 779
2006 年	上半年	1 121	13 040	22 404	33 266	18 655	24 193	18 579	80 789	66 158
	全年	1 129	13 137	22 571	32 561	19 225	24 614	19 032	85 708	69 537
2007 年	上半年				31 936	19 861	25 030	19 384	91 450	73 501
	全年				31 312	20 498	25 446	19 736	97 192	77 464

数据来源：根据各个年度《中国统计年鉴》的数据整理而得。

对第一产业的回归结果为

$$\ln GDP_1^* = 1.9143 + 0.0155\ln I + 0.06269\ln K_1^* - 0.4779\ln L_1^*$$

$$\bar{R}^2 = 0.9947 \quad F = 346.45$$

对第二产业的回归结果为

$$\ln GDP_2^* = 3.0052 + 0.0523\ln I + 1.5323\ln K_2^* + 0.739\ln L_2^*$$

$$\bar{R}^2 = 0.9830 \quad F = 106.27$$

对第三产业的回归结果为：

$$\ln GDP_3^* = 2.8247 + 0.0447\ln I + 1.3258\ln K_3^* + 0.8556\ln L_3^*$$

$$\bar{R}^2 = 0.9931 \quad F = 264.15$$

根据上述回归结果和互联网综合发展指数的变化可以计算出各个年份由于互联网的发展而带动的三次产业增加值增长率，如图 2.2 所示。

可以看出，互联网对第二、三产业增长的带动作用明显大于对第一产业的带动作用，其中，又以对第三产业增长的带动作用最显著。

互联网的出现和发展是经济发展的产物，同时，互联网的迅速发展也深刻地影响着经济活动，在 GDP 的增长过程中，互联网的作用已不可忽视。

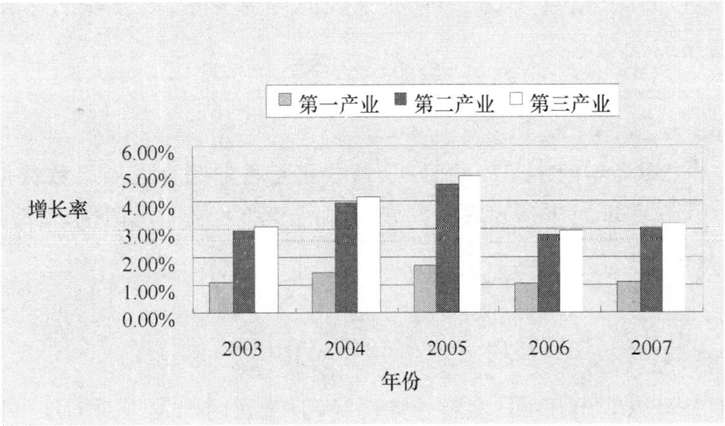

图 2.2　互联网带动的三大产业增加值增长率

2. 互联网与国民经济的协调性

经济的发展需要各个部门、各个领域保持合理的规模和比例，这样才能保证经济活动的协调与可持续。互联网的发展也需要与经济发展保持协调，这种协调性表现为：一方面，经济发展要有利地促进互联网的发展；另一方面，互联网也要保持适当的发展规模和水平，这样才能对经济发展起到促进作用。这里采用 GM(1,2) 模型对互联网与国民经济的协调关系进行分析。

GM(1,2)为包含 1 阶微分方程，2 个变量的灰色系统模型。模型的基本形式如下：

$$x_1^{(0)}(k)+aZ_1^{(1)}(k)=bx_2^{(1)}(k)$$

其白化方程为：

$$\frac{\mathrm{d}x_1^{(1)}}{\mathrm{d}t}+aX_1^{(1)}=bX_2^{(1)}$$

其中，x_1 是系统行为变量，x_2 是系统作用变量。$Z_1^{(1)}(k)=0.5x_1^{(1)}(k)+0.5x_1^{(1)}(k-1)$

$$X_i^{(0)}=(x_i^{(0)}(1),x_i^{(0)}(2),\cdots,x_i^{(0)}(n)$$

X 的上标(0)表示数据序列是原始数据，X 的下标 i 表示第 i 个变量，$i=1,2$。

$x_i^{(1)}$ 为 $x_i^{(0)}$ 的一次累加生成序列，

$$x_i^{(1)}(k)=\sum_{k=1}^{n}x_i^{(0)}(k)$$

一般称 a 为 GM(1,2)的发展系数，a 的值是负值表示 x_1 的发展势头良好；b 为系统作用变量对系统行为变量的协调系数，称 b 的符号为系统作用变量序列 x_2 对于行为变量序列 x_1 的协调极性(协调性)，b 的值是正值表示 x_2 对 x_1 的发展有促进作用，b 的值是负值表示 x_2 对 x_1 的发展有制约作用。

(1) 互联网与 GDP 的协调性

基于 GM(1,2)模型分析互联网与 GDP 的协调性时需要分别建立两个模型。

模型一：以 GDP 指数（GDP* ）作为系统的行为变量，以互联网综合发展指数作为系统的作用变量；

模型二：以互联网综合发展指数作为系统的作为变量，以 GDP 指数作为系统的作用变量。

将 2004—2007 年四个年度的 GDP 指数和互联网综合发展指数数据代入 GM（1,2）模型中，观察近四年来互联网发展与国民经济发展的协调性，模型结果如下：

模型一，$\frac{dGDP^{*(1)}}{dt}-0.53188GDP^{*(1)}=-0.0409I^{(1)}$

模型二，$\frac{dI^{(1)}}{dt}-0.04773I^{(1)}=-0.52157GDP^{*(1)}$

从模型一可以看出，GDP 发展趋势良好，但互联网的发展对 GDP 的发展具有抑制作用；从模型二可以看出，互联网的发展势头良好，GDP 对互联网的发展具有促进作用。

为了深入了解互联网发展与经济发展的协调性，需要进一步分析三次产业与互联网之间的相互适应性。

（2）互联网与三次产业的协调性

利用三次产业增加值指数和互联网综合发展指数分别建立 GM（1,2）模型。

① 第一产业发展与互联网发展协调性的 GM（1,2）模型

模型一，$\frac{dGDP_1^{*(1)}}{dt}-0.50229GDP_1^{*(1)}=-0.03531I^{(1)}$

模型二，$\frac{dI^{(1)}}{dt}-0.48876I^{(1)}=-0.55182GDP_1^{*(1)}$

② 第二产业发展与互联网发展协调性的 GM（1,2）模型

模型一，$\frac{dGDP_2^{*(1)}}{dt}-0.54093GDP_2^{*(1)}=-0.04265I^{(1)}$

模型二，$\frac{dI^{(1)}}{dt}-0.47368I^{(1)}=0.51494GDP_2^{*(1)}$

③ 第三产业发展与互联网发展协调性的 GM（1,2）模型

模型一，$\frac{dGDP_3^{*(1)}}{dt}-0.53075GDP_3^{*(1)}=-0.04087I^{(1)}$

模型二，$\frac{dI^{(1)}}{dt}-0.47756I^{(1)}=0.51982GDP_3^{*(1)}$

从上述模型系数可以看出，三次产业的发展势头和互联网自身的发展势头都十分显著，三次产业对互联网发展的促进作用也十分明显。但互联网对三次产业的发展都有一定的抑制作用，即互联网的发展不能满足三次产业发展的要求，其中，互联网对第二、三产业的抑制作用明显强于对第一产业的抑制作用，尤其以

对第二产业的抑制作用最明显。

上述一系列 GM（1，2）模型显示，中国经济在快速发展的同时也为互联网的发展提供了广阔的发展空间和条件，无论是从资源条件、市场条件还是结构优化上都有利促进了互联网的成长。但互联网在快速发展的同时却还不能满足经济发展要求，尽管互联网对经济增长的带动作用已十分显著，但与经济发展的规模、速度、广泛性相比仍不匹配。这可以从两个角度进行思考：

一是互联网的发展力度与经济发展对互联网的要求相比仍然偏小，因此需要进一步强化互联网发展所需要的资源支撑，扩大互联网的应用范围。

二是从互联网综合发展指数的增长情况看，近几年互联网的增长速度平均达到 80%以上，说明互联网的发展已非常迅猛，如果仍不能满足经济发展的要求，这在一定程度上也反映了中国经济的超常规发展，已经使得快速发展的互联网不能有效与之对应，因此需要适当降低经济发展的“热度”。

第三节　网络广告

网络广告产生于 1994 年的美国。当年 10 月 14 日，美国著名的 Wired 杂志推出了网络版的 Hotwired（www. hotwired. com），其主页上开始有 AT&T 等 14 个客户的广告旗帜（Banner）。这是广告史上的里程碑。从此，网络广告的发展进入正轨，广告主和受众慢慢接受了这种新的广告形式。此后，网络广告发展异常迅速，1996 年网络广告在美国发展渐成气候，很多广告公司专门成立了“互动媒体部”。1999 年第 46 届国际广告节，将网络广告列为继平面广告、影视广告后的第三大广告。

网络广告从最早刚出现的简单文字广告、图片广告、旗帜广告逐渐演变为文字链接广告、浮动式广告、弹出式广告和嵌入式广告，现在升华到丰富多彩的视频广告、融入 3D 技术虚拟现实广告、搜索广告、文字内置广告、游戏内置广告、墙纸式广告、竞赛和推广式广告和 Usenet 广告等。

一、网络广告特点

网络广告是附着于互联网络的各种形式的企业与产品服务等宣传方式，有着与传统媒体广告不一样的特点。

（1）互动性和纵深性。在在线广告这种形式当中，信息是互动传播的，用户可以主动获取他们认为有用的信息，可以直接填写并提交在线表单信息，广告主也可以随时得到宝贵的用户反馈信息，从而缩短了用户和广告客户之间的距离。

而与此同时，用户可以通过链接获取更深入详细的广告信息。

（2）实时性和快速性。互联网本身反应就很迅速，依托互联网为媒体的在线广告更是自不待言。在互联网上做广告，可以及时按照需要更改广告内容，经营决策的变化也能及时实施和推广。另外，在线广告制作周期比起传统广告而言更短，这也是它的一大优势。

（3）准确性与跟踪性。在网络当中，在线广告商通过监视广告的浏览量、点击率等指标能够精确统计出广告的大致效果。因此较之其他广告形式，在线广告能够使广告主更好地跟踪广告受众的反应，及时了解用户和潜在用户的情况。

（4）广泛性与无限性。在线广告的传播是不受时间和空间限制的，它可以24小时不间断地挂在网站上面。一旦具备上网条件，任何人在任何时间和任何地点都可以浏览这些广告。

（5）可重复性和可检索性。在线广告可以供用户主动检索；而传统广告则是定时定点定期发布的，受众无法检索。

（6）针对性和灵活性。由于在线广告都是在特定的网站发布的，而这些网站一般都有完整的用户数据库，因此，广告主在投放这些广告的时候往往能够做到有的放矢，根据广告目标受众的特点，针对每个用户的不同兴趣和品味投放广告。

此外，网络广告形式多样，灵活多变，具有很强的灵活性。

二、网络广告经营主体和受众

传统广告行业涉及广告主、广告经营者、广告发布者，之间各司其职，定位明确清晰。但在网络中，经营主体这一角色发生了些变化，例如经营网络运营的ISP和提供网上内容的ICP，他们既有类似于传统媒介的传播平台——自己的主页，同时许多ISP/ICP又集广告客户、广告经营代理、广告制作于一身。在某种意义上说，ISP、ICP每时每刻都在为企业做广告，他们仅是广告经营者，同时也是广告发布者。所以在互联网环境下谈论广告的经营主体时，会存在“认知困难”，因为在网络环境中，可以说人人都可以发布广告，发布广告的便利对所有人来讲是一样的，这时再严格区别广告的发布者和广告的经营者的意义也就相对淡化了。

这里只对互联网广告所涉及的人员做如下划分：买方、卖方以及兴建广告基础设施的人员（负责开发支持网络广告的工具及手段）。

买方包括提供产品、服务的广告主（厂家）和进行促销以及出售的网站（网站自己宣传自己）。买方的代表经常是一些广告代理商，这些代理商进行互联网广告活动的策划并购买广告空间。

卖方主要是互联网出版商，他们创立网站并出售广告空间。卖方还包括“广告网”，广告网经常替出版商卖广告。

兴建广告基础设施的公司通过开发传送广告、对广告效应进行量化评估、对广告活动审查，或者通过开发其他工具和手段，使得网络广告成为可能并最终被人们所接受，是连接买方和卖方的桥梁。

企业在选择做网络广告的时候首要考虑的是受众，而互联网广告的受众必须是来自于网民。截至 2007 年 9 月，中国互联网用户达到 1.72 亿，网民大部分以东部发达城市地区为主。从网民结构特征上，以男性、未婚者、30 岁及以下的年轻人为主体，但女性的数量近年有所增加。高收入的网民所占比例较低，学生仍然比其他职业的人要多，并且在网民总体中所占比例在上升。

在充分了解网民结构后，企业可以根据产品寻找目标受众。被互联网广告吸引的网民往往具有较高的受教育程度，乐于接受新鲜事物，喜欢在网上浏览新闻，搜索信息，最重要的是拥有经济能力进行消费。广告主和网站经营者应该抓住这部分消费，进行市场细分，从而提供个性化服务。例如利用 Cookies 进行浏览器定位，可以作为广告主和网站进行有针对性发送相关广告信息的根据，从而作到有的放矢。

三、网络广告发展状况

进入 21 世纪之后，全球网络广告进入到快行通道，市场规模不断增长。2003 年，全球网络广告市场支出首次突破百亿大关，高达 115 亿美元。2004 年，全球网络广告增幅高达 91%，全年市场支出达到 220 亿美元。根据实力传媒的统计数据，2005 年，全球网络广告市场规模超过 500 亿美元，达到 509.5 亿美元。2011 年，全球网络广告同比增长 13.9%，规模达到 728.4 亿美元。未来几年中，全球网络广告增长速度约 16%。2014 年有望突破千亿美元大关。

美国网络广告在 20 世纪末增长率非常高，1996 年达到峰值 385.5%。经过 2000 年末“互联网市场泡沫破裂”，2001 年、2002 年其市场出现连续下滑，到 2003 年才开始回暖。2004—2007 年间其增长率一直保持在 20%～35%，发展比较平稳。当 2008 年美国金融危机爆发，全美广告市场萎缩，而移动广告、互联网广告等新媒体广告逆势增长。

目前，美国互联网是仅次于电视的第二大广告媒体。2011 年电视广告收入为 385 亿美元，互联网为 317 亿美元，有线电视为 300 亿美元，报纸广告收入为 207 亿美元，杂志为 180 亿美元，电台为 152 亿美元，户外广告为 65 亿美元。

IAB（美国互动广告局）和 PwC 联合发布的 2011 年美国网络广告收入报告，盘点了美国网络广告过去 10 年间的发展情况。从 2002 年到 2011 年的过去 10 年里，美国广告市场规模由 6 亿美元增长到 317 亿美元，复合增长率为 20.3%（见图 2.3）。

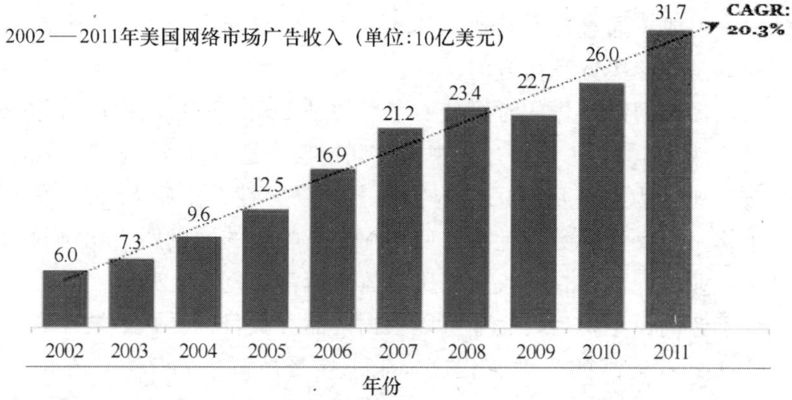

图 2.3　2002—2011 年美国网络广告市场变化图[①]

美国网络广告风头强劲，几大网络巨头谷歌、微软和雅虎等占据着全球联网广告 60%左右的份额。2007 年，美国五大网络大鳄鲸吞全世界 68.9%的网络广告市场[②]。2010 年，谷歌一家公司通吃全球网络广告市场的 44%，而 Facebook 凭借独树一帜的特色经营异军突起，从在广告市场有望超越微软（见表 2.10）。

表 2.10　美国主要网络公司广告占全球网络广告市场份额（%）[③]

公司名称	年份				
	2006 年	2007 年	2008 年	2009 年	2010 年
谷歌	34.9	40.3	42.5	41.9	44.1
微软	8.1	7.9	4.2	4.0	4.0
雅虎	18.7	14.9	11.7	9.6	8.3
美国在线	6.3	5.5	4.2	2.2	1.5
Facebook	0.2	0.4	0.6	1.4	3.1
总计	68.1	68.9	63.2	59.2	61.0

英国的网络广告持续发展。2007 年，英国网络广告份额已达到 15%，远高

① Nielsen，State of the Media：The Social Media Report Q3 2011，(R).

② Nielsen，State of the Media：The Social Media Report Q3 2011，(R).

③ 数据来源：阳狮集团（Publicis Group，法国最大的广告与传播集团）下属的广告公司实力传媒（ZenithOptimedia）2011 年 12 月 5 日发布的全球广告市场报告，搜狐 IT 以“谷歌吞全球网络广告 44%份额 Facebook 将超微软”为题转载。

于7%的世界平均水平。在2007—2009年的3年里，英国网络广告市场每年以30%～40%的幅度增长。根据2012年5月来自欧洲交互式广告局和HIS屏幕数字的报告，英国营销者和品牌产品继续将广告预算移到线上，2011年网络广告规模达到290亿美元。

我国的网络广告起步较晚，中国的第一个商业性的网络广告出现在1997年3月，传播网站是Chinabyte，广告主是Intel，广告表现形式为468像素×60像素的动画旗帜广告。Intel和IBM是国内最早在互联网上投放广告的广告主。1999年，中国广告商情网协办的“99中国网络研讨会”标志着业界对网络广告的重视。

历经20来年的发展，我国网络广告经过摸索、煎熬和洗礼，已经出现惊天飞跃。2001年，我国网络广告市场规模仅为4.6亿元人民币。2003年，我国网络广告市场规模达到10.8亿元，比前一年增长116.2%，但在全球市场中的份额只有1%多一点。2007年，中国网络广告吹响冲锋号，市场规模突破百亿元。2012年，这一数据已经跃增到2012年753.1亿元（见表2.11）。

表2.11　2001年以来中国网络广告情况①

年份	广告额/亿元	增长率/%
2001	4.6	—
2002	6.1	32.6
2003	10.8	77.0
2004	23.4	116.7
2005	40.7	73.9
2006	60.5	48.6
2007	106.0	75.2
2008	180.6	70.4
2009	201.9	11.8
2010	325.3	61.1
2011	519.2	59.6
2012	753.1	46.8

注：“—”表示未统计。

自20世纪90年代后期以来，国内主要中文门户网站一直处于一个“三国鼎立”的局面，新浪、搜狐和网易各踞一方。门户网站的盈利主要来源于网络广告，同时门户网站也占据网络广告的半壁江山。2006年，新浪以9.5亿网络广告收入占中国网络广告市场比重为20.4%，搜狐以6.5亿以占13.9%，网易以

① 依据中国广告协会官方数据和艾瑞统计模型综合。

3.1 亿占 6.7%，QQ.com 以 2.8 亿占 6%，TOM.com 以 1.1 亿占 2.4%。中国主要门户网站累计占网络广告市场比重接近 50%。

新浪是全球最大的中文门户网站，其主要盈利模式是“广告＋无线增值服务”。新浪在新闻、内容、无线增值这些方面最具竞争力。支撑其业绩的主要是广告营业收入，线上广告在总收入中所占的比例也越来越大，从 2005 年第 1 季度的 36%迅即攀升至 2006 年第 4 季度的 63%，广告收入在总收入中的比例两年内增长了 27%。

根据新浪公布的 2012 年第四季度及全年的财报，2012 年全年，新浪净营收 5.293 亿美元，较上年度增长 10%。广告营收 4.129 亿美元，较上年度增长 12%。

搜狐从一开始就与新浪展开了面对面的竞争，其战略布局和产品结构与新浪极其相似。搜狐公司的企业客户服务包括在其网络矩阵上投放的在线广告以及在其自主研发的搜索引擎上投放的付费搜索和竞价搜索广告服务。在过去很长时间，搜狐的广告收入总量明显低于新浪的收入总量，但搜狐对广告的依赖即广告在搜狐总收入中占的比重，要远远高于新浪。在 2006 年的收入结构中，搜狐的广告比重最高为 69.3%（新浪为 63%）。

2007 年，搜狐全年广告收入 1.192 亿美元，较上一年增长 30%。2008 年，搜狐抓住 2008 年奥运契机，使得广告收入进一步提升到 1.76 亿美元。2012 年，搜狐网络广告 4.15 亿美元，超越了新浪广告的 4.15 亿。

网易是中国领先的互联网技术公司之一，网络广告收入占总收入的 13%左右。2006 年，网易网络广告收入为 3 530 万美元，2007 年为 4 180 万美元，2008 年 5 950 万美元。2012 年，网易网络广告达到了 1.376 亿美元。

腾讯是国内最丰富的在线生活平台，提供从即时通信、资讯服务、微信、休闲游戏到电子商务的全方位服务模式。腾讯依托其丰富的产品线以及全新的广告合作模式，通过与不同产品的结合，使品牌及产品更加友好地展现在用户面前。在网络营销方面拥有传播范围广、互动性强、投放精准等特点，与国内外无数知名的企业合作，为他们提供最有效的网络营销解决方案。

近年来，腾讯广告业务增长迅猛：2008 年，腾讯广告收入达到 1.301 亿美元，是 2004 年的 15 倍。2012 年，腾讯网络广告总收入急剧增长，成为中国网络广告的龙头老大，年收入高达 5.476 亿美元（见表 2.12）。

表 2.12　中国网络上市公司网络广告市场规模表　　亿美元

公司	2006 年	2007 年	2008 年	2009 年	2010 年	2011 年	2012 年
新浪	1.538	1.689	2.585	2.022	2.908	3.688	4.129
搜狐	0.917	1.192	1.759	1.771	2.118	3.420	4.150
网易	0.353	0.418	0.595	0.762	0.959	1.260	1.376
腾讯	0.917	1.192	1.301	1.558	2.072	3.162	5.476

四、发展趋势

目前，互联网的受众逐年增加，社会对网络的关注度不断增长，网络广告规模呈几何级变化，形式变化多样，影响力日益增大，传播效果越发显现。具体说来，网络广告有以下四大发展趋势。

(1) 网络广告成为主流广告。网络广告已经超越了杂志和广播电台广告，成为主流广告媒体之一，与报纸广告基本持平，有望在 2013 年实现超越。目前，传统广告媒体市场竞争十分激烈，增长空间被不断压缩，而网络广告的市场容量、市场份额都还在高速增长中，越来越多的企业将注意力转移到网络广告上。

(2) 网络视频、富媒体广告将成为网络广告主力发布形式。随着宽带网络逐渐普及，互联网从文字、图片时代步入了视频、多媒体时代。更丰富的信息容量、更感观的娱乐方式、更自由的交互方式以及网络视频、多媒体等形式赋予互联网新的特质和竞争力，使其在与各媒体类型的竞争中，更自由高效地满足受众日益增长的需求。

(3) 手机等无线移动终端正成为网络广告市场发展的新驱动力。无线接入方式的普及将使互联网络覆盖范围更广，受自然条件限制更小。手机、掌上计算机等便携式设备将使网民可以随时随地使用互联网。对于任何一种媒体而言，更广阔的覆盖范围、更灵活地接入方式都意味着市场的相应扩容；对于网络广告市场则预示着广告经营方式的革新和市场容量的倍数级的增长。通过在城市中布置无线接入的录入查询终端，企业可以将分类广告市场进行定点经营和网站经营相结合，使广告受众从单纯网民扩大到所有社区居民①。

(4) 媒体融合势不可挡。网络媒体与传统媒体合作，实现跨媒介广告互动。传统媒体的优势是不言而喻的，因此网络广告在发展过程中应注重与传统媒体合作，实现跨媒介互动，其中尤其应注重与电视媒体的互动。跨媒介互动可以实现网络媒体与传统媒体的优势互补，提高广告的传播效果，实现媒体资源的整合。对广告主而言，跨媒介营销也日趋普及，美国传媒巨头维亚康姆、美国在线—时代华纳与卡夫、汉堡王等著名品牌纷纷签署跨媒体协议，这也促进了网络广告的跨媒体互动。

第四节 网吧经济

网吧经济可以成为中国特色网络经济。互联网给我们带来了精彩，吸引越来

① 参见曾静平，申卉：《网络广告的形式变化与创意空间》，《现代传播》2009 年第 1 期。

越多的人流连忘返。由于中国人口众多，经济发展很不平衡，有一定比例的人群目前还无法在家上网，只能够选择去网吧上网，浏览新闻、网络聊天、网络游戏、看电影成为这些人群的首选。

网吧行业作为互联网用户集中，年轻人喜爱的场所，具有一些非常显著的特性。从用户使用来说，网吧是一个文化内容集中、传播渠道广泛的场所；从新媒体产业来说，网吧是一个每 18 月就更新一次设备、涉及吃住行的庞大市场；从软件行业来说，网吧是中国最大的软件及品牌推广渠道；从媒体的关注度来说，网吧是一个最为集中聚集眼球的广告传媒渠道。

在数量可观的网吧里，除了可以体现在传播推广的价值和多种渠道的价值外，11.3 万家网吧形成的巨大规模已经成为价值巨大的渠道体系，不仅可以产生巨大的规模效应，甚至可能反制上游，赢得自身应当享有的利益。如果形成一个强大的产业群落，各种类型的跨行业、跨地区、跨层级策略联盟，实现连锁网吧和个体网吧的共同发展，实现产业链各个环节的共同发展。从拉动劳动就业，作为周边产业产生巨大的经济价值；从加强国家精神文明内容建设，到良好的计算机及互联网知识的普及，都产生了积极良好的效应，带来巨大的综合价值体现。

据不完全统计，截至 2007 年 3 月，我国共有各类网吧 11 万多家，网吧所拥有的各类计算机设备共计达到 829 万台，如果每台计算机以 3 000 元计算，至少相当于 250 亿元的计算机销售市场。网吧行业容纳了约 106 万名就业人员，年产值达到 258 亿元。按照国家统计局的 1∶7 计算对周边行业贡献的方法，网吧行业每年为相关产业带来的间接经济收入达到 1 290 亿元。全国网吧每天人流量约 4 000 万人次。网吧已经成为国内一个重要的互联网信息获取渠道，并且为国民经济作出了突出的贡献，带动了一大批电信接入商、计算机生产厂商、内容提供厂商的发展①。

一、发展历程

中国的网吧经济发展大致经过了萌芽渐近、一哄而上和整顿规范三个主要阶段。

（1）萌芽渐进阶段（1996—1999 年）。1996 年，上海出现了国内首家网吧“3C＋T”，随后网吧在大中城市慢慢兴起。此时的网吧经营采取网络咖啡屋模式，主要是模仿台湾网吧经营模式，功能上也大多只有上网终端服务和有限的游戏娱乐服务，只有部分网吧提供饮料、食品等额外服务项目。当时的网吧服务对

① 参见宁小平：网吧需要的不仅仅是产品，《中国计算机报》，2007 年 4 月 23 日。

象大多为高校师生、企业职员以及外籍人士。由于个人上网所需费用及设备价格过高，网吧成为人们获取网络资源的最好场所。当时各地的网吧规模都非常有限，消费价格相对较高，一般为每小时 20 元左右。

（2）一哄而上阶段（1999—2002 年）。1999 年年初，第一款中文图形网络游戏《万王之王》推出，掀起在线网络游戏的高峰，网吧成为众多游戏玩家的聚集地。1999 年美国总统克林顿访华，参观了上海的“3C＋T”网吧，让大众更多的了解了网吧的存在性和功能性，也为中国网吧“一哄而上”推波助澜。2000 年 6 月，国务院办公厅授权文化部在内的 7 个部委执行的《关于电子游戏场所管理的通知》表面上大大压缩了传统游戏机市场，实际上进一步使电子游戏场所的大批玩家选择进入网吧。同时，互联网设施的升级以及硬件设备的降价普及，这些有利因素的共同作用使国内网吧的数量开始迅速膨胀，从而引起了大规模的行业内竞争。

随着国内互联网环境的有所改善，以及电脑游戏给人们带来的乐趣，网吧已经不再是单一的上网场所，而开始向游戏类娱乐场所发展。由于网吧数量的发展和相互竞争的需要，此时的网吧间竞争已经不再是单一的价格战，网吧经营者开始了在上网速度、硬件设备、上机价格上进行大规模的宣传与竞争。网吧消费价格也直线下降，由最初的 20 元到后来的 15 元、5 元、3 元、1 元，网吧的上机价格达到了最低谷。在低无可低的情况下，网吧又纷纷推出通宵上机优惠、包时限优惠等措施，在管理上也大大放手，使网吧成为一系列社会问题滋生的温床，同时在此期间网吧行业发展开始放缓，竞争中的大批失败者被淘汰出局。

（3）整顿规范阶段（2002 年至今）。2002 年 6 月 16 日凌晨，北京海淀区一家名为“蓝极速网络”的网吧失火，由于网吧老板事故发生前将门反锁，致使 24 名少年丧生。北京市迅速做出全市网吧停业整顿的决定，国家有关部门也开始加大对网吧行业的监管力度。同年国务院颁布了《互联网上网服务营业场所管理条例》，使网吧行业开始了重新洗牌阶段。网吧发展数量开始受到严格管理，缺乏管理的非正规中小型网吧关、停、并、转，网吧行业进入正规化发展前的阵痛阶段。网吧产业一哄而上的“疯长”时代过去了。各行各业开始对网吧怀有一定程度的歧视，社会、家庭、学校教师纷纷探求青少年的教育责任，传媒导向也几乎把一切责任归咎于网吧，全国范围与区域性的网吧整顿持续不断。

2003 年 4 月 22 日，文化部发布《关于加强互联网上网服务营业场所连锁经营管理的通知》，在借鉴传统商业连锁规律基础上，积极引入连锁业态，标志着全国网吧连锁化转型的开始，虽然此前在全国各地都出现过网吧连锁店的形式，但大多没有正规的连锁化实质内容。

2004 年，我国地方连锁网吧发展迅速，连锁网吧与 IT 厂商、游戏运营商以及餐饮业逐步有了成型合作模式，但连锁网吧与周边产业合作内容较为单一，合作范围相对较窄，合作仍然处于萌芽阶段。

2007年2月15日，文化部、公安部、信息产业部等14个部委联合印发《关于进一步加强网吧及网络游戏管理工作的通知》，暂停网吧新牌照的审批，目的是让既有网吧在存量市场中练好内功，打好根基，创新出成熟的赢利模式，尤其是为了鼓励连锁网吧发展，防止大量牌照导致的无序恶意竞争。

二、市场规模

作为新兴的网吧产业，在历经十年发展之后，已初具产业规模，成为一个带动电信、PC硬件、软件、网络游戏及周边产品全面发展的强大产业，受到政府高度关注并制定相关政策，积极引导网吧向规范化方向发展。网吧巨大的社会需求，决定了其广阔的发展空间，网吧的发展速度超越了任何新兴产业。

(1) 全国网吧各省份分布。根据文化部办公厅公布的《2005年全国互联网上网服务营业场所（网吧）行业调查报告》，全国网吧各省分布情况如表2.13所示。

表2.13　2005年全国各省网吧分布情况

区域	省份	填报总数	所占比例/%
华北	北京市	945	4.9%
	天津市	552	2.9%
	河北省	5 016	26.1%
	山西省	2 533	13.2%
	山东省	8 000	41.6%
	内蒙古自治区	2 166	11.3%
华北汇总		19 212	100.0%
华东	上海市	1 400	7.4%
	江苏省	6 058	32.2%
	浙江省	5 977	31.8%
	安徽省	5 358	28.5%
华东汇总		18 793	100.0%
华南	广东省	3 393	28.3%
	福建省	3 438	28.7%
	广西壮族自治区	4 087	34.1%
	海南省	1 406	8.9%
华南汇总		11 982	100.0%

续表

区域	省份	填报总数	所占比例
西南	四川省	8 307	51.8%
	重庆市	3 100	19.3%
	贵州省	1 548	9.7%
	云南省	2 815	17.6%
	西藏自治区	268	1.7%
西南汇总		16 038	100.0%
华中	湖北省	4 870	19.6%
	湖南省	10 830	43.7%
	江西省	3 757	15.2%
	河南省	5 328	21.5%
华中汇总		24 785	100.0%
东北	辽宁省	7 640	50.5%
	吉林省	3 088	20.4%
	黑龙江省	4 400	29.1%
东北汇总		15 128	100.0%
西北	陕西省	2 386	37.7%
	甘肃省	1 171	18.5%
	青海省	221	3.5%
	宁夏回族自治区	614	9.7%
	新疆维吾尔自治区	1 934	30.6%
西北汇总		6 326	100.0%
合计		112 264	—

从表 2.13 可以看出，华中地区登记注册的网吧数目最多，其次是华北、华东地区，这些地区人口密度较其他地区大，网吧数目相应较多，和经济发达程度没有显著的相关性。

(2) 全国网吧行业市场经营现状。根据文化部办公厅公布的《2005 年全国互联网上网服务营业场所（网吧）行业调查报告》，我国网吧行业市场经营现状如表 2.14 所示。

表 2.14 2005 年我国网吧行业市场经营状况

指标		全国总值	单店均值
网吧规模	注册资本金/万元	2 620 018	23
	建筑面积/平方米	21 255 443	189
	经营面积/平方米	15 991 903	142
	计算机台数/台	6 086 478	54
	就业人员/人	785 980	7
	网吧用户/人	14 599 463	135
经营情况	年营业收入/万元	1 708 747	15
	年净利润总额/万元	327 971	3
	营业成本及费用/万元	935 400	8
	年缴纳税收/万元	445 376	4
网吧数量	全国性连锁网吧管理企/家	8	—
	地方性连锁网吧管理企/家	78	—
	网吧数量/家	112 264	—

注：本文中所提及的全国性连锁网吧管理企业指取得运营证的全国连锁网吧管理企业。

第三章　手机媒体产业

手机媒体是指通过手机终端，进行文字、音频、视频等形式的媒体内容的传播的新型媒体形式，被公认为继报刊、广播、电视、互联网之后的“第五媒体”。

手机媒体具有携带方便、互动性强、私密性好、信息获取和传播速率快、以及跨地域跨国界传播等特点，拥有声音和振动提示等功能，能够做到与新闻同步，可以自主选择接收和发布信息，信息的及时互动或暂时延宕得以自主实现，是人际传播与大众传播完满结合。手机所具备的上述多种新特性，符合时代发展需要，逐渐成为最有影响力的信息传播终端之一。目前，手机屏幕的增大（三星P6800改版机即是一款拥有7.7英寸巨大屏幕的跨界产品），点阵放大和矢量图放大等字体文图缩放技术的大量采用，以及浮窗浏览、手势感应、即时暂停和电视遥控等功能设置，为手机媒体成为真正意义的全天候集中产业平台创造了先决条件。

手机业务的类型多种多样，有手机通话、手机短信彩信彩铃、手机阅读（手机报纸、手机杂志、手机小说等）、手机音视频（手机广播、手机电影、手机电视等）、手机上网和手机电子商务等。通常这些手机业务并不是独立运行的，可以相互渗透、补充和融合，如手机上网就可以包括上网观看手机视频/电影、电视，也可以进行网上电子商务。

2011年，随着智能手机的普及3G、4G无线网络的高速渗透，手机媒体持续对人们的生活方式和消费方式产生影响。一些常见的应用，如浏览网页和下载内容等，在美国增长了11.6%，高于法国、德国、意大利、英国和西班牙的平均增长率（9.2%）。在美国互联网监测公司comScore开展调查的国家中，2011年日本的移动媒体渗透率最高，达到76.2%；其次是英国56%，英国在2011年下半年的增速尤其显著；美国位居第三，移动媒介渗透率为55.2%。国际市场上移动媒介表现出的高速发展，为移动运营商、内容提供商和应用程序开发商都提供了新的机遇（见图3.1）。

根据美国互联网监测公司comScore 2012年2月24日对美国和欧盟五国（法国、德国、意大利、西班牙和英国）的移动市场发布的《2012年移动未来焦点》

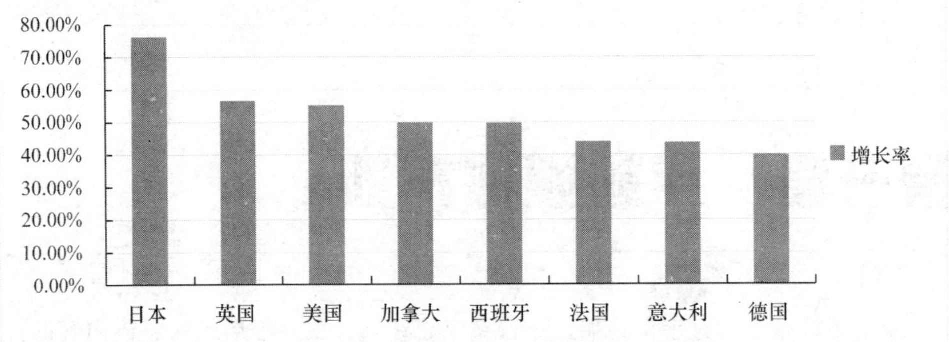

手机用户市场份额

2011年12月底统计，三个月平均数据，ComScore Mobilens公司提供

图 3.1　各国移动媒体渗透率

报告显示，美国智能手机用户数最多，达到 97 865 000 部，手机市场份额为 41.8%，低于英国（51.3%）、西班牙（51.0%）、加拿大（45.3%）和意大利（43.9%）的智能手机市场占有率（见表 3.1）。

表 3.1　2011 年世界各国智能手机用户数（单位：千人）

国家	用户数	市场份额 /%
美国	97 865	41.8
英国	25 386	51.3
西班牙	17 855	51.0
加拿大	9 103	45.3
意大利	21 067	43.9
法国	18 788	40.0
德国	21 300	37.0
日本	16 092	16.6
中国	22 300	23.2

智能手机平台方面，2005 年 12 月至 2011 年 12 月的数据显示，Palm、Symbian、Microsoft 老牌系统正被后起之秀 iOS 和 Android 赶超，iOS 随着 iPhone 手机的发布稳步上升，到 2011 年年底已达到 30%，而谷歌的 Android 系统更是在两年之间爆发性增长，2011 年年底接近 50%。如图 3.2 所示。

在用户使用习惯方面，美国人在社交网络、在线零售等方面的应用高于统计的其他国家。移动媒体应用中，收发短信仍是最主要的功能。现在，短信功能已不是手机的特有应用，飞信、微信和语音信息等应用软件受到广泛的欢迎，人们

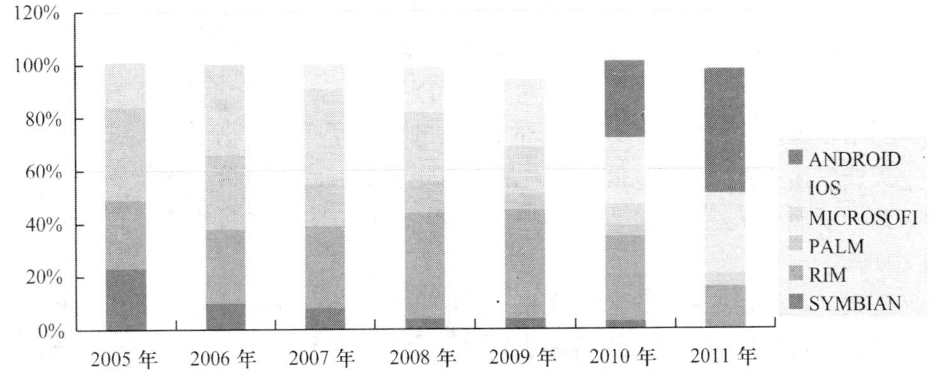

资料来源：2005年12月底至2011年12月底美国三个月平均数据，ComScore Mobilens公司提供

图 3.2　美国智能手机市场 iOS 扩展趋势

在各种移动媒体终端上都可以使用信息发送和接收功能①。

伴随着智能手机的普及，手机报、手机杂志、手机电子书等移动阅读方式也在慢慢融入人们的生活之中，人们的阅读习惯正逐渐被移动化、数字化的手机阅读所取代，小说、新闻、论坛是国内手机阅读用户最爱看的内容。截至 2012 年年底，中国手机阅读用户规模达到了 2.91 亿，较 2011 年增长了 34.1%。2010 年是中国手机阅读市场的爆发年，市场规模为 31.5 亿元，较 2009 年的 19.5 亿元增长了 70.3%。此后的两年中，中国手机阅读市场稳步增长。2011 年，中国手机阅读市场规模为 42.1 亿元，同比增长 33.7%，2012 年达到 55.9 亿元，同比增长 32.8%②。

自 1992 年世界上第一条手机短信发送成功以来，短信作为一种新的电信增值服务形式迅速在全球范围内扩张。2000 年 5 月 17 日，中国移动公司正式开通短信服务。随后，一种新的增值业务“彩信”(MMS) 震撼登场。

2004 年 2 月 24 日，人民网推出国内首家以手机为终端的“两会”无线新闻网，首次实现借助手机报道国家重大政治活动新闻的历史性突破。从 2004 年起，中国联通和中国移动先后推出了基于蜂窝移动网络的手机电视业务试验。2004 年 7 月 18 日，中国妇女报推出全国第一家手机报——中国妇女报彩信版，掀开了手机与报纸联姻的序幕。2004 年 11 月，台湾作家黄玄的号称“中国第一部真正意义上的手机小说”——《距离》正式上线，引发手机文学的讨论热潮。

① 吴小坤，吴信训著：美国新媒体产业，中国国际广播出版社，2012 年 9 月第 1 版，227～230 页。

② 摘自艾瑞咨询《2012 国内手机阅读市场报告》。

2005 年 3 月，北京首部用胶片制作的专门在手机上播放的电视连续剧《约定》在北京开机。2005 年 9 月，中央电台与联通和闪易合作，在 CD 上开通“手机广播”。2006 年 11 月 7 日，国家通讯社新华社开通“新华手机报”。

2004 年 11 月 17 日，韩国 LG 电子公司宣布，已经开发出世界上首款能接收地面数字多媒体广播（DMB）信号的手机。LG 电子公司在新手机上安装了家用电视天线以接收宽带 DMB 信号。在过去两年多的时间里该公司投资了 200 亿韩元（约合 1 830 万美元）开发这种地面 DMB 电话，参与项目研究的技术人员达到 130 人。

现在，手机短信彩信彩铃、手机报纸、手机杂志、手机小说、手机广播、手机电影、手机电视等、手机上网和手机电子商务等悉数登场，成为移动互联网经济的核心。

第一节　手机短信

短信服务（SMS，Short Message Service），是电信运营商为解决手机话费过高而推出的价格低廉的文本信息服务，是一种在移动网络上传送简短信息的无线应用。随着技术的进步和市场需求，后来又出现了内容更为丰富生动鲜活的彩信业务。

短信彩信的出现，让本来具有语言传递功能的手机变成了电报式的解读工具，使文字图片动漫音视频彰显更大的作用。如今，短信彩信已经不仅是一种单纯的电信业务，而是集信息传播、关心问候和决策预警于一体的产业平台。短信祝福、短信投票、短信广告、短信写手、短信预警和政府公示等，已经成为人们日常生活不可或缺的一部分，由短信彩信衍生而来的经济现象层出不穷。短信彩信已经成为重要的新媒体产业形式，号称新兴的“拇指经济”。

一、发展历程

1992 年 12 月 3 日，全球第一条手机短信诞生，短信的内容是“圣诞快乐”。这条短信的接收者是理查德·贾维斯，当时他正在英格兰纽伯雷沃达丰通讯公司总部参加一个预祝圣诞节的舞会。由于当时的手机设计还没有输入和发送英文字母的功能，当时只有 22 岁的英国信息基础设施专业公司 AirwideSolutions 工程师帕普沃斯，通过计算机键盘向贾维斯发出人类历史上第一条手机短信。此后，短信以前所未有的速度迅速风靡全球，在亚洲、欧洲和美洲地区，短信服务尤其受到欢迎，创造出难以想象的市场空间。2000 年，中国短信发送量为 10 亿条，仅为全球发送量1/15（150亿条）。到2004年时，中国短信发送量是4年前的21倍强，全球42.7%的短信出自中国。2012年，中国短信发送量8 973亿条，全球短信发送量靠近10万亿（见表3.2）。

表3.2 中国与全球短信数量统计[①]

年份	中国/亿条	全球/亿条
2000	10	150
2001	189	2 000
2002	900	3 500
2003	1 371	4 600
2004	2 177	5 100
2005	3 046	9 600
2006	4 295	12 000
2007	5 946	19 000
2008	6 997	23 000
2009	7 727	52 000
2010	8 250	61 000
2011	8 788	78 000
2012	8 973	96 000

手机短信在我国如此大受欢迎，既因其简单实用，也因它传情达意更符合东方人含蓄婉转的表达习惯。不管你愿意与否，短信彩信已逐渐走入我们的生活，成为生活的一部分，我们的生活也因短信彩信而改变着。

超乎想象的短信发送量，裂变出超乎想象的巨无霸产业。根据中国移动年度财报披露的数据，中国移动2010年短信及彩信收入468.89亿元人民币，2011年略有下滑，为464.62亿元。2006年，全球短信收入达到475亿美元。2012年，全球短信彩信业务总量接近1 000亿美元。

二、产业内容

手机短信产业包括日常传统业务，节假日业务、应急事件业务、投票竞猜业务以及衍生而来的短信写手产业和短信广告产业。

（1）节假日业务。在传统日常业务中，节假日业务占了每年的总发送量的很大比例。元旦、春节、中秋、愚人节、情人节、复活节、光棍节等各种节假日是

① 数据来源：综合中华人民共和国工业与信息化部官网、市场调研机构Juniper Research、国际研究暨顾问机构Gartner和GSM联合会的统计数据整理。

手机用户短信群发的高峰期。在我国和韩国等国家，每年的春节假期，短信彩信发送量更是惊人，甚至会出现“塞车”情况。

数据显示，2005 年春节假期全国手机短信发送量为 110 亿条，2006 年为 126 亿条，2007 年为 152 亿条，2008 年为 170 亿条，2009 年达 180 亿。2013 年春节期间，我国移动短彩信业务量再创新高，全国移动短信发送量累计达到 311.7 亿条，同比增长 8.3%，彩信发送量累计达到 1.3 亿条，同比增长 16.7%。除夕当天，业务量达到高峰，其中移动短信发送量达到 120.1 亿条，比日均发送量增长近 4 倍；彩信发送量达到 0.47 亿条，比日均发送量增长 2.5 倍。用手机发送祝福短信成为一种时尚。按每条短信 0.1 元计算，单春节假期全国手机用户每年消费就有数十亿元。“拇指经济”正展现出其惊人的力量，由此诞生了专门的“短信写手”。

2008 年，全国手机短信发送量达 7 100 亿条。随着短信发送量的飞速增长，短信的经济效用已经不仅仅局限于传统的点对点信息资费，短信祝福、短信投票、短信广告、政府公示、短信写手等一系列的新型收益模式，短信产业初具规模。

（2）投票竞猜业务。Web 2.0 时代的到来，为网络和用户、用户和用户之间的互动交流，创造了便利条件，每一位互联网用户都成为了互联网的主人。短信投票和短信竞猜业务日渐红火，在广播电视节目栏目的互动方面起到了很好的推波助澜作用。如今，短信投票和短信互动已经成为广播电视台惯常运用的互动手段。无论是大型晚会、选秀节目，娱乐现场还是体育直播，各种广播电视节目栏目的主持人在主持的同时总是会加上这么一句话：“欢迎观众朋友们通过短信与我们互动、分享您的想法与建议，移动联通用户均可编辑短信***发送至***”。

短信投票是由美国 AT&T 电信运营商率先开启的互动方案。在选拔新兴歌手的歌唱比赛节目《美国偶像》（American Idol）里，短信投票受到普遍欢迎。自此，广播电视节目栏目的短信投票席卷全球，一发而不可收。

2004 年，湖南卫视的“超级女声”节目火爆，引发了我国短信投票的热潮。在长沙赛区决赛的当晚，观众累计奉上了超过 27 万张短信选票。进入总决选之后更是一路飙升：10 进 8 达到 200 万张，6 进 5 达 300 万张，5 进 3 约 500 万张，3 强决赛突破 800 万张。据透露，湖南卫视决赛期间的每场比赛短信收入至少在 200 万元以上，7 场比赛能获得 1 400 万元以上。如果加上预赛期间的短信收入，“超级女声”2004 年获得约 3 000 万元左右的短信收入。2005 年，“超级女声”短信收入超过了 300 万元。

此后，我国几乎所有的选秀节目都开始采用短信投票，一些非选秀类节目也借用短信互动的模式来提高节目的人气和影响力。据统计，2008 年全国所有电视节目和栏目的投票短信和互动短信总数已达数十亿条，而此类短信的信息资费往往高出普通短信数倍，尤其是投票短信，有时每条信息收费高达数元。此类短信除了为新媒体带来超过百亿的直接收益外，还极大的增强了节目栏目本身的关注度和影响力，提升了节目栏目的无形价值。2012年，浙江卫视“中国好声音”决赛时，八万音乐迷在体育场现场短信投票，尤为震撼。

（3）应急事件业务。由政府机构在某种特定情况下群发的短信，有时候属应急状态，如紧急撤离、路桥管制封闭、空气水质污染等，有些则是温馨提示与问候，体现政府部门的人文关怀。

这类短信发送量巨大，往往以千万计算。由于短信有送达率高，阅读率高的特点，政府通过短信向市民发布各种信息成为一种权威可靠而准确有效地方式，加上群发短信资费低廉，也能够有效地控制政府的成本。

政府短信在一些特殊时期可以起到特殊的效果。例如当有流行性疾病爆发、洪灾地震等灾难降临或者煽动性言论出现时，政府短信就体现出其安抚民心、稳定社会的强大功效。政府短信在节日的时候还会客串祝福短信的功能，逢年过节，我们总会收到政府发来的问候，感受到国家的关怀。

应该看到的是，个别部门没有好好运用短信预警平台。2012年7月21日北京特大暴雨，造成重大人员伤亡和财产损失。在汛情通报会上，对于媒体关心的能否给每个市民发一条提醒短信，北京市气象局副局长曲晓波说回应说，气象部门有短信终端发送渠道，但北京有2 000万常住人口，95%以上拥有手机，发送短信的基站却十分有限，而且人口特别集中，很可能都集中在一个基站覆盖范围内。“联通曾经帮气象部门做过测试，一条短信出去之后，一秒钟最快能发出去400条，按照这个速度，全市市民都收到短信要很长时间，如果接收到短信的时候灾害天气已经结束了，预警也就没有意义了。”①

对此种说法，各大通信运营商发声进行了反驳。北京联通表示全网发送短信没有技术障碍。中国电信集团政企客户事业部高级顾问张明天表示，中国电信、中国联通、中国移动在防灾、抗灾、救灾通信技术保障方面从来没有“做不到”这个词。

（4）短信写手。短信写手是随着短信发送量日益增大，尤其是节日祝福短信数量的猛增而出现的新兴职业。他们为网站或其他专门的短信制作公司提供短信，为用户提供网上短信下载或转载，获得收入。

早期的短信写手主要是编写文字短信，现在已经出现了集文字、图画、音乐、动漫和视频等于一体的网络短信写手。

---

① 参见王海亮：北京气象局：基站太少了，来不及发预警短信，《北京晨报》，2012年7月23日。

假日祝福语短信、鼓舞励志红色短信和搞笑幽默短信乃至短信荤段子，是短信写手的主要创作内容。我国有专门的短信制作公司，招聘兼职短信写手，支付固定的工资，按完成条数领取“计件工资”，月薪高达万元。我国的短信写手以兼职为主，大学生和自由职业者占了很大比例。

2009 年一位短信写手在接受记者采访时透露，他在两天内给一个杂志写了 20 条拜年短信，每条 200 元，收入 4 000 元。2003 年短信最火的时候，他写 50 条圣诞短信或春节短信，一个下午就有 1 万元进账。

文字短信的创作费 200～500 元/条不等，短信写手的最主要报酬依靠短信的下载量或发送量。短信写手将自己创作的短信在短信网站或门户网站上发布，被下载后，在 1 毛钱的短信发送费用里，写手可以提成 1 分钱。有些网站有自己的稿费报酬，如 1 000～2 000 条，写手获得的报酬按“下载量（或发送量）×0.15×12%”计算；2 000～4 000 条，按“下载量（或发送量）×0.15×16%”计算。短信下载量或发送量越大，写手的收入也就越高。

（5）短信广告。广告业务是伴随着受众多寡而延宕的，手机短信的红火，短信广告就会入侵你的视线。大到楼宇楼盘、小到电话卡，短信广告的内容已经涵盖了短信广告的方方面面。

目前，短信广告的市场运作非常不规范，还未形成完整的价值链和成熟的经营监管体系。由于短信广告具有到达率高、成本低廉等优点，不少小型广告公司开始延揽短信广告的业务。利用短信群发器，很多小商家也在大量发送短信广告。

由于短信广告直接进入私人物品——手机，侵占了受众的私人空间，甚至干扰其正常生活。因此，比起其他广告形式来，过量的短信广告更易引起反感，容易造成可信度及美誉度降低，进而影响短信广告的广告效果和后续发展。

另外，短信广告的制作者和发送者专业性不强，短信内容大多未经过精心创意和严格审查，质量不高，使短信广告这一形式进一步贬值。尤其是不少诈骗、骚扰和非法内容的存在，使受众对短信广告产生了强烈的不信任感。

诚然，短信广告并非穷途末路，只要引入正确的监管，短信广告定能发挥出应有潜能。作为新兴广告形式，短信广告可以灵活采用经营登记管理制，使短信广告经营规范化、专业化。这既能保证短信广告经营者的专业水准和经济实力，同时也有利于对短信广告经营实施监督和管理。

第二节　手机报纸

移动阅读是手机的一项重要功能。移动运营商、手机生产商、媒体合作，将丰富的数字化内容与手机多媒体互动优势结合起来，全力打造“移动内容增值服务”和“3G移动内容发行平台”，给受众带来了全新的阅读享受，移动电子阅读日益成为现代人的一种生活方式。

据艾瑞咨询分析，目前我国大概有1.2亿人在使用手机进行阅读，用户手机阅读的内容多样，新闻类和娱乐类占的比重最大。

手机报是将传统媒体的新闻内容通过无线技术平台发送到手机上，从而在手机上实现阅读短信新闻、彩信新闻等功能。手机报已经成为传统报业开发新媒体的一种方式。

2004年7月1日，中国妇女报推出全国第一家“手机报”——《中国妇女报——彩信版》，实现手机用户与报纸的互动，一年后该手机报订户达到15万份，直逼传统订户数量20万；2004年12月，重庆各大报纸联手推出《重庆晨报》、《重庆晚报》和《热报》WAP手机上网版，跃跃欲试者摩拳擦掌；2005年5月，浙江手机报正式开通，引发杭城报业上网热……手机报热潮迅速席卷全国，它还被许多人视为报纸复兴的希望。

2008年6月，美国考克斯报业公司与一家移动公司，合作创建了19个手机报网站，向用户提供地方新闻、地方搜索以及定向广告。美国甘尼特报业集体则看中了移动互联网“地方搜索”服务的巨大潜力，2008年5月，美联社也推出了手机网站（www.apnews.com），并开发应用软件与黑莓、苹果等手机制造商合作。在一年时间里，该网站发送了550万条地方新闻，覆盖100个市场最大的地区①。

iMode是日本电信（NTT）的子公司DoCoMo在日本市场推出的无线通信数据业务，可供手机用户使用无线互联网。在日本报纸发行量饱和并走下坡路之时，《朝日新闻》、《日本经济新闻》等报社纷纷通过iMode手机媒体传送新闻。iMode手机是网络终端，成为新闻、广告、增值服务的载体。iMode手机用户可以用来观看和查询新闻资料，如交通信息、股市查询、新闻气象服务等，还可以用于市场调查和顾客管理，甚至许多日本出版社将纸质出版物通过iMode同步出版②。

手机报是我国目前普及率最高的手机媒体业务，我国的手机报用户普及率已达到39.6%。截至2010年年底，全国报业整体已推出各个领域的手机报约2 000种，中国手机报付费用户在一亿左右，持续成为新媒体消费的热点。

2011年8月，联讯时代公司6日在北京举行的“中国第五媒体合作战略发展峰会”上向与会专家演示了“联讯读报”新技术。利用这一技术，用户不仅可以

---

① 占江：美国报业危机与数字出版转型，《中国出版》，2011年12期。

② 参见匡文波：《手机媒体概论》，中国人民大学出版社，2006年9月第1版。

在 iPhone、iPad 等平台上实现原版阅读，还可以在 Java、Windows Mobile 等平台上实现原版阅读。据悉，“联讯读报”已和上千家媒体进行合作，通过上网可以在手机中实时浏览有关报刊、杂志。该项技术在互动性和实用性上优于国外同类技术，在国内有着广阔的应用前景。

手机报的运营模式主要有两种：第一种是全国运营模式，即全国类报刊利用电信、网络公司打造的手机报。比如，中国第一家手机报《中国妇女报——彩信版》即为此类。随后，《中国青年报》、新华通讯社旗下的几乎所有的报纸和杂志（如《参考消息》）等与北京好易时空公司牵手，推出了各自的手机报。由于北京好易时空公司拥有中国移动全网彩信牌照，这种由中国移动负责提供技术平台、由报刊负责内容推广的模式面向全国市场普遍推开。

第二种是地方运营模式，即地方报刊利用当地的电信公司打造的手机报纸。比如，2005 年 5 月，由浙报集团、浙江移动通信有限公司和浙江在线联手打造的浙江手机报，成为中国第一份省级手机报，开创了地方手机报模式。2006 年以来沪上解放日报报业集团、文汇新民联合报业集团也先后推出手机报。如文汇新民联合报业集团与上海移动、联通通信公司合作，推出了自己的手机报 news365。

第三节　手机小说

手机小说简言之，就是将原本大部头的小说作品内容推送或存储在手机之中，供手机用户在闲暇时光阅读。与手机报的应用形式相同，用户可以随时订阅和阅读手机小说的内容。

将传统纸质小说、网络小说和手机小说三种形式进行比较可以发现，手机小说由于依附于手机之上，使用人群巨大，更新速率快，检索操作简便且费用低廉，在移动性、互动性、伴随性等方面具有优势，传播效果、传播速度等方面等都表现良好，发展优势明显。在 2012 年中国 2.91 亿手机阅读用户中，有 66.9％的用户即 1.95 亿用户选择阅读小说文学。

根据艾瑞咨询的调查，当手机阅读者需要付费时，小说文学类依然是大家首选的内容，有 47.0％的用户愿意付费阅读小说，紧随其后的分别是新闻资讯类和学习教育类，各占到了 30.5％和 27.5％。小说等文学内容吃香可见一斑。而近年来知识产权开始得到更多的保护，不仅引导阅读者主动获取正版内容，也适时保护了著作者的合法权益，为手机小说市场注入“正能量”。

中国手机小说的发展方兴未艾。2004 年，号称中国第一部手机小说的《城外》被一家移动电信服务提供商以 18 万元的价格买走。《城外》是一部手机短信体连载小说，每一篇只有70个字（含标点），连载60天共4 200字①。此后，各种各样冠以手机小说创作大赛名称的文学创作赛事如火如荼地开展起来。

自2004年起由中国移动发起的手机文学赛事，已成为手机文学爱好者的年度品牌盛事。第三届赛事期间，手机文学的创作和阅读方式已经开始发生变化，原来70字的短信方式已经风光不再，彩信、特别是手机上网创作并阅读者占参与者的半数以上，"手机阅读"的市场潜力已现端倪，并引起纸媒期刊界的关注。中国移动集团公司希望与各家文学团体及单位、个人进行更宽层面的合作，突破过去较为简单的合作方式和传统的传播手段，深入到手机文学从生产到消费的整个的产业链，使手机文学获得更多的成功机会和更大的市场。中国移动的目标是将"e拇指"打造成中国手机文学第一门户，建成"作家首选的手机文学发表平台，用户首选的手机文学阅读平台，优秀文学期刊首选的手机版发布平台"②。

在2009年8月广东省举办的网络创业大赛中，一周内就产生了200部手机小说，日均产生30部。同一时期，盛大文学也举办了"一字千金"手机小说创作大赛，号称最终获胜者除了能得到与盛大文学的签约权之外，所创作的手机小说的稿费更是达到一个字一千元。

在日本，手机小说是带动电影、音乐、出版等多媒体联动的一大文化产业，仅靠出版单行本就达到了几十亿元的规模。2003年日本3G业务大量推出之后，其手机图书出版额达到20多亿日元。随后市场呈现爆炸式发展，2006年达238亿日元，2007年猛增至400亿日元。日本手机图书出版以每年平均超过100%的速度连续增长，相关的企业也赚得盆满钵满。2006年，《恋空》的横空出世更引爆了手机小说的热潮。作品在"魔幻岛"网站上发表后获得了巨大成功，累计点击量达2 672万人次，该书出版后一个月的销售量就达100万册。《恋空》除了小说外，还出了漫画版，而后改编成的电影上映2个月票房突破40亿日元。其后，电影主题歌也成为流行单曲，唱片和电视连续剧接连问世。从手机小说到纸质图书到电影、音乐专辑、电视剧，《恋空》成功地打造出了一条完整崭新的文化产业链。《恋空》的新型商业模式给日本出版界带来极大的冲击，并彻底改变了日本出版人的观念。而后以传统出版模式为主的出版社和作家，也纷纷涉足这一新兴领域③。

---

① 李俊兰：中国手机短信小说第一人，北京青年报，2005年1月14日。

② 参见王辛莉：第三届e拇指手机文学原创争霸赛在海口颁奖，中国新闻网海口12月25日电。

③ 郭艺：触摸手机文学市场爆发点，《解放日报新财经周刊》，2009年8月1日。

第四节　手机广播

所谓“手机广播”，就是利用具有收音和上网功能的智能手机收听广播。目前国外很多广播公司提供手机广播电视服务，如美国的 Clear Channel、瑞典的 SBS Broadcasting System SA、英国的维珍广播公司（Virgin Radio）等。日本和韩国在 2004 年联合发射了一颗直播卫星 MBSAT，以广播方式为两国手持移动终端用户提供音频、视频和数据业务服务。此外两国都开展了数字广播和移动通信网融合的手机多媒体广播试验。

手机广播实现了“一人一媒体”，使人们可以随时随地收听广播，也可以按照自己的意愿随时点播节目。已经成为越来越多受众选择接收信息的渠道。

除了随时收听、便于携带等优势，随着通讯网络覆盖率的提高和无线通讯技术的发展，手机广播还将打破地域界限，使受众在全球范围内收听自如。

手机广播在国内的发展非常迅速。2003 年 8 月吉林移动与吉林交通文艺台合作推出的“用手机收听广播项目”启动；2004 年重庆电台与重庆吉动广告传媒公司合作把广播节目引入手机通信领域；上海文广集团 2005 年 7 月 11 日开播互动式语音应答方式的手机广播，用户可以实时或点播收听；同年 9 月，中央人民广播电台同联通和闪易互动合作在 CDMA 手机上开通手机广播；2005 年 3 月，北京人民广播电台在北京进行手机数字广播服务的试运行，推出 6 套“手机广播”节目，目前已有北京、上海、广东、河南等省、市提供地面 DMB 服务；2007 年 4 月 6 日，中国国际广播电台手机广播电视正式开播，联合中国联通推出的 CRI 手机广播电视业务，集成了中国国际广播电台的广播、电视、互联网以及多语种信息资源优势，利用国际广播电台的资源，采用流媒体技术，为手机用户提供音频、视频节目点播和下载服务。

2012 年 5 月，福建省泉州人民广播电台在苹果手机和安卓系统的应用端开发了 889 新闻频率、904 交通之声、923 私家车音乐广播和 1059 刺桐之声 4 个客户端，实现了 24 小时在线收听和节目点播。

2012 年 9 月 19 日，山东广播电视台与中国联合网络通信有限公司山东省分公司在济南举行“山东手机台”战略合作协议签约仪式。山东手机台拥有手机电视、手机广播、手机报、手机阅读、手机音乐、短信互动、微博等多项业务和产品。山东手机台不仅聚合了山东广电、山东十七地市广电频道的最优质内容，还在不断优选集成国内外影视剧、小说、音乐、动漫、游戏等手机网民喜爱的内容，为用户打造个性化、全方位的视听全媒体。

作为手机媒体的一种存在形式，近年来已初露端倪。与以往越来越被人们所忽视的广播媒体相比，手机广播的出现与应用，将是广播媒体发展的一大机遇。将传统收音机广播、互联网音频广播与手机广播进行对比，手机广播最大的优势就在于其移动性和伴随性。

从新媒体角度来认识手机广播，应该可以有两种技术实现，一是随着GPRS、3G、WAP等无线通信技术和服务的发展和完善，依托于移动通讯网络和互联网络，用上网手机实时收听或点播网络广播节目；二是在手机中内置了FM广播调谐器，用手机可以直接收听电台广播节目。在两种技术实现的背景下，通过手机收听广播有以下三种形式。

一、内置接收模块

手机内置FM接收模块功能，与普通收音机相同，但是只能收听FM调频节目。现在，绝大多数手机都在出厂前设置了此项功能。用手机收听广播节目，在载体上可以扩展到我国的10亿手机终端，并且可以在时空上由固定时间固定空间扩展到随时随地，在形式上由广播式被动收听扩展到点播式选择收听。

通过手机客户端收听十八大开幕直播，是中央人民广播电台、黑龙江人民广播电台和黑龙江移动携手在十八大报道工作中的一个创新。充分利用了移动通信新技术，结合实际群众需求，整合广电及运营商各自优势资源，为人民群众特别打造的“网络广播”。不但将十八大的声音传遍了祖国大地，也受到了人民群众的喜爱，成为接收十八大宣传报道的又一主力形式。

当时，有“直播十八大、倾听十八大、快讯、快图、做客中央台、代表风采录、经济发展新动力、幸福城市、回顾十七大”九个专题。特别是“直播十八大”专题，将中央人民广播电台现场直播开幕式、重要议程的现场直播及连线直播报道，同步在网络广播客户端播出，满足听众对收听时间的要求①。

二、开办手机电台

开办手机电台，用户拨打特定的号码就能收听电台广播节目。2003年，辽宁移动开播手机语音广播节目，移动电话拨打9618866就可以收听一周之内的广播节目。

2005年7月，由上海文广新闻传媒集团（SMG）研制的“SMG手机电台”在上海正式开播。这标志着国内首个由传媒机构全程提供集群语音内容支持，并通过通信无线网络实现语音资讯实时或延时互动传播样式的诞生，同时也是国内

---

① 参见马千卉：手机收听十八大直播成为人民群众又一热点，中广网北京2012年11月8日消息。

首次成功采用流媒体格式将广播语音节目系统拓展至新媒体的有益尝试。

SMG 手机电台融合了当今广播电视技术和通信高科技的多媒体技术应用，是多领域交叉结合的产物，其传播途径是基于跨媒体互动平台的多向和开放的渠道。SMG 经过广泛的市场调查，并根据手机用户的需求度身订制了近百个服务品种。

目前，SMG 手机电台通过"在线实时收听"、"在线延时重听"和"友情点送"，以及"最新资讯收听预告"和"实时话语点评"等形式，向广大手机用户提供极具个性化的互动增值语音服务。需要服务的本地用户，通过拨打 125901586（移动）和 10157586（联通）等特服号码，就可收听到原在 SMG11 个频率中播放的新闻、音乐、体育、戏曲和专题联播等众多精彩的广播语音节目，使用户能真正通过手机电台这个语音互动平台，充分享受其特有的多元选择，订制资讯和有效感受互动体验的乐趣。

手机电台还推出个性化语音资讯点播和点送服务，向"时尚资讯先知"和"互动娱乐先锋"的广大手机用户提供个性化语音资讯点播和点送，并与时尚节目互动，进行实时话语点评等服务。

手机电台是运用移动通信互动语音技术，通过通信网络对音频信号采取实时采集、压缩、转化和传输，实现音频的实时或延时互动播放的样式。手机电台的实时音频广播、精品栏目回放和主持人互动留言等服务，可以由用户对手机进行语音导航和按键选择等简便方式再实现，并可感受随时随地获取移动电台的互动体验。

三、安装手机软件

在手机上安装收音机软件，在线收听广播节目，也成为一些公司拓展广播新媒体业务的有效手段。当然，用户根据流量情况，需要缴纳一定费用。

2011 年 8 月 22 日，中央人民广播电台与中国电信联手推出了移动互联有声阅读产品"天翼阅读——有声版"，广大手机用户将可以通过手机互联网随时随地点击收听自己喜爱的有声读物。

天翼阅读有声版的推出，首次让广播与手机相连，开创了手机有声阅读的新时代。中国电信方面表示，凭借国内最大的播音团队以及丰富的内容资源，凭借中国电信的移动、固化和宽带的优势，一定能够为广大用户提供品质优良、内容丰富、体验精彩的有声产品。

通过以上三种形式，手机用户就能快速便捷地使用手机广播。手机广播超越了地域、时间和电脑终端设备的限制，在传播效率和接受条件方面，表现出了传统媒体无可比拟的优势。它借助于新的传媒功能，通过网络媒体、电信运营商和广播电台的结合、互动，实现跨媒体传播，而移动互联网为手机广播的发展注入了新的推动力。随着移动电话上网费的逐步降低，手机广播给大众信息生活带来了新的冲击和影响力。作为新的媒体终端，手机广播正在成为电信运营商、广电部门争夺的下一个目标市场。对广播电台来说，手机广播拓展了广播的新时空，增加了节目的外延；对于电信部门来说，手机广播开发了新的商机，更是技术上的一次创新，而直接受益者则是广大的广播受众。

手机广播相对于传统广播媒体来讲，具有多向互动的传播优势。一是与传统媒体的互动。“手机广播”可以实现与广播、电视、报刊的互动，如发送短信或者拨打热线电话参与节目，和主持人或者受众讨论相关话题，为传统媒体提供下载音频或图片；二是与广播网站的互动。受众可以用手机广播在线收听、点播节目，也可以发电子邮件或者进入聊天室、BBS、网上调查等参与电台的节目讨论；三是与受众的互动。手机广播最大的优势就是可以利用手机直接通话交流，链接不同媒体的受众群，促使不同媒体之间的受众进行多向的沟通和交流，实现更广泛、迅速的互动。

手机音频广播目前缺少赢利模式，主要是为用户提供更多的收听手段。除个别的优秀广播节目依靠 SP 业务推广，赚取一定的定制费用外，绝大部分节目仍处于免费服务模式。

第五节　手机电视

手机电视是指以为终端设备，传输电视内容的一项技术或应用。从用户的角度看，手机电视就是能够在手机等终端上观看电视节目。从技术角度看，目前可以提供手机电视服务的技术手段可以分为基于蜂窝移动网络（主要是流媒体方式）与基于无线数字广播共两大类。基于蜂窝移动网络的手机电视服务 2.5G 的网络就可以提供，但从实际使用效果看，3G 或 4G 网络所提供服务的质量才基本能为用户接受。从业务特点来看，手机电视可以看作数字电视从电视等固定终端向手机等移动终端的延伸。

目前，可以提供手机电视服务的无线数字广播方式仍处于被西欧的 DVB（Digital Video Broadcasting）系列与日韩的 DMB（Digital Multimedia Broadcasting）系列主导的状态下，但美国高通也推出了自有的 MediaFLO 技术，而国内的上海交通大学和复旦大学也分别提出了自有的无线数字广播制式 ADTB-T 和 DMB-T。预计未来手机电视技术将出现多种制式同台博弈的格局。

手机精巧、轻便，便于随身携带，人们可以随时随地收看电视节目。手机电视在传播的分散性方面达到了目前其他大众传媒尚无法企及的高度，使大众传媒和个性化传播实现了完美的结合，达到了点对点、点对多的传播效果。

由于手机媒体具有运用碎片时间、互动性强的特点，日本、韩国、英国和美国等国运营商早在2003年就瞄准了手机电视这块诱人的市场，先后推出手机电视业务。2004年，日本MBCo公司率先开通了全球首个基于DMB制式的手机电视服务。2005年5月，韩国的TUMedia公司正式大规模推出了基于韩国DMB制式的手机电视服务，不到5个月就发展了近20万用户。2005年11月，芬兰颁布了欧洲第一个移动数字电视许可证。2006年年初美国迪斯尼推出基于通信网的“ESPN手机电视频道”，但市场却不买账。该业务只吸引3万个超级体育迷，与原计划发展24万户的目标相去甚远。英国电信打造的Movio，则与欧盟各成员国的DVB-H标准不兼容，以致业务无人问津。费用偏高也是一大难题，手机上的节目和家里电视机上的没区别，而收看时间往往只有几分钟，付费理由的确很难成立。

随着3G时代的到来，中国移动和中国联通也争前恐后地涉足手机电视业务抢占市场，以引导消费者需求，培养消费者的消费习惯，同时树立品牌形象，为3G、4G时代大媒体的运营积累了充足的经验。

一、韩国手机电视

DMB是日本与韩国主推的手机电视制式体系，可以看作是DAB（Digital AudioBroadcasting）技术的升级演进。1997年，韩国成立了地面波数字广播促进协会，以推动韩国广播的数字化，并开始讨论DAB的引进问题。2003年2月，韩国明确推出了“数字多媒体广播”战略，并把支持制式命名为DMB，而且把这种制式细分为DMB-T（地面多媒体广播）和DMB-S（卫星多媒体广播）。同年12月，运营DMB的公司TU Media正式成立，这标志着DMB从技术概念走向商用已具备了现实的基础。

由于需要界定手机电视与传统电话广播之间关系等一系列问题，手机电视商用牌照的发放被一再推迟，这不仅延误了这一服务在韩国的推出，也使日本能够超越韩国成为全球首个商用DMB的国家。在吸取这一教训后，韩国政府加快了手机电视的立法与牌照发放，除了在2004年12月正式向TU Media发放了唯一的DMB-S牌照外，还明确提出未来将发放6张DMB-T牌照，其中3张牌照将发放给当时最大的4个电视台（KBS、MBC、SBS与EBS）中的3个，另外3张则将发放给属于有线电视服务商、广播电台与制造商等中标者。

TU Media是韩国第一大移动运营商SKT于2003年12月发起成立的一家专门运营DMB的合资公司，采用DMB-S制式提供手机电视服务，整个网络由地面发射站、卫星、地面增强放大器与用户接收终端组成。这种卫星信号直接接收与放大器转发/补充的方式，使得处于城区的用户基本上都能收到较理想的信号。

在终端支持上，目前 TUMedia 提供了手机、手持终端与车载设备等比较多样的终端，可以满足不同类型用户在多种场合下的服务要求。但从终端用户结构来看，目前 94%的手机电视用户使用的是手机（目前是 7 款），只有 6%的用户使用车载设备（目前 4 款），而使用手持终端的用户比较有限。

目前，TUMedia 在手机电视上同时提供电视与电台广播等一共 40 个频道的节目，其中电视频道占了 14 个，有 10 个一般的电视节目频道（基于公共电视节目内容）、1 个特别为 TUMedia 提供的节目频道以及 2 个地面数字电视频道；电台广播频道一共有 26 个，分别是 16 个普通音乐电台、7 个精选音乐电台与 3 个综合频道（提供专门的教育、娱乐与新闻等内容广播）。除了现有的电视节目与电台广播频道外，TUMedia 还计划在未来提供独立的信息广播服务频道，以发布与电视频道/电台频道相关的信息。

韩国是国际上移动数据业务比较领先的国家，不仅率先大规模启动了 CDMA2000 的商用，而且在 2003 年就进入了 3G 的全面发展阶段。韩国前两大移动运营商 SKT 和 KTF 专门针对高速多媒体数据业务分别建立了 June 和 Fimm 的新品牌，截至 2005 年 9 月底，两大品牌的用户分别达到 576 万和 136 万，分别占两个运营商 3G 用户数的 74%和 32%。由于手机电视在一定程度上可以看作传统电视与移动终端融合下的产物，2.5G/3G 上多媒体业务的长期培育也为手机电视在韩国的发展积累了相当的需求基础①。

二、日本手机电视

2006 年 4 月 1 日，日本大城市的手机用户通过在收看电视的手机里新装了一个接收器，开始可以在手机上欣赏数字电视节目。通过日本移动运营商、终端设备制造商和广电部门的通力合作，不仅实现了资源的有效配置，推动其手机电视服务稳步发展，而且也为日本三网融合打下了良好的基础。

截至 2006 年 10 月 22 日，KDDI 在 AU 以及冲绳地区累计销售手机电视 100 万台。同时，NTT DoCoMo 投入市场的唯一一款电视手机 P901iTV（松下）到 9 月底已发售 16 万台。而 SoftBank（原 vodafone）推出的唯一一款 905SH（夏普）虽然没有公开发表其销量，但据日本新闻报道，仅 5 月 27 日到 6 月 26 日一个月内即售出约 10 万台。截至 10 月底可大概估算日本手机电视已销售 150 万台以上。按手机保有量 8 500 万估算，电视手机开播半年后已占总手机用户数量

① 黄灿灿：韩国手机电视运营分析及启示，《通信世界》，2006 年第 2 期。

的1.76%[①]。

这不是全世界第一个手机电视节目，在此之前，韩国、英国和其他几个国家也推出了类似的服务。但由于采用的技术有所不同，日本推出的手机电视业务，成为当时全世界订户最多、规模最大的产业集群。此前，该节目已经在日本试播了好几个月，日本电视台、富士电视台等主要电视台都参与了试播。为了正确评估手机电视节目可能产生的订户数量，目前的试播都是免费的。由于目前这种能收看电视节目的手机还只是限量生产，因此在商店里还很难买到[②]。

2012年4月1日，Mmbi公司（多媒体广播电视公司）成立了日本首家面向Docomo智能手机进行节目播放的手机电视台NOTTV，并在东京六本木举行了开播仪式。NOTTV节目将实施24小时播放制。视频画质是普通电视台的10倍，频道也十分具有多样性，涵盖了影音、综艺、动漫、体育等各类节目，Mmbi公司表示力争在1年内吸引100万名用户。NOTTV由NTT DOCOMO通信公司和日本各大民间电视台共同出资设立，可以通过高智能手机和平板计算机等收看。节目内容实行收费制，每月420日元（约合32元人民币）。

2013年3月6日，索尼在发布包括4K电视X9000A系列在内的春季新品时，即渲染与索尼Xperia智能终端的融合。业内人士认为，在经历16年最大亏损和市值严重下滑后，索尼亟须通过移动业务突围，而手机业务则成为重中之重。

“我们是唯一借鉴索尼多元化业务，以提供最佳智能手机体验的厂商。”在世界移动通信大会（MWC）上，索尼CEO平井一夫表示，2013年将是索尼和索尼移动取得突破的一年，“手机与电视互联，是索尼力量的完美阐述。”索尼电视与手机的技术、内容、应用程序等关联性相融合，将带给用户独一无二的“视”、“听”、“玩”以及“创造”的体验。

索尼中国公司总裁栗田伸树表示，此次索尼中高端彩电新品提供智能连接解决方案，包括Mobile High-Definition Link（MHL智能连接）、One-touch mirroring（一触镜像技术）及TV SideView（多屏遥控应用），增强电视与移动设备的连接性能，为用户带来智能化体验。

索尼手机通过MHL线连上电视，即可将手机内的高清内容呈现于高清电视上，并在电视上使用各种手机应用，或展示视频、照片、音乐等内容。同时，用户还可以用电视机遥控器来遥控浏览智能手机里的内容和互动应用程序。目前，该项功能已支持包括4K电视在内的9个系列新品及多款索尼智能手机。

通过索尼Xperia智能手机的NFC近场通信技术，无须连接WiFi路由器，

① 参见邢哲：日本手机电视经验借鉴，《通信产业报》，2007年4月17日。

② 杨孝：日本开播手机电视节目通过电视塔传送图像，《北京晚报》，2006年4月5日。

无须复杂的配对设置，只需要将智能手机轻触遥控器，遥控器便会立即建立与智能电视的无线连接，可在 BRAVIA 液晶电视上以镜像的方式复制手机屏幕上的内容进行浏览[①]。

日本手机电视开展得如火如荼，三大运营商和 NHK、日本电视、TBS、富士电视、朝日电视等合作，先后开始了这一业务。日本手机电视节目内容也丰富多样，用户只要在手机上点击选择 One-Seg 播放，就可以选择回答猜谜或询问，累积积分后就可以获得相应的礼品。另外，用户也可以通过手机直接访问电视台的官方网站，在网站上不仅可以下载一些待机图片、铃声、原唱铃声等，还可以进行购物，也可通过网页或是邮件杂志进行节目的观看和预约。

三、德国手机电视

据法新社报道，T-Mobile、沃达丰、O2 和 E-Plus 拥有特别配置的手机用户 2006 年 8 月 31 日前可以在他们的手机上收看电视节目并能够收听 16 个电台的广播。

德国四家移动运营商已开始试运营向手机播送电视节目画面，其中包括对世界杯足球赛的转播。这次试运营计划仅局限于柏林、汉堡、慕尼黑和汉诺威四座城市。电视内容包括来自 ARD 和 ZDF 这两个国家电视台提供的节目，此外还包括一些来自私有频道提供的及特别制作的一些节目。ARD 和 ZDF 届时将转播世界杯赛事。可接收电视画面的手机在 2007 年上市，根据所选择的频道的多少，每月服务费用在 5～15 欧元之间（6～19 美元）。

德国运营商 Mobile3.0 于 2008 年即已宣布计划在德国汉堡、汉诺威、法兰克福和慕尼黑等四个城市推出基于 DVB-H 的手机电视服务，包括 9 个电视频道（ARD、ZDF、Deutschland24、RTL、VOX，SAT 1、Pro 7、N-TV 和 N24）和 3 个无线电台（bigMUSIC、MyFun Radio 和 90elf）。当时，Mobile 3.0 总裁 Rudi Grger 博士表示："在德国，采用 DVB-H 标准的移动电视正成为现实，借助诺基亚西门子通信完整的解决方案及业务，我们已能够在非常短的时间内推出此项业务。"对于消费服务，德国已推出了这样的服务方式：消费者只需交 1 欧元与手机提供商签一个 2～3 年的连续使用合同，每月交十几欧元的租金即可。这种服务形式推出之后颇受欢迎。

2006 年 6 月 9 日，德国世界杯在柏林开幕。据统计，此次世界杯有 500 亿人次通过电视收看比赛，而互联网宽频和手机无线版权也成争夺焦点。在世界杯期间，通过 P2P 流媒体收看德国世界杯视频的人数达到 5 000 万人，通过手机流媒

---

① 参见李光焱：索尼自救新招 手机电视业务合璧，《广州日报》，2013 年 3 月 13 日。

体的人数也突破 300 万大关[①]。

借助于 2006 年世界杯，手机电视颠覆了人们对传统电视内容的理解。2006 年初，运营商们纷纷打出“用手机看世界杯”的旗号。一家德国移动运营商宣布，在世界杯期间用流媒体向 3G 和 HSDPA 手机直播 20 场比赛并提供全部 64 场比赛的精彩视频。意大利、法国和瑞士的众多移动运营商纷纷和 FIFA 签约，加盟世界杯赛事转播。在中国，有一家媒体斥资 250 万美元购得 FIFA 每场球赛后立即播出的 4 分钟的精彩回放权。

据 CNET 科技资讯网 2007 年 9 月 17 日报道，9 月 14 日，德国反垄断机构批准了由手机运营商 T-Mobile、O2、沃达丰联合开发手机电视技术平台的计划。德国反垄断机构在一份声明中，这三家运营商将开发基于 DVB-H 标准的技术平台。尽管在营销上各自为政，它们还将联合购买节目。尽管这一协议会限制运营商间的竞争，但它们必须遵守一定的规矩，使用户能够自由地选择运营商。

欧盟委员会在 7 月份表示，为了在欧洲推广单一的手机电视标准，它计划将 DVB-H 列入支持的标准清单中。

四、中国手机电视

中国手机电视蕴含着巨大商机。2003 年，中国手机电视业务博鳌亚洲论坛期间首次推出。博鳌亚洲论坛开幕前期，海南广播电视台电视新闻综合频道、公共频道开始反复播放“海南广播电视台掌上频道（手机电视）”宣传片。在博鳌亚洲论坛期间，手机电视项目通过移动、联通两家手机网络，总共向用户发送了由海南台电视新闻中心制作的将近 70 条博鳌亚洲论坛相关视频新闻。在短短三天时间里，全国各地共有 3 万人次使用了这项全新的电视服务。手机电视业务运转了一个多月间，开设了“相约博鳌”、“53 届世界小姐总决赛”、“03～04 英超联赛”、“4 台秀场”四个栏目。累积向手机用户提供超过 600 分钟的视频节目。

从 2004 年起，中国联通和中国移动先后推出了基于蜂窝移动网络的手机电视业务试验。2004 年 3 月底，广州移动组建专网提速 GPRS，批量购机降低门槛，率先使手机电视商用。5 月，该业务作为中国移动的数据业务品牌“银色干线”的时尚业务正式推出。同月，中国联通也发布了一项名为“视讯新干线”的手机视频服务，并与国内 12 个电视频道达成协议，包括中央电视台新闻台、央视 4 套、央视 9 套以及凤凰资讯台等。2005 年 1 月 1 日，上海移动推出了免费试用手机电视的业务。紧接着，手机电视业务在湖北开通，成为继广东、上海后第三个开通手机电视业务的省市。四川移动、苏州移动等各省市的电信部门也纷纷

① 参见现代电视技术编辑部：新媒体鏖战世界杯，《现代电视技术》，2006 年第 6 期。

介入电视手机业务。

2008 年北京奥运会期间，CCTV 手机电视奥运台推出 20 路直播频道，以及“奥运会开幕式精彩瞬间”、“奥运会赛事大盘点”等各分类点播专题，通过收看提醒、专题推送、视频搜索等全新技术手段，向手机电视用户提供收视服务。8 月 8～24 日，CCTV 手机电视日均访问量（PV）达 2 153 万，是 7 月份日均访问量的 21 倍，收视份额占手机电视全网业务的 79.4%，以绝对优势领先整个手机流媒体行业。此外，CCTV 手机电视业务与中国移动联合推出“奥运手机报”，利用双方优势资源互补，实现双赢。北京奥运会期间，CCTV《奥运手机报》订购用户数已逾 1 200 万。

2009 年 9 月，“中国网络电视台手机电视”异军突起，独创性地将中国网络电视台内容内置入苹果公司全球近 5 000 万部 iPhone 手机，覆盖欧美等 142 个国家主流手机用户。iPhone 中国网络电视台手机电视是唯一面向全球用户推出的央视手机电视平台，在世界杯、世博会、亚运会等大型活动中表现出色。2010 年 8 月 2 日，中国网络电视台趁热打铁推出 iPad 服务，向用户提供 300 余档央视精品栏目及部分地方卫视栏目内容，包括央视黄金档热播影视剧、纪录片、动画片等视频点播服务。9 月 22 日，“中国网络电视台 TV 手机电视”正式登陆 iPad 平台，亮相仅 2 天就得到全球苹果用户高度关注，下载量突破 5 万次，迅速上升至新闻类应用程序排行榜首位，力压 BBC、TIME Magazine 等媒体同类 iPad 应用。截至 2010 年 11 月中旬，“CCTV 手机电视”iPhone 用户数突破 400 万、IPad 版用户数突破 40 万，用户数稳步提升、稳居同类产品第一。

手机电视发展势头与未来前景一致看好，但是我国手机电视业务因受制于技术标准、政策、商业模式、终端等因素，业务发展存在诸多不确定性，整个产业仍处于商业模式摸索、产业环节构建阶段。

手机电视被视为与网络电视相似的业务属性，采取的是相同的管理方法，《信息手机传播视听节目许可证》是网络电视与手机电视业务的“准生证”。无论是广电运营商还是移动通信运营商，要想把电视的内容移植到手机终端，都必须持有广电总局颁发的牌照。国家对手机视频业务实行牌照管理制度，迄今为止国家广电总局仅发放了国视通讯、央视国际、百视通、央广视讯、中投视讯、人民视讯、新华视讯、华夏视讯和中青视讯 9 张全国性牌照。

但现实情况是，优酷、土豆、搜狐视频、腾讯视频等大量民营视频网站占据了绝大部分手机视频市场份额，而 9 家牌照持有方的市场占有率却很低。专业人士说，“相关部门虽然颁发了牌照，树立了门槛，但是也在边走边看，并没有严格限制无票上车”。手机牌照方的政策优势，使这 9 家持牌企业多已实现了盈利，而看似风风火火的优酷、土豆等视频企业则出现亏损。2011 年，国讯通讯以

20.7%的份额，居9大牌照方之首，中投视讯和央视国际分别以16.7%、13.6%的份额位列第二、第三[①]。

手机电视的表现令人为之侧目。有人甚至断言如果说数字电视的兴起很大一部分是以对传统电视市场的蚕食为代价的话，手机电视则会创造出一个有着巨大增量的新生市场。确实，对这张未来的大饼已有越来越多的人虎视眈眈：移动运营商、无线增值服务商、电视台、电视内容提供商（包括电视节目制作公司、电影公司、唱片公司等）、宽带娱乐门户，白热化的竞争呼之欲出。

在手机电视时代，除了传统电视台以外，无线增值服务商、电视内容提供商、宽带娱乐门户都有可能建立自己的手机电视频道。与此同时，电视内容提供商除了构建自己的频道以外，也可以通过同无线增值服务商和宽带娱乐门户的合作实现内容的全面共享和多次利用。

① 参见贺俊：手机视频牌照含金量下降民营视频网站无票蹭车，《证券日报》，2012年9月10日。

第四章　楼宇广场媒体产业

楼宇广场媒体是指采用现代通信技术，将商业楼宇、高档住宅、办公大楼、广场等人群集中或者流动较大的场所作为传播载体，以广播和电视作为主要传输终端，以音视频节目为主要内容，传播内容，播放新闻资讯、商业广告、体育赛事、娱乐信息和社会公益宣传片的新兴媒体。楼宇广场媒体适应了分众化传播的趋势，将受众精确定位在“高收入、高学历、高消费和流动性强”的“三高一强”群体，利用其无聊的等候时间或闲暇时间缔造了一个庞大的媒体产业。

20 世纪 90 年代，楼宇广场媒体在加拿大诞生，成为继报纸广播电视等三大传统媒体、网络媒体、手机媒体和车载媒体之后的“第七媒体”。在随后十几年的时间里，第七媒体在世界范围内蓬勃发展，成为新媒体产业的一支生力军。

2002 年年底，第七媒体漂洋过海来到中国，该领域的杰出代表分众传媒成功登陆美国“纳斯达克”，创造了“等候经济”的奇迹。经过短短六年多的发展，到 2009 年 7 月份，楼宇广场媒体终端规模已达到三十多万块，形成一个年市场规模近百亿的庞大产业。其中，以楼宇广场媒体为主业的分众传媒一家在 2008 年全年净营业额便达到了 7.9 亿美元。2008 年年底，分众传媒与新浪的重组，更是组成了中国广告业的航母，为中国楼宇广场媒体的持续健康发展注入一剂强心剂。

分众传媒在产业发展初期占据绝对意义上的渠道优势，但近年来，拥有分众传媒等民企所缺乏的内容保证和政府背景的“广电系”，在“联合联盟”中发展壮大，北广传媒等企业不断挑战分众传媒的霸主地位。我国的楼宇广场媒体产业，愈来愈呈现多元化发展的趋势。

目前，楼宇广场媒体产业主要集中于电视新媒体方面，广播新媒体和网络新媒体等尚待开发。在电视媒体中，楼宇电视无疑占据最为重要的地位，是产业的主体，广场大屏幕电视则是该产业十分重要的业务增长点，近年来发展势头迅猛。值得一提的是，电视制造的升级换代，即液晶电视平板电视的出现，让曾经濒临破灭的楼宇广场媒体产业绝处逢生。而超大屏幕巨型电视的出炉，让亿万民众时刻能够在公园、校园、休闲广场、车站、码头、机场和体育场馆等感受到瞬刻的乾坤挪转和世间百态，没有进入现场的狂欢球迷有了无拘无束的激情释放舞台。网球大满贯、世界杯、奥运会赛事期间，在赛场外的巨幅大频幕下，饮酒狂歌，感受着与场内别样的体验。

第一节　楼宇电视

20 世纪 90 年代以来，随着新的传播技术的广泛应用和媒介竞争的日趋激烈，大众传播越来越呈现出分众化的趋势，不同受众的需求和受众不同的需求越来越得到重视。与此相应，媒介市场的细分化成为当今全球媒介产业的一大发展趋势。在媒体市场细分化分众化的发展进程中，楼宇媒体应运而生。

1995 年，加拿大的一家公司 CaptivateNetwork Inc 创立了全球首个楼宇媒体。经过十多年发展，Captivate 已经成为该领域最大、最受信赖的公司。北美最大的 24 个市场区域中，Captivate 在 830 多个建筑里安装了超过 8 800 个显示屏，每天有约 300 万受众。

我国国内楼宇媒体发轫于 2002 年年底。当时，在传统广告领域屡屡受挫的江南春，开始将注意力投向当时为人忽略的“等候时间广告”，开发出以高档社区、大型商场的电梯等候区为广告载体的新型信息传播平台。

2002 年 12 月 11 日，江南春亲手同工人一起将三块液晶电视安装在上海华侨、浦项广场和招商局广场三座大厦里，中国楼宇广场媒体呱呱坠地。2003 年，江春南创立了分众传媒（中国）控股有限公司，标志着中国楼宇广场媒体正式诞生。几乎与分众传媒同时，虞锋注册成立了“上海聚众传媒有限公司”，并于 2003 年年初在北京实施其楼宇液晶电视计划。分众传媒和聚众传媒不仅是中国楼宇广场媒体的先行者，在很长一段时期内更是呈现并驾齐驱的态势，在很短的时间内，将同类的“小鱼”以加盟、并购等形式一网打尽，引领中国楼宇广场媒体的发展。

2005 年 7 月，分众传媒成功登陆美国 NASDAQ，成为海外上市的中国纯广告传媒第一股，其公开招股的股票发行价为每股 17 美元。按照此发行价计算，分众传媒当时市值即达 6.8 亿美元，创造中国楼宇广场的企业神话。

同年 10 月，分众传媒宣布以 1 亿美元收购框架媒介的 100％股权，阻击在公寓电梯视频广告领域占据优势的聚众传媒。2006 年 1 月，分众传媒以 3.25 亿美元的价格合并中国第二大楼宇视频媒体运营商——聚众传媒，从而掌握了 75 个城市的覆盖度和约 98％的市场份额，成为楼宇广场媒体领域当之无愧的主导者。截至 2008 年 12 月 31 日，分众传媒商务楼宇联播网络在全国范围内安装的 LCD

液晶屏和数字框架总数为128 033块，分众传媒实现2008年全年净营业额7.9亿美元的成绩，雄霸楼宇广场媒体行业。

分众传媒和聚众传媒可谓我国楼宇媒体的先行者，分众传媒更是理所当然地占据头把交椅，主导着中国楼宇广场媒体的发展。然而这并不意味着其在中国毫无敌手甚至独孤求败，随着楼宇广场电视向纵深不断发展，分众传媒的地位正在受到“广电系”的强力冲击和分割。广电拥有其他楼宇广场媒体运营商无可比拟的优势，如丰富的节目资源、独家新闻发布权、成本低廉以及政策支持。而分众传媒和聚众传媒等楼宇广场电视运营商则只能够用“硬盘播出”的方式实行广告轮播，在节目内容传输上明显处于劣势。

2005年，东方明珠开始介入楼宇媒体领域，因其节目更新的即时性和巨大的节目资源优势而被业界认为是楼宇广场媒体领域的有力竞争者。与分众传媒、聚众传媒等传统楼宇广场媒体“硬盘播出”的方式不同，东方明珠可以随时、远程地更换服务内容，所有终端上的内容更新便可同时完成，既便捷又节省了人力成本。同时，东方明珠可以廉价甚至免费使用相关广电行业的节目资源，使其对受众和广告客户更有吸引力，也使东方明珠楼宇广场媒体产业得到更为持久健康的发展。

2005年9月10～14日，首届全国移动电视协作研讨会在重庆召开，会议的议题就是要建立跨省区的移动电视协作体，通过结盟进军楼宇广场电视，抢占分众传媒与聚众传媒的阵地。到2005年年底，重庆移动电视除已安装在主城区860多辆公交车和200多辆公务、私家车上外，同时也悄然占据了皇冠扶梯、凯旋路电梯等公众场所，并正与部分医院、商场、银行等商谈进驻。据知，重庆移动电视公司已占据了重庆市场80%以上的楼宇，同时与已进入的楼宇签订了排它协议。这一跑马圈地式的做法，无疑可以有效阻击对手。在北京、上海等地，楼宇电视的“抢夺战”也在悄然展开。

2004年12月，北广传媒集团旗下的北广传媒城市电视有限公司成立，目标市场主要针对楼宇与户外流动人群，是楼宇媒体行业又一支生力军。2006年1月19日晚，在北京京泰大厦电梯等候处，分众传媒的数字电视屏幕旁边，出现了标有北广传媒城市电视字样的另外一块巨型电视屏幕，在第一时间公布了一条最新消息：受郑州等地大到暴雪天气影响，部分由北京西站发出的列车晚点，3万多旅客滞留在车站内，车站已启动红色预警方案。随后，在20点30分，城市电视又公布了北京西站发布的最新列车时刻表，为春节前返乡的群众提供了最新乘车指南。从此，北广传媒城市电视开始与分众传媒正面交锋，不断挑战其行业霸主地位。2007年，北广传媒分两批重点安装了88家奥运酒店，安装数量6 000多块，年底突破10 000块。2008年，北广传媒借奥运东风，扩大自己的领地，北京市民在全市各主要政府机关、银行、医院和写字楼内都可以看到奥运赛事。北广传媒城市电视是北京地区唯一经过广电管理部门和宣传部门正式批准开办的新型城市视频媒体和唯一得到奥组委授权的户外电视媒体，内容保证和政策支持是“广电系”在楼宇广场媒体领域拥有的巨大优势。

随着楼宇广场媒体行业竞争的加剧以及金融危机对中国影响的显现，占据渠道优势而存在内容短板的分众传媒股价连续下挫，2008 年 12 月 22 日，新浪公司和分众传媒集团宣布双方达成协议，新浪将合并分众旗下的户外数字广告业务，最大的互联网广告公司与最大的楼宇广告的组合，将会成为一家真正的广告媒体巨头。新浪将增发 4 700 万股，以约 10 亿美元收购分众传媒的商业楼宇电视、公寓电梯平面及卖场电视三大业务板块。分众传媒与新浪的整合将使各自的优势得到充分发挥，从而更好地服务于广告客户，提升二者在中国新媒体产业市场的竞争力，促使中国楼宇广场媒体得到更加健康而持久的发展。

从 2002 年 12 月 11 日那一天，也就是江南春亲手把三个液晶电视安装在上海华侨、浦项广场和招商局广场三座大厦里的日子算起，中国楼宇广场媒体已经走过 10 多个春秋。在这段时间里，中国楼宇广场媒体从无到有，从小到大，已经形成了一个庞大的产业。到 2009 年年底，楼宇广场媒体终端规模已经接近 40 万块，市场规模近 30 亿人民币。在各种媒体相互渗透的情况下，准确地对楼宇广场媒体加以区分已经越来越困难，而如果将楼宇广场媒体的一些边缘业务（如公交地铁站台等场所）也整体归入该产业的话，楼宇广场媒体产业已经成为一个年市场规模近百亿的庞大产业。

国内楼宇媒体的基本分布为楼宇电梯（商业楼宇、高档住宅区、医院、学校等）电视，车站、码头、飞机场等的候车厅候机厅电视，高端餐厅、奢华洗浴池、豪华影剧院等娱乐休闲场所的等候区电视。伴随着业内各大企业纷纷抢占渠道资源，民营公司和“广电系”不断扩展自身势力，楼宇媒体终端数量迅速增加，到 2009 年 7 月份，中国楼宇广场媒体终端规模达到 30 万块。与往年一样，商业楼宇、列车车站终端数量依然牢牢占据前两把交椅，分别占 31.9％和 28.4％，二者占据六成以上的市场份额。

公交地铁车站是楼宇媒体企业极力争夺的场所，在媒介加速融合的境况下，楼宇媒体与车载媒体企业在公交地铁周围以及其他地区展开正面交锋，争夺势力范围。目前新增终端主要来自两个方面：一是可建设屏幕的位置资源在增加，二是部分传统媒体将被数字媒体替代。

虽然受到金融危机的影响，2009 年中国楼宇广场媒体市场规模仍然呈现上升势头，环比增长 1247％。公交地铁市场规模最大，占到 33.1％的市场份额，其次为商业楼宇，占 29.4％的市场份额。超大 LED 虽然终端数量较少，但由于单位终端覆盖广、影响大、受众多，也占到9.5%的市场份额。在航空终端、列车车站、影院及其他终端市场规模也都较大，均超过了楼宇广场总体市场规模的一成。

到2011年，我国户外电子屏幕广告亦即楼宇广场媒体市场份额排序发生了一些改变。商业楼宇通过向二、三线城市渗透覆盖卷土重来，压过公交地铁的风头，以36.0%的市场份额夺回头把交椅。通过2008年北京奥运会、2010年世界杯足球赛和2011年建国65周年的等重大赛事和重大活动的拉动，吸引人们聚集在公园广场等，共同欢庆共洒激情，超大屏幕LED的市场份额从2009年的9.5%猛增到2011年的14.6%（见表4.1，下一节广场电视部分将专门介绍）。

表4.1　2009年和2011年中国户外电子屏幕广告份额对比（%）①

户外电子屏幕类别	2009年	2011年
商业楼宇	29.4	36.0
公交地铁	33.1	27.4
超大LED	9.5	14.6
航空终端	9.2	4.8
列车车站	7.6	5.7
卖场终端	3.2	4.8
医院药店	1.7	1.2
学校校园	0.9	0.7
其他终端	5.4	4.8

目前，市场上明显呈现楼宇广场媒体运营商和传统媒体运营商互相渗透的现象，在航空、地铁、商业街、铁路等商业价值较高的渠道尤为明显，这种渗透与竞争也促使楼宇广场媒体产业加速发展。

分众传媒及一些民营企业凭借先发优势，占据渠道资源，在楼宇广场媒体产业牢牢占据头把交椅。“广电系”凭借节目内容等方面优势，在该产业中不断挑战分众传媒霸主地位。众多从业企业对于市场的开拓是楼宇广场媒体产业发展的基石，众企业的良性竞争也是该产业健康发展的保证，成立于2004年12月的北广传媒城市电视无疑称得上“广电系”的杰出代表。

北京北广传媒城市电视有限公司是北广传媒集团全资子公司，是主要针对楼宇与户外流动人群而构建的户外电视媒体网络。城市电视受中共北京市委宣传部领导，依靠政府支持，利用内容优势，抓住奥运契机，成为宣传新北京、传播新

① 数据来源：易观国际。

奥运的唯一户外视频宣传平台。目前已拥有包括：楼宇电视联播网、城市大屏幕电视、奥运文化广场大屏幕电视在内的、各具特色的三大户外媒体平台。

楼宇电视联播网是以大尺寸液晶和等离子电视屏为终端，采用先进的DVB-T＊数字电视地面广播技术进行传播，由中央电视塔统一发射无线信号，全网络终端同步接收，实时播放丰富精彩的户外电视媒体。首创文摘式“电视杂志”形式，以新闻资讯、奥运动态、时事热点、时尚娱乐等节目，每天播出时间长达15小时。同时还作为政府公共信息发布和城市应急预警平台，担负着政府政令、城市信息、城市预警等社会公共信息传播任务。目前，楼宇电视联播网终端建设速度迅猛，已经覆盖了北京12个主要城区，全网络建设的楼宇电视联播网络分布在政府机关、金融系统、医疗系统、商业系统、餐饮休闲等14个系统，数十个行业，共计点位4 500多家，终端数量超过11 000多块，是唯一获准进入政府机关、银行、国有企业总部等渠道的户外电视媒体，2007年城市电视媒体市调数字显示，每周平均覆盖人流量高达4 268万人次，目标受众也以中高端人群为主，在教育程度上，70％以上曾经接受过高等教育；在职业分布上，以企业职员/管理人员、政府/事业单位占绝大多数。城市电视是北京地区最具影响力和价值的户外电视媒体。

与分众传媒等“民营”楼宇广场媒体相比，作为“广电系”的城市电视拥有政府支持和内容保证，其专属渠道如卫生、金融系统、国企、政府部门都是其他同类公司无法进入的。北京城市电视与北京移动电视共用数字电视信号发射系统，并不需要付给安装的楼宇以租金，也不需要光盘来播放，而其所使用的数字电视信号发射系统的搭建费用也完全计入北京移动电视的成本中。与分众传媒付给楼宇物业以租金来安装楼宇电视的模式不同，城市电视由于能够提供新闻、咨询和娱乐节目给受众，而非单纯播放广告，因此其本身的服务将代替付给合作楼宇的租金。另外，城市电视担负传达新闻资讯、服务北京百姓的社会服务职能，在社会服务的基础之上实现经济职能，其电视节目时间多、广告时间少、广告质量高，无疑也完善了楼宇的综合服务，提升了楼宇的品味与档次。城市电视的这种运作模式使其具有得天独厚的低成本优势和长期竞争力，这种内容取胜的运营方式也使其在与分众传媒等楼宇广场媒体在渠道正面交锋中拥有无可比拟的优势。

北广传媒城市电视并不仅仅满足于在北京地区挑战分众传媒霸主地位或是成为北京地区行业老大，作为全国广电系统内规模最大的楼宇电视媒体，其积极呼吁并筹划以北京城市电视为首建立全国楼宇电视联盟，并通过联盟展开同步的总段推广和广告营销，提高全国城市电视的市场占有率。城市电视对楼宇电视巨头分众传媒地位的挑战将通过此联盟从北京地区蔓延到全国范围内，最终建成全网络、交叉覆盖城市户外人群的渠道，并且突破地域概念，与上海、广州、深圳等一线城市和十余个二线城市中的国有电视新媒体共同成立全国联盟，真正实现跨区域的联网播出，成为立体化、规模化的强势楼宇媒体。

第二节　广场电视

楼宇电视与广场电视似乎有着天然的紧密联系，经常被混搭在一起进行议论与研究，因而在各种文献上很难找到相对独立的资料。这既给该领域的研究减少了诸多按图索骥的路径，也给了研究者别具洞天的机缘。

全球一个个大型城市公园、体育公园和主题广场等的建立，为广场电视的发展增添了许多便捷条件，一座座新型现代化车站码头学校的显赫位置，无不装点着先进璀璨的电视荧屏。而液晶技术的创新，实现了超大高清电视屏幕从创意到制造出品的梦想。

2009 年，美国职棒大联盟在亚特兰大的据点订购了一台当时最大的“极光屏幕”，面积是 522 平方米。

2010 年 7 月 24 日，世界上最大屏幕影像设备“极光屏幕”在日本问世。这台 2651 英寸大的巨幅电视屏幕，使用了 35 块超大型液晶面板，造价 2.25 亿元人民币。“极光屏幕”屏幕面积七百多平方公尺，约有三面网球场大的这项设备，由日本中央赛马场（JRA）订制，9 月 30 日正式启用。

极光屏幕最大的特色是利用 LED 发光二极管（LightEmitting Diobe）技术，聚旋光性强，可使屏幕色泽明亮、画质精细。就屏幕大小而言，新产品是东京赛马场原本使用的屏幕的三倍。如有同时在其他赛马场的比赛的话，屏幕还可以切割成三个画面实况转播①。

2012 年 1 月，由中国山东省青岛新正信科技有限公司为澳大利亚客户定制的世界最大 LED 大屏幕电视车诞生。移动电视车是世界最新 LED 技术与多媒体形式的结合体，是集固定电视屏和电视转播车于一体的新一代移动的“文化宣传车”。

此车 LED 显示屏为 P12 的高亮度显示屏，长 11 米、宽 4.5 米 面积 49.5 平方米，电视车上除装有 LED 显示屏外，还加装了液压系统、计算机控制设备以及高科技数码视频设备等。控制系统全部可通过手中小小的遥控器来控制显示屏的升降，最高可升至 8 米，另外显示屏可 90 度折叠，还可 355 度旋转。

---

① 参见杨明珠：世界上最大的屏幕问世，相当于 2651 英寸超大电视，中国新闻网，2010 年 10 月 12 日。

楼宇电视与广场电视既有着很多相似之处，又有着很多方面的差异。其一，广场电视往往与突发的国际国内大事、大型集会、大型体育赛事和大型演唱会挂钩，频次不是很高，偶然性季节性（如赛季）特征明显；其二，收视人群流动性随意性强，受众结构千差万别。收视人群既有不约而同（这种情况人员结构最为复杂），也有不约而至（这种情况人员结构相对单一），统计难度很大；其三，缘于上述两种情况，无论是传媒机构、广告公司还是广告主，都没有很好精细化展开研究，也就没有详尽的准确数据，以至于偏废了这一清净辉煌的新媒体产业市场。根据易观国际的统计数据，从 2009～2011 年两年间，中国户外超大屏幕 LED 市场份额从 9.5％激增到 14.6％，年平均增长率近 30％。

广场电视是政府形象的重要展示窗口，是树立企业品牌的主要舞台，是民众沟通交流的桥梁纽带，自然也就成为了新媒体产业不可或缺的有生力量。

一、展示政府形象

在具有标志性意义的广场矗立巨型电视屏幕，可以很好展示政府博大胸怀，可以无形中拉进政府与民众的距离。

2008 年北京奥运会期间，北京市政府在城市中心广场、体育赛场外和休闲娱乐中心外部署了一批超大屏幕 LED 电视，单体可视面积达到 60～400 平方米，合理分布于城区重要商业地点和人流聚集区，以丰富和震撼的电视现场表现力，让大众体验强烈的视觉感受。

奥运文化广场大屏幕电视是服务于奥运会而建设的，是奥林匹克文化遗产的重要组成部分，是城市电视服务社会与发展自我完美结合的体现。北京奥运会期间，所有奥运文化广场均由城市电视统一安装可以同步转播奥运比赛的大屏幕电视，传播奥林匹克精神、普及奥林匹克知识，展示主办国和主办城市的历史文化，为广大群众提供广泛参与的机会，使其充分体验奥运激情，共享奥运欢乐，为城市营造热烈、欢乐祥和的节日气氛。通过建设奥运文化广场大屏幕，让北京亮起来、动起来，成为北京城市景观的重要元素。

2012 年“十八大”期间，中外民众聚集在公园、车站码头以及其他休闲广场的大型电视屏幕前面，收看中央电视台的现场报道，让民众第一时间感受到新一届政府的风采，及时了解最新发展脉搏。

美国纽约的曼哈顿时代广场，如同法国的香榭丽舍大街、中国的天安门广场和上海的南京路与淮海路一样吸引八方来客，几乎全世界各地来纽约游玩的，都会到曼哈顿的时代广场亦称《纽约时报》广场看看。这里，每天涌动着世界上不同国家、不同民族、不同肤色数以十万计的高密度人流。进入这块三角地，感受那疯狂膨胀到无限的缤纷世界。当然，此地的广场电视，也是最佳的政府形象展示窗口。

2011年，中国政府在《纽约时报》广场上采用了6块超大屏幕来推广国家形象。1月17日，由中国国务院新闻办筹拍的《中国国家形象片——人物篇》在美国纽约时报广场大型电子显示屏上播出，中国各领域杰出代表和普通百姓在片中逐一亮相，让美国观众了解一个更直观更立体的中国国家新形象。

2011年5月19日，美国纽约时报广场上的大屏幕显示新华通讯社的标识。7月，新华社租用美国《纽约时报》广场广告牌，以广场电视的形式推广中国形象。这块巨幅电视屏幕，高约19米，宽约12米，位于时报广场2号楼，由新华社全资子公司新华影廊文化传播有限责任公司租用，是中国公司首次在有“世界十字路口”之称的《纽约时报》广场长期租用的大型户外液晶显示屏。

2011年8月1日凌晨5时53分，纽约迎来新一轮朝阳，时报广场一块大型液晶“中国屏”也随即亮了起来。

当“中国屏”闪亮登场时，荧屏滚动播出新华社及其下属的新华网（CEC）、“新华08”金融信息服务平台（CFC）、中国新华新闻电视网（CNC）、中国国际文化影像公司（CIC）等宣传片，以及上海和成都两个城市的形象片，向世界诠释了一个文化底蕴与时尚气息完美交融的中国城市形象。绚丽多彩的屏幕，吸引行人驻足观看，赞叹不已。

居住在纽约的自由摄影师斯尔詹·斯托伊利科维奇在反复观看了大屏幕播出的宣传片后，斯托伊利科维奇兴奋地说：“我觉得广告屏内容的设计很现代化，契合时报广场的大环境，宣传片里的内容让我迫不及待地想去中国看一看。”

从北京来纽约旅游的中国游客邓立仰头看着大屏幕，感慨地说：“真没想到今天能见证这个历史性的时刻。在竖立着美国可口可乐公司、韩国现代汽车公司、日本东芝公司等品牌标志的时报广场，能看到这样一个‘中国屏’，让我感到亲切和自豪，纽约时报广场从此也有我们中国的声音了。”

中国驻纽约领事馆代总领事董晓军说：“这块‘中国屏’为美国人民及世界人民了解中国打开了一扇新的窗口。这块屏幕展示了中国的方方面面，对促进世界人民对中国的了解起到巨大的作用，希望‘中国屏’今后能带来更加积极的影响。”①

《纽约时报》广场“中国屏”自2011年8月开播以来，已有桂林、张家界、井冈山、青岛、丽江等旅游胜地和北京、上海、江苏、福建等30多个省市的形象片在上面亮相。

---

① 参见温如军：纽约时报广场亮起“中国屏”，《法制晚报》，2011年8月4日。

二、树立企业品牌

广场电视恢宏大气，人流集中，是大中型企业树立品牌形象的理想选择，美国拉斯维加斯的天幕电视和中国首都北京的世贸天阶，更是带活了一个区域的经济发展繁荣。

2000 年 1 月，美国纽约曼哈顿地区位于《纽约时报》广场四座纳斯达克交易所外的纳斯达克标志与股市行情表荧幕揭幕启用。这个花费了 3 700 万美元的荧幕高达 36.6 米，光是租用这个位置，就花费纳斯达克每年至少 200 万美元。在广告市场内这其实已经算是一个优惠的价格，因为广告“出现”的次数远超于其他类型的广告所能达到的。那半园柱型的 NASDAQ 巨幅广告，不停地变幻着黑蓝红的冷热面孔，又似乎在告示着这世界金融中心的股市莫测风云。广告的商业金融气息与高科技艺术手段，在这里得到完美的统一。

在美国拉斯维加斯赌城弗雷蒙特街，人们能感受到宽 25 米、长 400 米巨型天幕的震慑。这个沿着街道两侧架起的巨型天幕，以 210 万个霓虹灯泡（2004 年 6 月，佛瑞蒙街耗资 1 700 万美元，把巨型天幕的 210 万个霓虹灯泡换成 1 250 万个 LED 颗粒，大大改善了影像画质），组成了一场扣人心弦的声光秀。在晚上八时至十二时之间，每逢正点，整条长廊上的商铺都会暂时熄灭灯光，在九十呎高空上的全白拱顶上，展示出世界上最大的幻彩屏幕。天幕表演，幻光异彩，画面趣味怪诞，游人欣赏目不暇接。强劲震撼的背景音乐，加上超乎常规的视觉冲击，让所有人记忆深刻，流连忘返。

2006 年，又一座“天幕”般的视觉盛宴——世贸天阶出现在中国首都北京。世贸天阶位于迎宾国道东大桥路的东侧，坐镇北京 CBD 西区门户，由南北两翼商业廊和两座写字楼组成。

商业廊为全石材建筑，风格现代而又蕴含古雅醇厚的内涵，它的上空，亚洲首座、全球第二大规模的电子梦幻天幕凌空而起。世贸天阶天幕长 250 米，宽 30 米，总耗资 2.5 亿元，由曾获奥斯卡奖和四次艾美奖的好莱坞舞台大师 Jeremy Railton 担纲设计。北京的世贸天阶天幕具备了许多技术上的后发优势。控制系统全部为数字系统，启动仅需几秒钟的时间，显示屏幕由 500 多万个发光像素，2 000 多万只超高亮度 LET 灯组成。这比采用模拟系统的拉斯维加斯天幕先进许多。

除了技术上的先进性，北京天幕的节目内容更为丰富精彩。在拉斯维加斯，人们只是抬头观看节目。在北京世贸天阶，通过声光技术，人们会发现自己已经置身于节目当中，比如，表现下雪的场面，会有雪花落在观众身上。世贸天阶一年播出十几套节目，晚上的时候每小时播出一次，每次 10 分钟。

拉斯维加斯天幕吸引的主要是游客，北京世贸天阶由于身居消费场所的便利条件，吸引的主要是回头客，创造出更大的价值。世贸国际商业中心的开发商也正是看中了这一点。据介绍，世贸国际商业中心在耗资 2.5 亿元的天幕系统在创造一个令人流连其中的现代景观之时，8 万平方米的商业营就仿佛是 CBD 区域内全球顶尖的时尚购物休闲场所。

北京世贸天阶定位为“结合美食、娱乐、空间艺术、时尚信息橱窗以满足看、听、嗅、味、触的全感官之旅的休闲购物场所”，为 CBD 内的中高收入的白领提供流行时尚零售业态及商业服务设施，集 6 星级 Night Club 异域特色主题餐厅、家居生活、SPA、美食广场、品牌旗舰店等于一体。世贸天阶是北京 CBD 区域内独具时尚品味、休闲娱乐、文化艺术气息的高档综合时尚购物场所，被有识之士称为“梦开始的地方”。

三、搭造沟通平台

广场电视是最好的交流沟通平台之一，歌迷类聚，球迷共欢，关乎时政的人们或呐喊高呼或仰天长叹，每个人都能找到共鸣。在奥运赛场外，在网球四大满贯球场周围，在足球世界杯中心球场等，无一例外都会伫立着巨幅电视屏幕。那些没有机会进入场内的球迷，一边欣赏着电视现场直播，一边挥舞手中旗帜吹响“呜呜祖拉”等汽笛。这里，省去了安检的烦恼，可以嬉笑怒骂，可以痛饮高歌。这里既有内场喧嚣不时传入耳鼓的振奋，又有肆意挥泄的广阔空间。

北京时间 2008 年 8 月 8 日晚 8 时，无数没有进入鸟巢的中国人更愿意选择在人群集聚的广场电视前面为第 29 届奥运会开幕喝彩欢呼。这一天，远在万里之外的英国首都伦敦也为这一盛事同欢。处于伦敦中心位置的特拉法尔加广场，专门举行“特拉法尔加广场节”，吸引了数以万计的游人和观众。上万人从四面八方汇集到伦敦市中心特拉法加尔广场，通过大屏幕电视观看北京奥运会开幕式。

特拉法尔加广场是 19 世纪为纪念英法特拉法尔加海战而建的，以地处伦敦中心位置和周围美丽的建筑而闻名世界。每逢重大节日，这里都要举行大型喜庆活动。此次为了庆祝北京奥运会的举行，伦敦市决定在此举行“特拉法尔加广场节”，8 月 7 日至 24 日，每天 13 时至 21 时将会有一系列的户外演出，广场上竖起的电视大屏幕还会不时地直播北京奥运会的实况①。

高耸入云的纳尔逊纪念碑下早已立起了大型电视屏幕，有关北京奥运的信息正在不停地播放。12 时 20 分，伦敦黄土地剧团在广场上演出了“盘古和女娲开

① 参见王如君：伦敦同声欢呼，《人民日报海外版》，2008 年 8 月 9 日。

天辟地”，动人的传说、优美的舞姿吸引了在场的每一位观众。13时，奥运会开幕式在“鸟巢”开始，巨大的电视屏幕上传来了英国广播公司（BBC）的直播画面。烟花炫彩，鼓声震天，五环骤起，特拉法尔加广场响起了雷鸣般的掌声。

广场上，人们摩肩接踵，翘首观看北京奥运会的电视直播。来自爱尔兰的3名小姑娘高兴地对记者说，“我们本来是今天来特拉法尔加广场游玩的，没想到在这里看到了北京奥运会开幕式的盛况，真是太好了。还可以告诉你一个秘密，一位中国朋友送了我们每人一件‘我爱中国’T恤，你看我们都穿上了，漂亮不?”来自英国威尔士地区的一位老太太说，“奥运开幕式表演太美了！既有宏大的场面，也有丰富的人文、历史内容，真是太精彩了！”

2010年6月，第19届世界杯足球赛决赛圈比赛在南非的9个城市的10座球场举行。上海五星体育为了满足球迷需求，在上海8万人体育场区域搭建近6 000平方米的“五星足球公园”世界杯主题广场直播区，立志为上海广大球迷提供最好的足球服务。超级巨型电视墙尽展世界杯磅礴盛宴，带来最震撼的世界杯视听享受，园区附带五人制足球场，用于幸运球迷实战体验、炫技花式足球，五星足球公园内各色精美小吃食品琳琅满目，海量啤酒饮料全程提供畅饮。五星电视广播主持人及各界明星每日造访足球公园，与球迷一起狂欢，全力营造出踢球、看球、猜球、说球、评球的火爆氛围。

2012年7月，第29届奥运会在英国伦敦举行，我国很多地方的体育迷同世界上千千万万的体育爱好者一样兴奋不已。7月28日晚，四川成都市民的奥运激情在华润万象城广场点燃，近万市民聚集于此参加成都电视台主办的“巨幕观奥运、奥运消夏音乐季”等诸多活动。本次奥运嘉年华的活动现场总面积约一万平方米，分为演出区、美食区、清凉饮料区、运动体验区、名车展区、特产区、奥运节目观看区等七个展区。在奥运比赛日期间，这里每晚都有成千上万的体育迷流连于华润万象城广场的巨大电视屏幕前，欣赏奥运会精彩赛事，举杯畅饮，狂欢腾跃，每晚都能享受体育带来的快乐①。

第三节　分众传媒

2002年年底，创始人江南春亲手在上海三座大厦安置液晶电视，此举奠定了分众传媒（Focus Media）的业务基调和发展方向。分众传媒是中国领先的数字化媒体集团。分众传媒的产品线覆盖商业楼宇电视媒体、卖场终端电视媒体、

① 参见蒋亮：迎奥运成都市民一夜喝掉两吨啤酒，伦敦奥运火炬惊现蓉城，四川新闻网（www. newssc. org），2012年7月29日。

公寓电梯媒体（框架媒介）、户外大型 LED 彩屏媒体、电影院线广告媒体、网络广告媒体等多个针对特征受众、并可以相互有机整合的媒体网络。2005 年 7 月，分众传媒成功登陆美国纳斯达克，成为海外上市的中国纯广告传媒第一股，并以 1.72 亿美元的募资额创造了当时的 IPO 纪录。

分众传媒以中国都市人群为核心目标人群，覆盖中国最广泛的高收入群体，以独创的商业模式、媒体传播的分众性、生动性赢得了业界的高度认同。2003 年，分众传媒首创中国户外视频广告联播网络，以精准的受众定位和传播效果博得消费者和广告客户的肯定。

2004 年年底，分众传媒全面推出中国卖场终端联播网，锁定快速消费品的主要购买决策人群，影响终端购物中的品牌选择和消费决策，填补了全国性终端媒体的空缺。2005 年 10 月，分众传媒收购占据全国电梯平面媒体市场领先地位的框架媒介（Framedia），进入社区平面媒体领域，这一网络成为分众数字户外的重要组成部分。2006 年 1 月，分众传媒合并中国楼宇视频媒体第二大运营商聚众传媒（Target Media），巩固了其在户外楼宇视频市场的领先地位。2006 年 4 月底，分众传媒正式推出户外 LED 彩屏媒体，开始其覆盖都市中心商务区的征程。2007 年 3 月，分众传媒将以 7 000 万美元现金和价值 1.55 亿美元的分众传媒普通股的价格，并购中国领先的互联网广告及互动营销服务提供商好耶公司，全面进军网络广告营销市场。2007 年 12 月 24 日，分众传媒正式被计入纳斯达克 100 指数，成为第一个被计入纳斯达克 100 指数的中国广告传媒股。2008 年 12 月 22 日，新浪公司和分众传媒集团宣布双方达成协议，新浪将合并分众旗下的户外数字广告业务，这一举措整合了中国最有实力的两大新媒体广告平台，充分发挥分众与新浪各自的优势，从而为客户提供更为有效的整合营销服务，并大大加强了两者的覆盖率和影响力，使其成为中国广告市场不可或缺的新媒体平台，促使中国楼宇广场媒体得到更加健康而持久的发展。

目前，分众传媒所经营的媒体网已经覆盖 100 余个城市、数以 10 万计的终端场所，日覆盖超过 2 亿的都市主流消费人群，业已成为中国都市最主流的传媒平台之一。分众传媒已经与中移动、诺基亚、丰田、达能、工商银行、轩尼诗等 1 500 多家海内外知名企业或品牌建立了长期的合作关系，其传播效果被众多广告主所认同肯定。

作为一家在中国楼宇广场媒体产业占据主导地位的企业，不断创新与完善的产品和服务是分众传媒的制胜法宝。分众传媒的产品和服务主要为商务楼宇联播网、卖场终端联播网、公寓电梯联播网（框架）、商旅人士联播网、领袖人士联播网、城市彩屏联播网、分众直效、银幕巨阵和影院广告。

商务楼宇联播网覆盖北京、上海、广州、深圳等近 100 个大中小型城市高级商务楼宇，在写字楼、高级公寓、商务会所4S店、银行等场所的电梯内或电梯等候厅内安置17英寸液晶LCD，在较大空间内采用42英寸PDP，每天滚动播出60次。精确锁定中高收入商务群体，对于25～50岁间核心消费人群实施重度覆盖，令媒体投资更趋精确化及有效化。其广告更易于刺激消费者产生购买欲，实施消费行动，广告价格也相对低廉，对广告主具有很大吸引力（见表4.2）。

表4.2 中国商务楼宇联播网A套刊例价（2009年1月1日起执行）

编号	城市	发布频次	刊例价		
No.	City	Spot / day	30秒	15秒	5秒
1	北京	30次/天	358 000	228 000	106 800
		60次/天	588 000	351 800	180 800
2	上海	30次/天	358 000	228 000	106 800
		60次/天	588 000	351 800	180 800
3	广州	30次/天	258 000	160 800	77 800
		60次/天	438 000	255 800	126 800
4	深圳	30次/天	238 000	148 000	71 800
		60次/天	408 000	238 000	118 000

卖场终端联播网覆盖全国100多城市，在大中小型卖场、超市、便利店安置17英寸LCD、30英寸LCD、42英寸PDP，设置30W扬声器，扩音超过3M以外，每天跟随卖场营业时间循环播放60次，全程覆盖消费者的购物过程，锁定家庭快速消费品的主要决策者，填补国内终端销售系统有效媒体的空缺。由于消费者在卖场中61%的采购是临时决定的，因此卖场终端联播网可以直接而显著地影响消费者消费行为，而大卖场联播网的CPM成本仅为当地电视台的20%以下，具有极高性价比，深受广告主青睐。

公寓电梯联播网（框架）以14万块电梯看板覆盖全国33个重点城市，在中高端商务及居住社区日覆盖2 500万中高端家庭消费者。针对25～45岁，平均家庭月收入高于7 000元人民币的2 500万中高端家庭消费者展开具有强制性的传播活动。

商旅人士联播网覆盖全国15个城市的机场巴士、候机厅、宾馆酒店，锁定经常出差的高学历、高收入、高职位人士，在商旅途中重度覆盖高消费人群。其中机场巴士每次总共50分钟的节目时间，内容和广告穿插约30分钟节目，20分钟广告和旅游专题，在航空旅行中全程跟踪覆盖每一个环节。调查显示，在机场巴士上有近七成的受访者会看夜景电视上的内容打发“无聊时间”，对高消费人群眼球的吸引，自然也吸引了广告主尤其是高档品牌广告主的兴趣。

领袖人士联播网覆盖全国26个城市的200个高尔夫球场，5大城市机场贵宾厅，精确锁定公司决策者、拥有集团大宗采购决定权的大型公司总裁、CEO、CFO、大中型公司企业主、金融机构领导人士等。根据停留时间、场地条件等因素，在公共区域安装30寸液晶或42寸等离子电视，在私密区域安装17寸液晶电视，以超低干扰的收视环境、高频次广告传送、60次/天的平均播放密度，可极为有效地增强品牌记忆度，降低媒介浪费，增强传播效果。

城市彩屏联播网覆盖繁华商圈、时尚区域、地标性地段的户外LED媒体，用最新的LED技术，以户外高清晰影视形式吸引正处于上下班、购物途中的白领注意。这种传播方式可以按照行人停留、浏览习惯严格控制彩屏位置，超过50%的人在经过时会注意到彩屏上的广告，且具有较高的回忆度。

银幕巨阵和影院广告是分众传媒旗下机构央视三维电影传媒开展的业务，被称为全国高端影院广告联播网。在全国50个经济发达城市的220家影院，通过近1 270块银幕锁定观影人群这一中高端群体。观影人群是具有强烈购买欲望的高消费一族，这种高到达率、高回忆度和直接促进消费的银幕广告对于广告主来说具有极大的吸引力，业已形成一个庞大的产业。

经过六年多的发展，分众传媒已经成为楼宇广场媒体行业当之无愧的主导者，截至2008年12月31日，分众传媒商务楼宇联播网络在全国范围内安装的LCD液晶屏和数字框架总数为128 033块，分众传媒2008年全年净营业额为7.9亿美元，雄霸楼宇广场媒体行业。根据分众传媒公布的2008年全年财务报告，分众传媒2008年全年净营业额为7.9亿美元，同比增长56%。

分众传媒秉承“区分受众，面对特定受众族群”的理念，不断引领中国楼宇广场媒体行业的发展。而2008年年底与新浪的重组，更是整合了中国最有实力的两大新媒体广告平台，加强了媒体覆盖率和影响力，充分发挥了各自优势，为中国楼宇广场媒体行业持续健康发展注入一剂强心针并带来长远的利好①。

第四节　发展趋势

早期的楼宇广场媒体是一种纯广告媒体，或者说是一种为迎合市场、迎合广告主而创造的广告终端。楼宇广场媒体运营商需要向物业管理公司支付租金（部分地区以美化环境之名免费置换），获得大量楼宇广场媒体发布渠道，配置液晶电视（早期为大部头老式电视），播放新闻娱乐综艺体育等节目，或专门播放广

① 参见刘世英：《分众的蓝海：江南春的创意神话》，中信出版社，2006年7月第1版。

告供“高收入、高学历、高消费”人群收看。楼宇广场媒体运营商或通过广告公司的代理，或直接与厂商客户直接谈判，找寻广告主的青睐，获得广告投放，广告收入是楼宇广场媒体的收入来源。楼宇广场媒体运营商利用“三高人群”的等候时间，创造出一个巨大的产业链，形成一个百亿计的新媒体产业。在整个产业链中，有些是政府行为，更多的是企业主、运营商和广告主等利益共享。楼宇租金和硬件投入是主要投入形式，而广告收入和电视机的品牌展示则是楼宇媒体产业的主要盈利来源。

随着楼宇广场产业向纵深发展，“三高人群”变得越来越挑剔，对纯粹的广告越来越具有免疫力，在等候时间对楼宇电视广告视而不见。“广电系”的加入以及政府行为的驱动，催生出一批专门为楼宇广场电视量身度造的电视节目，如天气预报、影视娱乐、栏目剧、体育比赛和文艺演出以及一些短小精湛的视频节目等。这些节目可以更好地抓住受众眼球，取得更好的传播效果。

“广电系”媒体拥有政府支持和节目优势，可以提供优质的新闻、咨询、娱乐节目，将广告与较多的服务内容结合起来，以节目服务换取对楼宇广场的租用而无需向物业管理公司缴纳租金。如今，楼宇广场媒体产业越来越重视对内容的深耕细作，或挖掘自身节目资源优势，或购买与制作节目资源如传统楼宇广场媒体。

当下的楼宇广场媒体产业发展仍然存在一些问题。首先是楼宇媒体和广场媒体产业一直没有分门别类进行研究，广场电视缺失相关数据，其二是楼宇广场媒体的节目内容亟待创新。整个楼宇广场媒体产业正呈现如下发展趋势：

一、由“渠道为王”向“内容为王”渐进

时代的发展和社会的进步，对固守“不做内容，只做渠道”经营理念的楼宇广场媒体运营商提出了挑战。早期的楼宇广场电视无论是节目的形式或者广告，足可解决受众在等待时间的“无聊”。随着车载电视、手机电视和 PAD 等移动终端的丰富，受众开始反感无休止的重复广告。据统计，2003 年楼宇视频广告的 LCD 屏最初出现在市场上时，“受众会主动观看液晶广告”的比例高达 93%，这一数据在 2005 年降至 64%，2006 年继续下滑到 44%，2009 年更是跌破了 30%。不断下滑的数据表明，楼宇广场电视媒体要吸引受众长期关注，实现长远发展，必须适当增加一些服务性的节目内容，并要针对不同地点、不同时间、不同受众而提供不同的节目内容。而据调查显示，59%的受众更喜欢拥有节目内容的楼宇广场媒体，无须节目内容、仅凭新颖的传播形式就能把广告推送给受众的时代已经一去不复返了。

“广电系”正是高举“内容为王”大旗，依据其政府背景，凭借节目内容方

面的优势，不仅仅抢占了其专属渠道如卫生、金融系统、国企、政府部门等其他同类公司无法进入的场所，更是开始在其他场所通过“以服务换租金”的运营方式与分众传媒等传统楼宇媒体企业展开激烈交锋。随着国家对民资电视节目制作权和播放权的放宽，“内容为王”更是大有可为，为楼宇广场媒体从单纯倚重渠道向在内容领域激烈竞争转变提供了现实可能性。

二、由单一传播向大媒体整合倾斜

大媒体指的是包括报纸杂志广播电视等传统媒体与电脑、手机、车船、楼宇广场和星空等多种媒体终端形态的混杂糅合。全球传媒领域都在朝着大媒体方向发展。楼宇广场媒体只有通过媒介整合，才能集聚媒介资源、摊平不断攀高的运营成本，为受众提供具有吸引力、竞争力的产品和服务。

（1）楼宇媒体与广场媒体的融合。楼宇媒体与广场媒体联系天然，业务交叉，受众人群亦有相似重叠之处，加上广场媒体的巨大潜力，使得不少该领域的的投资商运营商将目光投向融合的楼宇广场媒体。同时，未来的楼宇广场广播新媒体产业，也很有想象空间。

（2）楼宇广场媒体与传统媒体及其他新媒体的全面融合。2008 年年底，分众传媒与新浪的联姻重组将中国最有实力的两大新媒体广告平台整合在一起，从而为客户提供更为有效的整合营销服务，打造完整的都市生活圈媒体，推动整个楼宇广场媒体产业的持久健康发展。北广传媒城市电视引领下筹建的“全国楼宇电视联盟”，将通过联盟展开同步的总段推广和广告营销，在全媒体时代通过整合营销提升整个“广电系”的竞争力，以提高全国城市电视的市场占有率。这些都是有力的探索。

三、由单向传播向联动传播发展

当前我国楼宇广场媒体具有极强的单向性，通过强制性的传播手段将单方面提供的节目或广告内容强推给受众。相对于网络媒体以及其他诸多新媒体而言，楼宇广场媒体传播的单向性具有致命缺陷。在受众本位愈发凸显的传播环境下，楼宇广场媒体开始思考怎么样加强传播的联动性，让传播终端、节目内容（广告）和参与受众成为一个联动体，针对不同楼宇广场的特点，为不同时间、不同地点、不同受众提供针对性的互动服务。目前，已经有楼宇广场媒体从业者设计将媒体打造成为所在生活区的综合性服务工具，将社区信息、管理信息、注意事项与新闻资讯、天气预报、娱乐节目一起传递给受众，而受众可以提供反馈信息，发表意见与见解，形成互动。随着触摸电视的出现，楼宇广场媒体真正成为一个互动媒体更是指日可待。

第五章　车船媒体产业

车船媒体指的是运用现代传输技术，通过各种机动车和客货船只的电视广播等接收终端，播放将广播电视节目和广告信息，以方便乘客收听收看的新型媒体。车船媒体是一种以移动群体为收视对象、跟着受众跑的户外媒体，是新媒体的一种重要形式。移动性和伴随性是其车（船）载媒体最显著特征。

第一节　车船媒体概况

世界著名的美国汽车行业杂志 Wardsauto 公布，截至 2011 年 8 月 16 日，全球处于使用状态的各种汽车，包括轿车、卡车以及公共汽车等的总保有量已突破 10 亿辆。根据 Wardsauto 的分析，自 1970 年以来，全球汽车数量几乎每隔 15 年翻一番。美国是目前最大的汽车拥有国，其汽车注册量达 2.4 亿辆，中国次之，汽车拥有量为 7 800 万辆，日本的汽车拥有量为 7 400 万辆。到了 2012 年年末，中国民用汽车保有量达 12 089 万辆（包括三轮汽车和低速货车 1 145 万辆），比上年增长 14.3%。私人汽车保有量增长依然显著，去年中国私人汽车保有量达到 9 309 万辆，增长 18.3%。民用轿车保有量 5 989 万辆，增长 20.7%，其中私人轿车保有量 5 308 万辆，增长 22.8%①。

一、车船媒体主要特点

作为一种新兴的媒体形式，不仅依靠节目的丰富性和感染力使乘客享受乘车船生活，更是以其视听强制性、多次重复性、分众性等特点吸引广大受众与商家，其主要媒体形式是车船电视媒体和车船广播媒体。车船广播安装成本低廉，一般车船主都可以自行安装或者已经免费安装，一些广播台为这部分受众专门设置了交通广播频道吸引细分受众，收到了意想不到的成效。但是，这类广播频率或节目都是传统广播电台节目的平移。迄今为止，还没有媒体或企业专门从事这方面的硬件及配套设施的开发与运营，市场空间非常可观。

随着现代化城市化发展步伐的加快和汽车时代的到来，细分受众，细分市场

---

① 引据国家统计局网站公布的 2012 年统计公报。

的广播已成为现代生活中听众不可缺少的贴身媒介，而具有伴随收听优势的交通广播就成为汽车经济的直接受益者，成为媒体竞争中的黑马。

车船广播是一种陪伴媒体，具有移动性和伴随性，司机和乘客在各种车船空间里都可以收听广播节目和广告。车船广播安装成本低廉，一般车船主自行安装或者由广播电台联合安装，可以随意收听任意调频。大型媒体集团利用媒体资源优势，涉足车载媒体产业领域，是当前产业内普遍现象，上海文广、北青报业集团以及南方的一些交通广播都有这方面的尝试。北京交通广播利用自身的资源优势和影响力，在原有的1039汽车俱乐部的基础上，成立了北京交广股份有限公司，迈出了产业化运营的关键一步。以优质而又针对性的节目内容开拓受众群体，以各种增值业务开拓市场、拓展赢利点、延伸车船媒体产业链是车船广播发展成功的必经之路。

当前车船媒体主要的发展形式更多是车载电视，大部分是出行线路比较稳定的上下班人群在移动状态的车船中、在固定的位置上收看基本上固定不变的电视节目，是全新概念的信息型移动与固定相结合的户外数字电视传媒，是传统电视媒体的延伸。

车载电视采用了当今世界最先进的数字电视技术，通过无线发射、地面接收的方法进行电视节目传播，可以在任何安装了接收装置的巴士、轨道交通、轮渡和豪华邮轮及私家游艇中收看到清晰的电视画面。

二、车船媒体的发展

车船媒体作为一种新兴媒体，从1992年2月新加坡的移动电视实验开始算起，其在世界范围内的发展历史也不过20年左右的时间。我国车载电视发轫于2002年10月，以上海安装中国内地第一批公交车载移动数字电视为标志，至今短短10年多的时间，已经形成了一个庞大的传媒产业帝国。业内人士相信，由于车载媒体有着其他形式媒体所不具备的优势，广告潜力巨大，产业链条广泛，盈利模式日趋清晰，将会成为数字电视领域的“摇钱树”，市场前景非常广阔。

2010年，移动电视接收芯片厂商法国迪康公司（DiBcom）看到移动电视应用正在受到中国国内越来越多的省份和城市的关注，决定在保持迪康在海外市场强大优势地位的基础上，2011年更加关注中国国内市场。法国迪康公司借助最新推出的CMMB和即将推出的CTTB标准芯片，深耕国内细分市场，积极开拓国内平板电视及车载移动电视市场。

迪康公司在市场上推出的独一无二的可编程方案，可以满足全球各地的各种移动电视标准，帮助终端制造商设计出可在任何地区使用的产品，有助于他们进一步扩大产品的销售范围并扩展到全球市场，同时缩短产品上市时间并降低库存风险。由于技术和商业原因，进入某些市场会存在一定困难，如我国的CMMB，日本的ISDB-T以及欧洲的DVB-T。因此，可编程方案为制造商带来的好处是，既可针对需求像拉美这样有保证的市场来设计和生产产品，同时又可满足其它市场的不确定需求。

迪康公司表示："我们早在七年前就成功推出了车载数字电视芯片。客户的反馈，证明了我们的高速移动技术始终保持着行业领先优势。这也是我们已经拥有像梅赛德斯-奔驰、宝马、奥迪这样顶级客户的原因。我们现在与全球几乎所有主要的汽车制造商保持着合作，这一切都已证实客户信赖我们所提供的产品和解决方案。我们非常看好车载电视市场的发展前景，特别是中国的商务车及公共交通这样的细分市场。"①

在车船媒体中，公交移动电视是近几年兴起于我国大中城市的新型移动媒体，它具有传播上的实效性、针对性和强制性。就全国范围的情况而言，具有两种技术形式，一种是以数字信号发射为主要接收手段；另一种是通过车载硬件系统为主要播出手段。

世界经济的发展进步，豪华邮轮的需求急剧升温，个人游艇也进入到更多寻常人家的视野。电影《泰坦尼克号》让世界各国见证了百年前豪华客轮的奢华和精致。泰坦尼克号全长 269.06 米，载客量 2 000 多人，船上配有室内游泳池、健身房、土耳其浴室、图书馆、升降机和一个壁球室。2012 年 8 月 19 日，由中国长航重工青山船厂为德国 MACS 公司建造的 3.7 万吨"汉版泰坦尼克号"顺利下水，这艘 3.7 万吨的多用途船的船宽和吃水量均超过了闻名于世的"泰坦尼克号"，船体"皮肤"至少 15 年不"毁"，设计航速 16 节，航行于无限航区②。我国的商用客船数量不断增加，豪华程度不断上升，客船更加重视人性化服务，船载媒体（船载电视、船载广播）得到了迅速的发展，船载媒体逐渐形成一个庞大的产业。

进入 21 世纪以来，中国人出行频率明显上升，铁路、公路、水路和民航的运营量逐年增长，旅客运输周转量从 2000 年的 12 188 亿人/千米，增长到 2012 年的 33 368.8 亿人/千米，旅客运输总量从 184.2 亿人次增长到 2012 年的 379.0 亿人次（见表 5.1）。

表 5.1　2000—2012 年各种运输方式完成旅客运输量及其增长速度（亿人次,%）

年份 \ 数据		旅客运输总量（亿人次）	铁路（亿人次）	公路（亿人次）	水运（亿人次）	民航（亿人次）	旅客运输周转量（亿人/千米）	铁路（亿人/千米）	公路（亿人/千米）	水运（亿人/千米）	民航（亿人/千米）
2000	绝对数	未统计	未统计	未统计	未统计	未统计	12 188	4 488	6 600	104	996
	增长率/%	未统计	未统计	未统计	未统计	未统计	7.9	8.5	6.5	3.1	16.2

① 参见 DVBCN 数字电视中文网：2011 年法国迪康将主攻国内平板电视和车载市场，2010 年 12 月 1 日。

② 参见韩玮：汉版泰坦尼克号下水，德国订购 4 艘总价 1.6 亿美元，《长江商报》，2012 年 8 月 21 日。

续表

年份	数据	旅客运输总量（亿人次）	铁路（亿人次）	公路（亿人次）	水运（亿人次）	民航（亿人次）	旅客运输周转量（亿人/千米）	铁路（亿人/千米）	公路（亿人/千米）	水运（亿人/千米）	民航（亿人/千米）
2001	绝对数	未统计	未统计	未统计	未统计	未统计	13 000	4 767	7 047	95	1 091
	增长率/%	未统计	未统计	未统计	未统计	未统计	6.0	5.2	5.8	5.6	12.5
2002	绝对数	未统计	未统计	未统计	未统计	未统计	13 966	4 969	2 643	85	1 269
	增长率/%	未统计	未统计	未统计	未统计	未统计	6.2	4.2	6.0	−5.6	16.2
2003	绝对数	未统计	未统计	未统计	未统计	未统计	13 795	4 789	7 679	64	1 263
	增长率/%	未统计	未统计	未统计	未统计	未统计	−2.3	−3.6	−1.6	−21.1	−0.4
2004	绝对数	未统计	未统计	未统计	未统计	未统计	16 324	5 712	8 765	65	1 782
	增长率/%	未统计	未统计	未统计	未统计	未统计	18.2	19.3	13.9	3.3	41.1
2005	绝对数	184.2	11.6	169.2	2.0	1.38	17 473.0	6 061.8	9 299.1	67.1	2 044.9
	增长率/%	4.2	3.4	4.2	3.6	14.1	7.1	6.1	6.3	1.3	14.7
2006	绝对数	200.8	12.6	184.5	2.2	1.60	19 202.7	6 622.0	10 135.9	74.9	2 369.9
	增长率/%	8.7	8.7	8.7	6.3	15.4	9.9	9.2	9.1	10.5	15.9
2007	绝对数	223.7	13.6	205.8	2.4	1.8	21 530.3	7 216.3	11 445.0	77.3	2 791.7
	增长率/%	10.5	8.0	10.6	9.6	16.3	12.2	9.0	13.0	5.0	17.8
2008	绝对数	239.7	14.6	220.7	2.4	1.9	23 372.2	7 778.6	12 636.0	74.8	2 882.8
	增长率/%	7.8	11.0	7.6	6.0	3.6	8.2	7.8	9.8	−3.8	3.3
2009	绝对数	297.7	15.2	278.0	2.2	2.3	24 773.6	7 878.9	13 450.7	69.1	3 374.9
	增长率/%	3.8	4.3	3.6	2.9	19.7	6.8	1.3	7.8	5.8	17.1
2010	绝对数	328.0	16.8	306.3	2.2	2.7	27 779.2	8 762.2	14 913.9	71.5	4 031.6
	增长率/%	10.2	9.9	10.2	−0.7	15.8	11.9	11.2	10.4	3.1	19.4
2011	绝对数	351.8	18.6	327.9	2.4	2.9	30 935.8	9 612.3	16 732.6	74.2	4 516.7
	增长率/%	7.6	11.1	7.4	8.6	9.2	10.9	9.7	11.4	2.6	11.8
2012	绝对数	379.0	18.9	354.3	2.6	3.2	33 368.8	9 812.3	18 468.4	77.4	5 010.7
	增长率/%	7.6	4.8	7.8	4.3	9.2	7.7	2.1	10.2	3.9	10.4

数据来源：根据中商情报网（http://www.askci.com）各年资料整理。

总之，车船媒体仍是以车载媒体为主，车载媒体无论是在终端数量上还是在市场份额上都占据绝对的主体地位。船载媒体正处于蓄势待发的节点阶段，船载电视和船载广播有望成为下一阶段的新媒体投资热点和新媒体产业出人预料的增长点。

第二节　车载媒体

车载媒体是国际公认的新兴媒体，从其诞生发展至今不过十余年的时间，已经在全球范围内形成了一个庞大的产业。1998 年 2 月，新加坡在城市公交车上开始了地面移动电视的试验，成为世界上最早运行车载电视的国家，随后日本、韩国相继投入运行。欧美也较早试运行了地面移动电视，早在 1998 年 9 月至 11 月英、美就分别进行了地面移动电视服务的试运行，随后西班牙、挪威、法国相继投入运行。

一、交通路网迅猛发展

中国经济的高速增长，促进了公路铁路特别是高速铁路等基础设施建设的大跃进。截至 2012 年年末，全国公路总里程达 423.75 万千米，比上年末增加 13.11 万千米。公路密度为 44.14 公里/百平方千米。

截至 2012 年年末，全国拥有公路营运汽车 1 339.89 万辆，拥有载客汽车 86.71 万辆、2 166.55 万客位，平均客位 24.99 客位/辆。其中大型客车 28.70 万辆、1 222.82 万客位，平均客位 42.60 客位/辆。2012 年全年，全国营业性客车完成公路客运量 354.3 亿人，是 2005 年（169.2 亿人）的将近一倍（见图 5.1）。

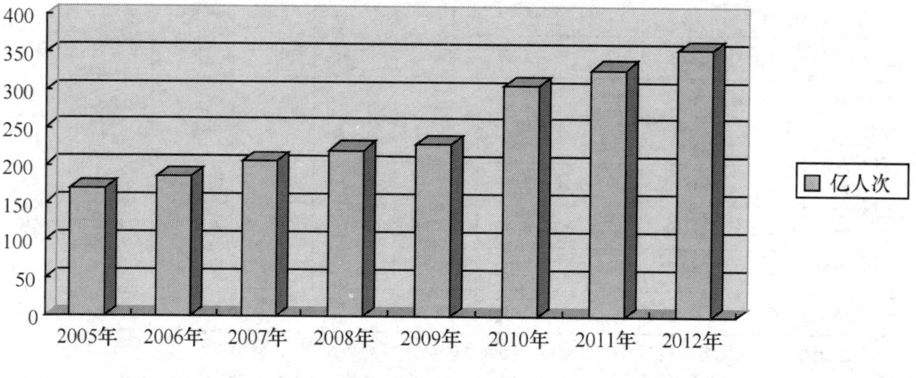

图 5.1　2005—2012 年中国公路旅客发送增长图

近年来，中国铁路网快速建立起来。到 2008 年年底，中国铁路总延展里程为 16.11 万千米，运营里程达到 8 万千米。到 2012 年，中国铁路运营里程将达到 11 万千米。预计到“十二五”末，以“四纵四横”高速铁路为骨架的快速铁路网基本建成，高铁里程将达 1.8 万千米左右，包括时速 200～250 千米的高速铁路1.13万千米，时速300～350千米的高速铁路0.67万千米，基本覆盖我国50万以上人口的城市。根据国家发改委刚刚完成的全国城镇化规划，中国铁路的总里程有望在2020年达到14.6万千米。

高铁已经成为日本、法国、德国、英国等发达国家的主要公共交通工具，其扩建及升级工程正在悄然进行。到2020年，日本高铁将从目前的4 000千米增加到7 000千米，欧盟高铁里程将从7 000千米增加到1.6万千米。美国也提出，要在25年内建立一个覆盖80%美国人的高铁网络。

从2008年8月1日京津城际高铁开通到现在，中国高铁从无到有，运营总里程已稳居世界第一。到2012年年底，我国《中长期铁路网规划》中的高铁“四纵”干线全部贯通。京哈高铁纵贯东北三省，实现东北亚经济圈核心地带与环渤海经济圈的“无缝对接”。京广高铁全线贯通后，环渤海经济圈与中原经济区、武汉都市圈、珠三角经济区将贯通。京沪高铁连接“环渤海”和“长三角”两大经济区；沿海高铁大动脉基本成型，“长三角”牵手“珠三角”。“四横”干线中最长的沪汉蓉高铁，除渝利段，已全线贯通。

崭新的高铁运营版图也在改变着中国人的出行。如今，动车组旅客发送量已占全国铁路旅客发送总量的30%以上。每天接近2 000列高铁穿行神州，运送逾200万旅客往来东西南北①。

高铁、动车和普通列车成为人们出行的便捷通道，运输能力逐年提高，从2005年的11.6亿人提高到2012年的18.920亿人（见图5.2）。

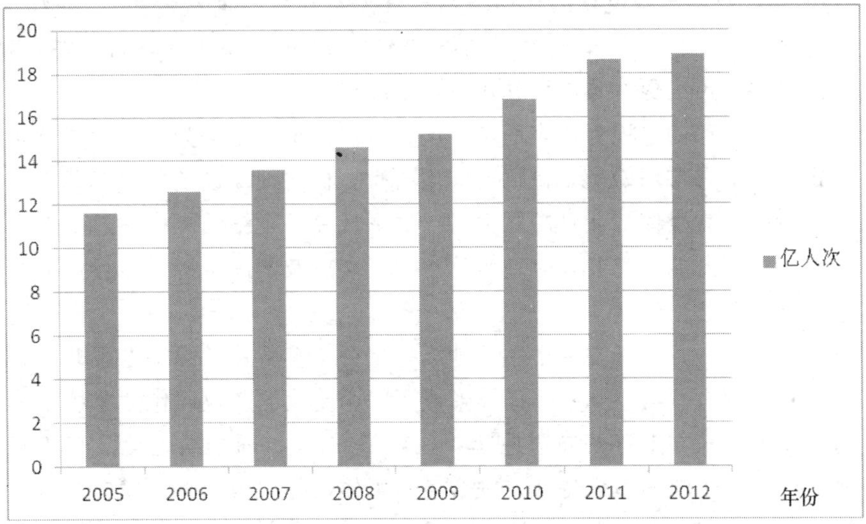

图5.2 2005—2012年中国铁路旅客发送增长图

① 参见陆娅楠：高铁建设完成规划过半，总里程稳居世界第一，《人民日报》，2012年10月30日。

二、交通路网促进车载媒体发展

纵横交错的中国公路铁路路网和地下的地铁网，与日渐增多的出行人群一道，织造起了车载媒体的产业天堂。2002 年 10 月，上海安装了中国内地第一批公交车载数字电视，并相继投入了运行，拉开了中国车载数字电视的序幕。2003 年 1 月 1 日，中国大陆第一个移动电视频道——上海东方明珠移动电视正式开播。到 2004 年年底，上海已安装在轮渡码头、浦江游轮、地铁车站、出租车上的移动电视接收机台数达 7 000 个，日受众人数 300 多万。2004 年 5 月 28 日，北广传媒的移动电视项目启动，北京市车载电视发展快速。2005 年，北京公交车装载移动电视为 5 000 辆，出租车接近 5 000 辆，社会车载约 1 000 辆。受众在公交车、出租车等逐渐了解到数字电视的作用，收看新闻、资讯、路况、娱乐、体育信息。到 2004 年年底，北京已有 73 条线路的 4 000 辆公交车、3 000 辆出租车安装了移动电视，每天由 343 万乘客收看。继上海、北京之后，我国的大中城市刮起了一股移动电视旋风，成都、重庆、南京、沈阳、武汉、南昌、郑州、石家庄、太原、青岛等地都启动了公交车载和小型客车移动数字电视项目。国内主要省会城市和发达城市都相继成立了数字移动电视公司，掀开了国内移动电视发展的新篇章。现在，我国已有 300 多个城市陆续开始了车载电视业务，市场年平均增长率超过了 50%。

2004 年，我国车载电视的移动终端只有 1.8 万台，而 2007 年达到 45 万台。随着北京奥运会的到来，车载电视的终端在 2008 年达到 110 万台。专家预计，我国车载电视的市场保有量应该在 1 000 万台左右。

以北广传媒移动电视为代表的“广电系”和以世通华纳为代表的民营企业积极开拓市场，争夺市场份额，挖掘产业增长点，极大地促进了我国车载媒体产业的发展。我国车载媒体产业日趋壮大，已经形成了一个终端规模超过百万台、年市场规模近百亿的庞大产业，对新媒体产业发展以及国民经济诸多行业的发展带来显著拉动作用。

从 2002 年 10 月上海安装中国内地第一批公交车载移动数字电视开始，中国车载媒体从无到有，从小到大，已经形成了一个庞大的产业。作为车载媒体产业开拓者，东方明珠在上海及周边地区“独霸一方”。世通华纳之类没有政府背景的民营企业，纷纷淡化地域特征，联合各级媒体，打“全国牌”横向发展。2007 年 12 月 18 日，新华社、中央电视台联手巴士在线推出 CCTV 移动传媒，为中国车载媒体产业注入一股强劲的新势力。至今，车载媒体产业已形成了全方位、多层次、多元化健康发展的态势。

2008 年，全国性车载地铁视听系统市场品牌竞争格局中，作为最早开发轨道交通视频乘客导乘系统的公司，DMG 数码集团公司占据最大的市场份额，华视传媒位居第二。根据赛迪顾问的数据监测显示，2008 年中国车载地铁移动电视安装了 12 888 台移动电视播放终端，其中华视传媒拥有 3 642 台移动电视播放终端，DMG 数码媒体集团公司拥有 9 246 台移动电视播放终端。

2011 年年底，上海东方明珠公司旗下的手机电视公司与上海汽车集团旗下信息产业投资公司签署协议，共同开拓基于 CMMB 移动多媒体手持电视业务的车载系统信息服务，将开发和融合 TSP-CMMB 平台业务的车载产品和信息服务，拓展共同的服务用户规模。

上海汽车每年新车产量约 300 万辆，预计其中超过 50%（即超过 150 万辆）的新车将预装 CMMB 系统，每辆新车在销售时将一次预收 3 年的 CMMB 手机电视收视费，收费价格为 6 元/月，合计将每年预收超过 3 亿元，分三年确认收入，预计 2012—2014 年该业务为东方明珠贡献收入分别约 1.1 亿元、2.2 亿元、3.4 亿元。与上海汽车集团的合作将有望迅速扩大公司 CMMB 业务的用户规模，带动该业务收入的增长①。

车载移动电视市场规模的显著增长与覆盖范围的明显扩大，吸引了产业链各环节的密切关注，不仅广电系统、地方政府等参与其中，三星、LG、海尔、创维、康佳等中外产业巨头也欲分得一瓢羹。

2009 年 6 月，央视国际网络有限公司下属的央视国际移动传媒有限公司正式挂牌成立，为全国 30 多个城市的 5 万辆公交车提供内容。央视网将把这种模式延伸和拓展至火车、飞机、地铁、楼宇等公共视听载体市场，正在谋划与航美集团商谈民航电视业务，与分众公司洽谈楼宇电视业务等。

近年来，我国各大城市地铁建设纷纷提速，已有北京、天津、上海、广州、深圳、南京和杭州等城市开通地铁，福州、南昌、济南、武汉、成都、佛山、哈尔滨、宁波、沈阳、苏州、西安、郑州、无锡、长沙等城市二十多个大中型城市正在积极开展地铁的建设。2006 年年底，我国地铁通车里程仅仅 440 千米，而当前北京一个城市的地铁通车里程已超过 500 千米，全国地铁通车里程增长呈井喷之势。

全国地铁线路历程和运营班次车次迅速增加，乘客人数不断飙升，地铁服务日趋人性化，这些都为地铁电视的发展提供了现实可能性和无限发展空间。广源传媒、分众传媒、北广传媒和央视国际网络有限公司等长期致力于开拓地铁电视业务，开掘出一个年市场规模数十亿的产业。1999 年成立的广源传媒，是国内

① 转引自上海东方明珠（集团）股份有限公司 2012 年年度报告部分摘要。

最早拥有广电总局颁发“两证”的中国铁路电视媒体投资和运营传媒机构，经营着中国300列空调列车的列车电视（CTTV），覆盖全国26个省/直辖市/自治区。列车电视装车数量超过4万台，日覆盖旅客50万人次，年覆盖旅客1.85亿人次。2004年春节期间，广源传媒启动第一辆“有电视看的火车”——上海到哈尔滨的K55/K58次的列车电视正式开播，每节车厢内均安装4台以上的15英寸液晶电视。这标志着可以适时接收电视新闻的国产列车电视系统研发成功并正式投入运营。此后，广源传媒列车电视系统的安装开始全面铺开①。2006年，新华通讯社与广源传媒正式签约，将广源传媒建设运营的中国铁路列车移动媒体正式命名为“新华视讯”，并提供《新华视讯》、《新华纵横》、《定格》、《国际专题》四档时事新闻节目。

目前的车载移动电视，仍然以广告收入为主。受惠于2008年北京奥运会的带动效应，中国户外广告呈现出逆势上扬的趋势。车载移动电视的发展，正好契合了户外媒体大发展的时期，其广告效应和经济效益已经开始显露，并逐渐成为投资商和广告主的新宠。

第三节　船载媒体

地球表面72%以上为海洋、江河和湖泊所环绕，这是人类更为广阔的生活生存和发展的空间。从类历史上著名的“哥伦布发现新大陆”到“《泰坦尼克号》的热播，汉版泰坦尼克在中国下水，一条条黄金水道的开通，以及豪华游艇在中外掀起的一波波热浪等，无不宣示着泛舟四大海洋和众多江川湖泊的无穷魅力。因此，承载着数十亿人类出行的船艇，自然也就是新媒体产业亟待开发的重要组成部分。

一、各国沿海沿江游艇发展情况

豪华邮轮和游艇数量是衡量一个国家和地区经济发展水平和水运能力的重要指标。美国拥有世界上最多的游艇，1998年总数达1 587万艘，其中舷外挂机艇830万艘，小型艇247万艘，舷内外机艇167万艘，帆艇167万艘，水上摩托110万艘，船内装机艇66万艘。从1988～2004年，美国游艇数量基本维持在1 600万艘到1 800万艘之间。2004年，美国游艇数量为1 791万艘，比1989年增加了12.9%（见表5.2）。

① 参见李鹏：广源传媒，独舞铁路电视市场，《今传媒》，2005年第12期。

表 5.2　2004 年世界主要国家游艇数量表

国家	人口（万）	每 1 000 居民拥有数	游艇总数	帆船	舷内机艇和舷内外机艇		
澳大利亚	1 910	39	738 948				
克罗地亚	444.2	24	105 000				
芬兰	523.6	140	731 000	18 000	92 200	618 800	2 000
法国	6 200	12	725 935	173 658	142 978	212 976	196 323
德国	8 100	5	441 530	120 475	88 932	232 123	—
日本	12 773.4	3	326 000	13 000		298 000	15 000
爱尔兰	404.4	6	25 067	9 702	9 315	3 500	2 550
意大利	5 790	7	400 000				
挪威	450	154	692 000	50 000	280 000	362 000	
新西兰	400	101	403 000	36 500	16 500	329 500	20 500
荷兰	1 610	17	280 000	140 000	84 000	56 000	
波兰	3 870	1	51 170	31 480	1 040	15 800	2 850
葡萄牙	1 035.6	5	55 000				
英国	6 140	8	463 019	113 898	46 844	211 031	91 246
美国	38 400	47	17 912.200	1 587 700	3 621 500	12 703 000	
瑞典	901.1	84	753.000	87 000	83 000	548 000	35 000
瑞士	741.8	14	100 656	33 566	59 786	7 304	

二、我国沿海沿江客运船艇发展状况及船载媒体商机

近几年来，我国国内游艇业取得了巨大的进步，有 17 个省市正在进行景观水系开发和游艇俱乐部的建设。目前国内游艇生产企业 300 多家，年产值超过 1 000 万元的生产企业达到 23 家，船艇类交货 8 484 艘，游艇俱乐部有 54 家[1]。

我国大陆位于西北太平洋沿岸，大陆海岸线长达 18 400 千米，沿海每隔二、三百公里就有一个城市，渤海湾周边有 8 个城市，琼州海峡隔海仅 18 海里，为广东、海南两省，台湾海峡则是大陆和台湾间水上广阔的通道。中国沿海有 6 400 个岛屿，其中舟山群岛也是水产业和旅游业十分发达的地区。

中国内河重要通航航道超过 5 000 千米，长江一线和珠江下游向来是重要的交通通道。中国有鄱阳湖、洞庭湖、太湖等重要的内湖，周边人口稠密，也是工农业生产的重要地区。沿海水域、海峡水域、群岛水域、水网密织水域都十分适

① 2013 年 2 月 3 日中国游艇网 www.uiwhc.com。

合和十分需要发展水上客运。其中条件最好、最成熟的当数渤海湾、长江三角洲、珠江三角洲、台湾海峡、琼州海峡和长江一线。

渤海湾地区除大连到烟台水上高速运输已经相当发达外，大连到天津、塘沽也已有速度较高的客船在航，大连到秦皇岛以及其他几个城市旅游高速航线有待开拓，渤海湾内岛际间交通严重落后的局面也是高速船的用武之地。至于大连—上海的传统航线，原有客船都已陈旧，有待用大型高速船来替代。大连—仁川、威海—仁川等航线已有的运输船也有待高速船来取代。

长江三角洲高速船运输比起珠江三角洲要落后，受高速公路、铁路发展的激烈竞争影响较大，但上海—舟山、上海—温州等航线水上高速客运前途不可限量。浙江沿海，以宁波为例，当地有旅居海外的侨胞 70 万人，有居住在上海的宁波籍同乡 300 万人，宁波附近的海上佛国—普陀山，近年来客流量高达 400 万人，高速船客运还只能说刚开始。

长江一线也是高速客船的“用武之地”。长江中、下游水面开阔、流速较平缓，沿线城市间水上交通发达，水翼艇、侧壁式气垫船等高速船型都适用，一些性能优良、船速较高的常规客船也因经济性好受到重视。长江上游水流湍急，江面狭窄，用时速 70～80 千米的水翼艇可以实现“千里江陵一日还”，水上高速客运在长江上游迅速兴起，对四川省的经济发展具有举足轻重的作用。

福建是中国经济发展较滞后的省份，但也一样有不少适于发展高速客运的航线，如厦门—东山—汕头、福州—温州等都是很适宜的高速运输航线。

海峡两岸通航的实现，福建和台湾间的水上高速客运前途不可限量。根据有关部门统计，1988 年台胞到大陆的客流量已有 43 万人次，1995 年达 200 万人次，2000 年达 300 万～400 万人次，若按 1/2 海上交通工具到大陆，则至 21 世纪末，年海运客流量为 150 万～200 万人次，平均每天有 5 000 人次，因此两岸海上直航客源是巨大的。

据了解，台湾方面已初期拟定以基隆、台中、高雄三大港口与大陆沿海主要口岸通航。从大陆看，最具代表性、可行性和长久性的是厦门—高雄航线，这条航线将是闽台直航的首选高速客运航线。其次是福州—基隆，也是一条非常重要的海峡间水上高速客运航线。随着国际关系的变化和东南亚地区经济的好转，广西和越南南部也可能开辟出重要的水上高速船航线①。

2013 年春运期间，闽台两岸不少旅客选择海上航线出行，一共有 134 艘客渡船参与春运，总共安排“厦金”、“两马”和“泉金”三条航线 1 500 多个班次，发送旅客超过 20 万人次②。

---

① 参见程天柱：中国高速客船市场初析，《国际船艇》，1999 年第 1 期。

② 参见卢金福，杨心怡：闽台 134 艘客渡船投入春运，加强海上安全检查，东南网 2013 年 1 月 26 日。

截至 2012 年年末，全国内河航道共有 4 186 处枢纽，其中具有通航功能的枢纽 2360 处。全国港口拥有生产用码头泊位 31 862 个，其中沿海港口生产用码头泊位 5 623 个，内河港口生产用码头泊位 26 239 个。全国港口拥有万吨级及以上泊位 1 886 个，其中沿海港口万吨级及以上泊位 1 517 个，内河港口万吨级及以上泊位 369 个。全国拥有水上运输船舶 17.86 万艘，，载客量 102.51 万客位①。

内河航道枢纽和港口码头泊位数量的增加，提高了水上出行运力，水上运输旅客数量呈现增长势头，从 2005 年的 2.0 亿人次增长到 2012 年的 206 亿人次（见图 5.3）。

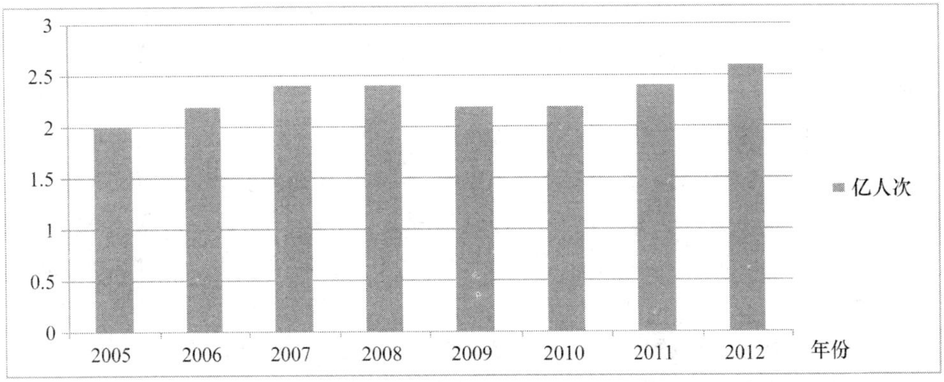

图 5.3　2005—2012 年中国水运旅客发送增长图

“十二五”期间，我国将按照规模化、专业化、现代化的要求进行水上运输的扩能，总体上满足国民经济和区域经济发展的需要，真正实现港口资源的优化组合。在岸线港口审批上，真正做到“深水深用，浅水浅用”。中国正在铸造海洋大国，远洋运输能力和监管能力逐年提升，西沙旅游已经试水，船载媒体的巨大商机随时将会爆发。

第四节　产业特征

车船媒体是一个新兴的市场，商业运营模式尚未成熟，需要硬件提供商、软件提供商、系统集成商、广告运营商、节目制作商和广告主等产业链的各个环节协调合作。

① 引注自 2013 年 4 月 25 日中华人民共和国交通运输部公布的 2012 年公路水路交通运输行业发展统计公报。

车船媒体将液晶电视置于公交、长途客车、小卧车、地铁和各类船舶，很容易锁定具有中高收入水平和消费能力的中产阶层人群，这部分人群在社会上较为活跃，他们追随时尚、积极消费、在社会整体消费中占据重要地位。车载媒体的受众人群具有自身特点，在广告效率不断下滑的境况下，车船媒体准确区分受众以减少媒介浪费，有针对性地进行传播活动，取得较好传播效果。车船媒体具有以下特征。

一、受众数量庞大

车船媒体是跟着受众“跑”的媒体，影响区域广泛，受众数量庞大（2012年车船媒体受众总量达379亿人次），被认为是三大传统媒体、网络媒体、手机媒体之后的第六大媒体。

以车载媒体为例，车载多媒体播放每车途中插播三次广告，按大巴目前每小时客流量为6 000人至10 000人计算（周末、节假日期间更多），每天的受众数量惊人，理论上公交车载电视的受众可以达到2万人/日/车，由此带来的广告效益和前期投入的回报将是巨大的。车载媒体覆盖了经常出行上班、购物、休闲、商旅的中游和上游人群，这部分人群在社会上较为活跃，可以间接影响更多人群。以山东的中型城市潍坊为中心，每天近400台豪华中短途大巴往返1 500多个班次（节假日未计），覆盖受众数量较大且快速递增。在北京，截止到2008年年初，北京共有公车超过2万辆，运营线路823条，年总行驶里程16.7亿千米，总客运量40.9亿人次。北京机动车辆近几年持续激增，到2012年年底已超过500万辆。

2010年5月1日小长假首日，广州地铁迎来438万人次客运高峰。2012年“五一”假期期间，北京公交、地铁共运送旅客超过6 000万人次，其中假期前一天，北京地铁日客运量超过800万人次，达到历史新高①。

当前，北京、上海、广州的所有公交车渠道几乎已经被各车载媒体企业抢夺占领，而出租车和私家车正成为车载媒体未来发展的广阔空间。当前车载媒体拥有极大的覆盖面和影响力，而且具有极大的发展潜力。

车载媒体覆盖了经常出行上班、购物、休闲、商旅的中游和上游人群，这部分人群在社会上较为活跃，在社会中主动对广告信息进行二次传播。在上班途中看到的广告经常会成其相互间谈资，更是加深了其对广告的理解与记忆，扩大了广告的传播范围。比如北广传媒车载电视关于商品折扣、优惠的广告信息经常会使上班一族相互讨论，形成二次传播和二次覆盖，增强了广告的传播效果。

---

① 参见李志勇：“五一“假期北京公共交通共运送旅客超6 000万人次，2012年5月1日新华网。

二、受众人群居中

车船媒体产业影响的主要人群为“中间地带”——中等年龄、中等学历、中等收入。尽管大多数城市居民都接触过车载电视，但不同人群关注的情况却有较大差异。从总体来看，关注车载电视的主流人群，其人口特征体现为中青年、较高学历、中等收入的中间消费人群。以北京的调查数据为例：20～49 岁人群“非常关注”车载电视，比例明显高于总样本，其中 40～49 岁的人群关注的比例最高，达 23.2％。大学专科及以上学历人群“非常关注”车载电视的比例较高，均超过 25 个百分点。个人月收人为 1 001～3 000 元的人群相对于其他收入人群更多关注车载电视。

车载电视固定受众以中青年人为主，这部分移动人群年富力强，富有朝气、活力、创造力，思想观点开放，消费欲望强，是企业宣传的一块“金土地”。这类“居中”的受众人群，具有较强的收入水平和消费能力，他们追求生活的品味，他们勤劳却不像父辈节约，他们多追求高收入，他们认为既要会挣钱又要会消费；他们忙碌而又懂得享受生活，其中相当一部分也是“月光族”，自然成为商家追逐的对象，获得大量广告主的青睐。车载媒体有效锁定经理人和白领受众，他们是社会财富的主要创造者，是社会最活跃的中坚消费阶层，中高档、时尚商品的领先购买者和意见领袖。他们乐于为身边人群提供消费意见，往往能够引领时尚和潮流。对于广告主来说，抓住这一群体不仅仅意味着把握住了该受众人群本身的购买力和消费能力，还意味着可以获得更大的宣传和示范作用，扩大自身商品在整个社会的影响力。

三、传播强制性强

公交地铁等车载电视由于空间的限定，使得其传播存在一种不可避免的强制性。特殊的收视环境使得乘客被动接收节目乘客只有看或者不看的权利，没有频道选择和节目选择的权利。作为旅途中必须存在的空间，人们处于烦躁和无聊中，精彩的影视娱乐节目和花样翻新的广告，极易抓住受众的视线。

由于大巴空间狭小，乘客无法回避广告，理论上收视率可达 100，且容易对广告产生超强记忆，收视带有强制性。高速客车电视将影视娱乐节目和广告完全结合为一体，提升了广告效果。

车载媒体以硬盘播放或数字信号发射技术与车载电视相结合，将户外广告影视化，以音频视频相结合的方式，充分提升户外广告的生动性与打动力，以强制性的传播方式强化受众的感知，调动受众的消费欲望，为销售提升直接动力。

大众传播经历了“以传者为中心”到“以受众为中心”的转变。今天，“互动传播”备受推崇，受众的主体地位被空前强调。公交地铁等车载电视只具有单一频道，受众处于“强迫收视”的被动接受状态，失去了主动选择不同节目的可能性。整体上讲，除了一些长途客车，多数车载媒体受众单次收视时间都较为短小，车载媒体将短暂而多次重复的内容推送到受众面前，以取得传播效果。根据央视—索福瑞媒介研究公司对上海东方明珠公交车载电视的调研显示，上海公交车载电视受众的单次收视时长为30分钟左右，多数表现为在上下班高峰时期的阶段性伴随收视。

由于车载电视传播的强制性，加上车厢内环境嘈杂，电视节目声音可能听不清，电视屏幕也可能被其他乘客遮挡住，电视画面看不全，所以受众的收视效果大打折扣。同时，冗长的广告无疑增加受众对广告的反感。有时受众已准备下车，但广告还没完全播完。信息只能被迫中断，受众也就无法了解广告的全部内容。

四、内容短小精炼

由于公交车载电视的受众特点，传统电视的节目内容设计和制作手法显然不能照搬到公交车载电视上，否则就会水土不服，造成收视失败。与传统固定电视不同，公交车载电视多以短小的板块形式出现。公交地铁乘客作为特殊的受众群体，有很大的分散性和流动性。为了适应受众的分散性及短暂接受的特征，车载电视在内容编排上采取与传统电视不一样的编排形式内容选择上，传统电视依次是电视剧、新闻时事、综艺电影和专题，而车载电视则主要是即时新闻、天气路况资讯、休闲养生和体育快讯及赛事集锦四大类。比如北京移动电视定位便以新闻资讯为主，以生活服务为辅，以相声小品和滑稽幽默录像等娱乐节目为依托来编排节目，根据公交乘客的特点，节目以短小精致为原则。

公交移动电视可以利用自身的优势，及时更新节目内容，即时播报重大新闻事件和沿线新闻。如“文博会”期间，深圳移动电视制作播出“文博会”宣传片，直播“文博会”开幕现场仪式并通过滚动字幕形式，对“文博会”进行第一时间报道。

第五节　发展对策

近年来，我国车船媒体产业发展较为迅速，终端数量和市场规模都迅速增大，北广传媒移动电视、世通华纳和央视国际网络有限公司等一批车载媒体企业发展壮大，产业多元化、健康发展。在产业的繁荣发展之中，我们有必要探究车载媒体产业存在的一些问题，寻求整个车船媒体产业的发展对策。

一、以技术创新带动产业升级

由于传输技术的限制，车载电视还无法在超过时速120千米的状况下无盲点畅通收看，集聚着高端人群的高铁电视还在播放着重复无数遍的光盘，几万里茫茫大海更让船载电视变得遥遥无期。

广源传媒是国内最早专门经营中国铁路电视媒体的专业机构，曾经与新华社联手在300列空调列车经营列车电视，这些列车贯穿全国100多条客运主干线路，途经北京、天津、上海、杭州、广州、深圳、成都、重庆、西安、大连、沈阳、哈尔滨等260个大中城市，引发新媒体行业的巨大波澜。由于一直没有找到在超高速列车上实行无线传输，高铁电视还是一个梦想，高铁电视市场的撬动还需要等待一段时间。

庞大发达的铁路网络特别是高端人群聚集的高速铁路，蕴藏着巨大的新媒体产业市场。由于当下通过无线数字信号发射、地面数字接收的方式播放和接收电视节目，只能够使处于移动状态、时速120千米以下的交通工具稳定和清晰地收看电视节目，掣肘了真正意义高铁广播高铁电视的产业化发展。

技术瓶颈也在束缚着公交车载移动电视产业化进程。目前，我国各城市运行的公交车载移动电视基本都采用DVB2H信号发射播出技术，作为一项新兴的移动电视技术，它在画面的稳定性以及接受的可靠性方面有许多问题有待克服。单频网的覆盖率还没有达到100%，加上城市中隧道、高层建筑、高架道路的屏蔽与干扰，经常出现图像拖尾、蓝屏、语音消失等信号中断现象，直接影响公交车载移动电视的传播与覆盖效果。我国移动电视标准尚未出台，各城市采用的移动电视设备由于具体的技术不同和研发厂家不同，导致标准很难相互兼容。由技术瓶颈所引发的一连串隐忧，严重束缚了车船媒体的产业化进程，使人们对移动电视的发展前景提出质疑。

因此，唯有聚汇各方精英，铸造顶级创新平台，克服一个个技术瓶颈，以技术创新带动高铁媒体航海媒体等的升级换代，盘活整个车船媒体市场。据知，有专家已经在尝试将智能电网与信息传输有机结合，以打开超高速和超远距离移动状态下的稳定信号传输死结。如果能够顺利实现这一构想，又一个上万亿级的车船新媒体产业虚位以待。

二、以内容创新满足多元需求

无论是“渠道为王”时代、“内容为王”时代还是“品牌为王”时代，在不同载体、不同时间段安排不同的节目内容，永远是制胜法宝。如何以丰富的内容、鲜明的风格吸引移动人群的眼球，已经成为车船媒体生存的首要问题。从中国各城市公交车载移动电视的运营情况看，基本都采用电视节目加广告的常规模式，电视内容又以广告为主导，无法满足受众的多元需求。不少城市的公交车载移动电视，在节目编排上没有很好考虑受众分散性和短时间接受的特点，无法确保节目的时效性、实用性和互动性，难于满足快节奏的都市人群对资讯和娱乐的需求。车船媒体运营商对节目的策划、研发、创新等不够重视，很难寻觅到独具魅力又符合公交车载移动电视传播特点的节目形态和样式。把内容创新放置于重要位置，创新节目内容与形式，打造精品节目，提炼节目的核心竞争力，以满足多元载体多元受众的需求，还有很多工作需要开拓。

车船媒体的目标受众是“移动过程中短暂停留的观众”，他们一般单次乘坐车船时间短则几分钟，多则半小时或几个小时，节目的制作和编排必须充分考虑受众分散性和不同时间长短的接受特点。与家庭电视、楼宇电视或其他类别电视媒体相比，车载电视的节目设置要符合其收视环境与传播特点，对于长途车载电视、短途车载电视、公交车载电视和地铁车载电视等不同类别的车载电视媒体来讲，节目内容和节目编排要有所区别，做到目标投放。公交地铁车载移动电视还可以针对各条线路乘客的主要构成，有选择性地投放与传递节目内容和广告信息，通过节目内容的丰富和调整，提高车载移动电视节目的针对性。

同时，根据公交移动电视的传播特点，建议加大资讯和娱乐类节目的信息量，并发挥电视直播优势，将最新的新闻、天气、交通状况等受众最关心的内容即时播报，服务乘客的出行需要，达到资讯供应的最大化。通过不断调整节目内容与编排形式，提高节目的质量，满足受众需求。

三、以品牌创新树立公众形象

车船媒体的品牌创新，关乎其社会形象与地位。当下车船媒体过多企业的参与，搅乱了公众视野，而商业味过浓过重，特别是有些粗俗的伪劣广告充斥镜头，加剧了受众抵触心理，直接影响车船媒体的品牌形象。

车载移动电视的产生与发展，是市场化运行的结果，它的商业性质决定了它的运营模式和赢利途径，广告赢利成为公交车载移动电视的追求目标。但是，广告内容的播放时间与频次过大，有时甚至占到节目播出总量的一半以上，而正常的新闻资讯、服务类电视节目信息量则严重不够，就严重影响到车船媒体的整体品牌。在大量的广告信息包夹下，车载电视的节目内容显得凌乱松散，实际传播效果大打折扣。车载移动电视作为新兴的媒体，需要建立品牌意识，加大监管力度，坚守媒体的社会责任，主动参与公益性活动的策划，以相对一致的品牌标志，树立良好的公众形象。

立足本土，服务市民，确立公交车载移动电视公益性的定位，是实现车船媒体品牌创新的第一考虑。为了实现这一目标，有必要推进内容资源的整合，积极寻求与报刊、广播、电视、网络或手机移动电视等媒体的合作，找准市场突破口，打造媒体联合体，实现传播的最佳效果，达到和谐社会所倡导的多赢局面。通过与传统媒体强强联合，用内容整合可持续的注意力，使各自媒体优势充分发挥，达到资讯利用最大化，实现新媒体与传统媒体共同发展、给社会公众崭新的品牌形象。

淡化目前过于浓厚的商业气息，不播放制作手段浅陋、内容粗俗底下、缺少思想性艺术性的作品，是车船媒体品牌创新的必然选择。媒体企业要创立品牌就必须设有自己的一条道德底线，不重利轻义，因利失义。诸如不负责任的医疗广告和不负责任的游戏广告必须坚决杜绝的”。为了实现产业利益最大化，运营公司要从产业战略发展角度出发，进一步挖掘移动电视可能具有的发展潜力，跳出单一的广告创收模式，不断寻求更为广阔的生存空间和多样化的赢利模式。

公交车内嘈杂混乱的环境，不利于乘客接受信息尤其是大量的广告信息。因此，采取有效手段，不断优化静化车厢传播环境，也是车船媒体品牌创新的重要举措。要提高受众收视有效度、收视实际达到率，需要多方联手，采取科学有效的手段优化车厢环境，以提高收视的满意度。

第六章 星空媒体产业

第一节 发展概况

一、星空媒体的含义

继网络媒体、手机媒体、车载媒体和楼宇广场媒体之后，星空媒体浮出水面，其强大的发展潜力与广阔的发展前景逐渐显现，成为继三大传统媒体、电脑媒体、手机媒体、车船媒体和楼宇广场媒体之后的“第八媒体”。

当前星空媒体尚处起步阶段，产业发展程度较低，仍无确切定义。一般来说，所谓的星空媒体就是对航空航天载体（主要是飞机，还包括运载火箭、遥感卫星、宇宙飞船等）从运行场地及周边、载体自身内部空间到宇宙星空空间，从准备、起飞、空中运行到降落等一系列过程，进行全方位媒体资源开发的一种新兴的媒体形式，具体包括星空广播、星空电视、星空网络以及相应的星空广告等。

航空航天技术的进步是星空媒体发展的强大动力，航空航天产业的发展是星空媒体产业前进的重要基础，为其提供现实可能性和未来发展空间。

近年来，全球航空航天业迅速腾飞，庞大的航空人数形成一个巨大的媒介消费市场。在年龄、职业、收入、学历等各方面，这些人都毫无疑问属于高端消费群体，是社会最具有媒体消费能力的受众。世界各大航空公司、广告主和广告运营商等逐渐意识到了星空媒体发展的巨大潜力，开始抢占这一传播制高点。

二、星空媒体的产生

2004 年，波音公司旗下的业务集团之一——波音联接（Connexion by Boeing）和德国汉莎航空公司合作，启动了世界领先的空中互联网服务。2005 年，波音联接向新加坡航空公司的部分航班直接提供电视节目，首推“空中电视”业务，乘客可以通过笔记本计算机收看 BBC 国际新闻电视频道、欧洲新闻台、欧洲体育台和 NBC 环球有线台 4 个电视台的卫星电视节目。乘客可以利用笔记本电脑或个人数字助理（PDA）享受安全的高速接入服务，联接互联网、个人和公司电子邮件账号以及公司局域网。波音联接服务不仅为乘客创造了价值，同时也为民航公司带来价值，让他们可以利用波音联接的超级带宽提高运营效率，改善客户服务，增加安全性，用全球服务网络，为客户提供全天候的支持服务。波音联接拥有的这些强大功能吸引了德国汉莎航空公司、北欧航空公司、日本航空公司、新加坡航空公司等世界著名的航空公司与波音联接合作提供空中互联网业务。

空中客车 A380（Airbus A380）是由欧洲空中客车工业公司研制的超大型远程宽体客机，有“空中巨无霸”之称，其最大魅力在于豪华舒适、各种娱乐设施齐全。机舱配备最先进的机上娱乐系统，光纤配电网络使电影、视频游戏和电视节目的选择更加灵活完备。2006 年下半年开始使用一种新型客舱无线网络，通过一种全新的方式，把各种无线应用集成到飞机的电子体系架构当中。乘客在所有级别的客舱中都可以打手机，在客舱任何位置都可通过笔记本和掌上电脑轻松实现无线上网，形成了一种新型的综合性的星空媒体。据报道，美国近三分之一的民航飞机可提供 Wi-Fi 上网服务，使用费用是 3 小时 13 美元。美国提供飞机上 Wi-Fi 服务名为“Gogo”，由专门公司 Aircell 提供，它已经被 8 家航空公司接受，在 968 架飞机上使用。美国西南航空公司已经有六架飞机支持 Wi-Fi 上网，到 2012 年准备为所有的飞机配上 Wi-Fi 上网服务①。

三、我国星空媒体的发展状况

近年来，我国航空航天产业的飞速前进，尤其是民航产业加速发展，为星空媒体产业的发展奠定了坚实的基础。越来越多的人选择飞机旅行，航班数量、旅客人数和飞行里程的急速增加。中国民用航空局规划发展司 2009 年 3 月 12 日发布的《2008 年民航机场生产统计公报》显示：2008 年，我国境内民用航空通航机场共有 158 个（不含中国台湾、中国香港和中国澳门），其中定期航班通航机场 152 个，定期航班通航城市 150 个，全国各机场共完成旅客吞吐量 40 576.2 万人次，比上年增长 4.70%。航空航天产业尤其是民航产业的飞速发展为星空媒体提供了先决条件和坚实基础，一批有影响力的星空媒体企业也不断涌现。

2003 年，我国一家致力于为客户提供专业航空媒体投放策划的传媒公司——第七传媒高调成立。全面经营航机上的座椅枕片、视频、纸杯、杂志、报

① 美国民航飞机将提供 Wi-Fi，3 小时收费 13 美元，2010 年 7 月 19 日，中国通信网。

纸及机场的灯箱、视频、吊牌、手推车等不同类型的媒体形式，在航空媒体的主流电视传播方面，第七传媒还打造出了独具特色的王牌节目——空中新闻，被推崇为“空中的新闻联播”。

2005年，国内最大的机场、飞机客舱电视广告传媒机构——航美传媒集团（简称航美，AirMedia）精彩亮相。2007年11月，航美成功登陆美国纳斯达克，成为中国第一家在纳斯达克上市的航空传媒公司（股票代码为AMCN）。航美旗下拥有的国内唯一的“中国航空数字媒体网”，涵盖国航、东航、南航等9家航空公司、全球2 000余条航线飞机上电视媒体系统和北京、上海、广州等全国53家主要机场电视媒体系统、数码灯箱系统等，实现了从进入出发地机场、登机、飞行，直至离开目的地机场的整个过程中广告传播的一站式服务模式。

以上两家传媒集团是我国星空媒体产业的先驱和开拓者，经过几年的发展已初具规模和影响力，探索出了一条符合自身发展的独特道路，他们领跑中国星空媒体产业，并推动星空媒体产业日益发展壮大。

2003年10月15日上午9时，我国成功发射“神舟五号”载人飞船，中国的宇航员杨利伟首次进入太空并成功返回，实现了中华民族的千年“飞天”梦。2013年6月11日神舟十号载人飞船发射升空，并于6月26日在圆满完成天宫一号与神舟十号顺利对接后成功返航，标志着我国地对空操控作技术日趋成熟。从1999～2013年，从无人到有人，从单人到多人，从一天到多天，从环游太空到出舱行走，中国航天人逐渐掌握了三大关键技术：天地往返、出舱活动、交会对接，中国开始迈向空间站时代。自此，我国围绕航天可展开的市场前景广阔，更使高精尖的超高远星空媒体产业呼之欲出。

星空媒体产业的发展需要跨区域、跨行业、跨媒体全方面的合作，航空航天业、通信业、电信业等共同开拓。星空媒体具有巨大的开发市场和无穷的发展潜力，正日益成为我国新媒体产业的一支生力军，并终将在国民经济中占据重要地位。

第二节　主要内容和形式

目前，星空媒体的开发与研究主要集中在民航飞机上，运载火箭等航空产业领域还存在着巨大的空白市场。一般来说，机场、候机厅是飞行旅程的辅助性设施和场所，旅客在机场、候机厅的等候时间是航程的准备和结束阶段，业界通常将机场媒体当作星空媒体的延伸来看待。在这里，我们将机场媒体和机舱媒体当做星空媒体的重要组成部分来分析。

一、星空媒体的主要形式

与航空航天产业和电子通信产业的迅猛腾飞相比，星空媒体的发展则相对滞后和曲折，这主要与飞机作业和操作技术上的特殊性和严格性有关。传统的飞行技术条件，严格限制了星空媒体的发展，我国的星空媒体长期局限在随机的报刊杂志以及机场机舱的相应广告上。星空媒体产业的发展，依赖于航空技术方面实质性的进步与突破，包括在借鉴欧美发达国家经验基础上的意识突围。

早期星空媒体的开发主要表现为：航空公司为乘客提供报刊、杂志，利用座椅枕片、水杯、餐盒、小推车等形式进行媒体宣传。航空公司主要依托传统媒体的报刊杂志，如《环球时报》等闻名全球的报纸。后来各家民航公司创办了自己的报纸杂志，如中国民航总局下属的中国民航设创办了《中国民航报》、《中国民航》杂志、《今日民航》杂志等。

随后，航空公司又为旅客播放广播、电影、电视剧和早期录制的音视频节目。与纸质媒介报刊杂志相比，音视频节目内容更加丰富，更能充分调动感官，目前全球各大航空公司基本上都为旅客提供了此种服务。如我国的东方航空公司的机上服务——空中影院，包括各种综艺节目、电影节目、音乐频道和视频点播节目。南方航空公司和中国国际航空公司（简称国航）也有类似的电影、机上音频系统和机上视频系统服务。

这些星空媒体形式比较单一，受众自主性较弱，只能被动接收，且内容更新缓慢，容易使经常乘坐同一趟飞机的旅客产生厌倦情绪，如南航航班上的电影三个月才更新一次。

随着人类生活条件的不断提高，越来越多的人选择飞机旅行，长时间、枯燥无味的旅途使旅客产生对丰富多彩的娱乐消费的渴望，形成了庞大的星空媒体消费市场。世界航空航天技术不断发展，正在逐步解决相关技术问题和障碍，星空媒体产业如雨后春笋，起步并加速发展。

二、星空媒体的主要内容

当前星空媒体的开发，在节目制作上更加注重娱乐的互动性和信息的新闻性，同时大力发展空中广告业务，全方位开发不同类型的媒体形式，形成多种渠道整合的一个传播矩阵。

在节目制作上，我国南航为头等舱和公务舱提供了个性化服务产品 PMD (Portable Multimedia Device，便携式机上娱乐设备)。PMD 具有高度的智能化和人性化的特征，拥有 32G 的大容量，分量轻得像一本书一样，可拿在手中，也可放在桌上。目前 PMD 系统共设有 8 个栏目：空中影院、电视剧场、天空资讯、音乐时空、游戏酷吧、蓝天书屋、南航之窗和乘客留言，包含了几十部电影，多部电视剧，上百首歌曲和中外名著等，旅客可根据自己的兴趣和需要自主选择欣赏，还可以将自己的意见写在乘客留言上。南航的此举给国内民航娱乐带来了一场“客舱娱乐革命”。国航也启用了娱乐体验服务，称“新型娱乐系统完全为互动式，电影、动漫、音乐、游戏，随时点播享受您可以自己掌控，打造一个自己的娱乐王国。国内外经典双语电影 98 盘 CD 的怡情陶醉，如果这还不够，来个联机游戏吧。紫金/紫宸就是您享受乐趣的家园”。这些服务使旅客在享受空中娱乐时拥有更多的自主选择权和互动性，但值得一提的是，由于成本的限制，目前大多航空公司只为头等舱和公务舱的高端旅客提供，传播面比较狭窄，并且也没有做到真正意义上的完全互动。

提供及时的新闻性信息也是星空媒体发展的重要内容。第七传媒创作了独一无二的《空中新闻》节目，该节目信息依托中国国际广播电台和中央电视台等权威机构，是目前航空业界唯一一个每日更新的视频节目，让每一个繁忙的航空乘客能够在飞机上欣赏到当天的国际国内时政要闻、财经快报、文体娱乐和天气预报等非常及时重要的信息。《空中新闻》节目目前在国航、厦航、深航等航空公司所有配备闭路电视的飞机上播出，覆盖 200 多架飞机、640 条航线，信息辐射全球，其深刻的市场价值受到中信银行、艾默生网络能源有限公司、五粮液、剑南春等中外品牌客户的广泛青睐。为了克服航空媒体中存在的媒体到达率难以监测的问题，第七传媒专门组织了一支客服团队，经过与航空公司、机场的多方沟通协商，与央视市场调研机构联手，建立了一套严密严格的监测体系，以保证航空媒体的投放效果。

三、我国星空媒体产业初具规模

星空广告具有巨大的消费市场和发展潜力，其投资回报高，广告投入价格低，以最优的性价比，创造最佳的广告效果，正成为各大传媒集团争夺的制高点。目前，我国唯一一家专业经营机场以及飞机客舱电视的广告传媒机构——航美传媒集团专门组建了广告设计团队，针对高端人群经营国内机场及机上新媒体广告，是我国广告传媒领域具有代表性和影响力的媒体集团。其董事长郭曼凭借 2004 年在北京首都机场的大厅里设立超大屏幕电视墙，周而复始的免费播放“海尔真诚到永远”的广告一举成名，随后生意越做越大。

2005 年 8 月，航美传媒整合了国内 3 家航空电视媒体公司，组建了航美传媒。2006 年，航美传媒发展成为拥有 10 家航空公司、52 家大型机场电视节目制作和广告经营权的航空媒体，建成了中国最大的航空电视联播网。在 2006 年头 2 个多月中，航美传媒的广告销售便已经超过 3 000 万元人民币，这几乎相当于整合前公司半年的营收。

2009 年 1 月 5 日，星之盟传媒因“创立第一个跨媒体广告平台”荣获“改革创新卓越贡献媒体”称号。星之盟是中国第一个航空媒体的实质性联盟，其前身——“星空联盟”由上海航空传媒有限公司、深圳航空广告有限公司、厦门航空广告有限公司、云南新东方航空文化传播股份有限公司于 2005 年共同携手成立。目前，星之盟独家经营《深圳航空》、《上海航空》、《厦门航空》、《新航空》（山东航空）四本杂志广告的“联合投放”，集合多家航空资源，覆盖深圳航空、上海航空、厦门航空、山东航空所有航空旅客。星之盟四本航空杂志发行量大，有效阅读率高，月发行量逾 20 万册。星之盟传媒受到越来越多的客户的认可和支持，收入也逐年翻番增长，3 年总收入达到 8 000 多万元。2008 年，上海空中飞人传媒公司获得四本航空杂志媒体的联合总代理授权，独家代理四本航空杂志媒体的广告联合发布业务，并积极参与规划该业务未来的发展①。

当下，我国大型航空公司正逐步深度开发星空媒体服务，一批传统媒体公司和广告公司也陆续加入到星空媒体的节目制作与机舱广告运营，星空媒体产业日益兴盛业务范畴不断扩大。

2002 年 4 月 1 日，一架机身上喷涂有“天津日报”标识的波音 737 客机平稳降落在上海虹桥机场，标志着国内第一架拥有媒体标识的国内航线客机首航获得成功。天津日报社买断中国新华航空公司一架客机的冠名权，开创了媒体与航空运输业合作的先河。

此次天津日报冠名新华航空公司的波音 737 客机，期限为一年，航线遍及全国。在此期间，这架客机的机身喷涂“天津日报”标识，空乘人员佩带“天津日报号”绶带，在机舱内饰等部位均设置相应的宣传标识，并免费为乘客提供《天津日报》②。

2010 年 11 月 5 日，一架机身印有“五粮液”标识的川航 A330 宽体客机从双流机场飞往上海，拉开了川航与五粮液集团强强联手的序幕。这项为期 3 年的合作，冠名费用超过千万元。除了广告的合作外，双方表示日后乘坐川航头等舱的乘客，还有望品尝到一两装的特制五粮液。

从第一架机身上涂有“天津日报”字样的 737 客机在北京机场降落，到“康佳号”737-700 型飞机在深圳宝安机场缓缓滑行，东航一架命名为“世博号”的彩绘 A340 飞机在上海腾空而起，再到上海东方航空文化传媒有限公司拍卖东航云南分公司 5 架庞巴迪 CRJ-200 客机的机身冠名权及广告使用权，中国第一家以景区为主题的飞机——“天柱山号”获得海南航空冠名，以及五粮液酒香溢满川

① 王真智：参见星空媒体联盟 2006 年的运作与探索，《广告人》，2007 年第 1 期。

② 参见郑红：天津日报买断客机冠名权，媒体“空降”民航，《解放日报》，2002 年 4 月 1 日。

航机舱等，时刻见证着星空传媒产业的蓬勃成长。

从长征一号、东方红一号、神舟一号到嫦娥一号，再到天宫一号，中国航天工程一步步实现从无到有、从弱到强的战略性跨越和突破。自2003年10月15日我国成功发射“神舟五号”载人飞船开始，中国的超高远太空媒体产业崭露风头。在中国航天运载火箭不断越飞的同时，越来越多的商家看到了超高远太空媒体的无尽商机，擅自使用中国长征系列火箭形象用于广告发布，且侵权涉及面较广、涉及领域较多，其中包括酒业、色拉油、卫生巾（纸）、饮料、植物肥料、陶瓷、汽车、乳业、电子等。这些侵权行为均是采取借助长征火箭的高科技形象，通过“搭便车”、“傍名牌”等方式提升自己的产品形象和市场竞争地位。

1999年11月22日，我国载人航天工程“神舟”号飞船成功发射升空，“神舟”系列如神舟计算机、神舟食品、神舟汽车等几大类已被注册。

2007年，就在我国首颗月球探测卫星“嫦娥一号”发射升空前夕，扬州厨师颜兆新抢先以“嫦娥一号”一口气注册了4个类别的商标。“天宫一号”升空后，又有人在网上出售“天宫一号”实体模型，其中1∶1的模型要价30万元。为了维护中国知识产权及航天知识产权，自2008年至今，作为中国长征系列火箭研制生产单位的中国运载火箭技术研究院先后向现代汽车、爱国者数码、宝马汽车等侵权人提出法律主张，最终结果均取得胜利。

中国运载火箭技术研究院党委书记梁小虹认为，在中国航天企业二次创业、实现市场化转型的过程中，品牌发展保护将是一个重要主题。航天品牌保护需要采取主动方式，必须通过一定的法律程序，才能确保权益归属。据介绍，中国运载火箭技术研究院先后注册了中国载人航天长征火箭图形、神箭、CALT、LM及图形、航天长征5种86个注册商标。其中中国载人航天长征火箭图形在38个类别获得注册商标，神箭在35个类别获得注册商标，CALT在5个类别获得注册商标，LM及图形在7个类别获得注册商标，航天长征在1个类别获得注册商标，构建了长征火箭品牌保护发展的基础平台①。

第三节　产业特点

在航美集团和星之盟传媒等星空媒体企业对市场的不断开拓之下，中国星空媒体产业市场规模已经超过十亿，服务航空航天产业并带动相关产业的发展，在国民经济中越来越占有更为重要的地位。随着航空航天产业发展壮大，星空媒体

① 参见李延生：运载火箭被“搭便车”遭遇维权难题，航天知识产权保护之惑待解，《中国企业报》，2012年3月13日。

产业也将随之拓展市场，走进广大受众尤其是高层人群的生活之中。

星空媒体产业具有高端性、跨媒体和产业链丰厚等特点，这些特点从星空媒体的受众人群和传播特点找到佐证。

一、受众人群

以民用飞机为依托的星空媒体，其受众为乘坐飞机的旅客。星空媒体的受众属于高收入、高学历、高消费的集合体，即通常所说“三高人群”。这些“三高人群”包括政府官员、企业领导、商务人士和白领阶层为主等高端消费人群，是具备高学历、高收入、高品位、高消费、高传播引导力的优势受众群体。星空媒体在传播上具有很强的针对性，有效地细分了受众，其受众与传统媒体相比有其自身独特特征。

与传统媒体受众的大众性和覆盖的广泛性相比，星空媒体受众细分，准确狙击高收入、高地位、高收入、高消费的人群，有效减少了传播浪费。

近年来，我国民航产业发展迅速，民航班次、航程、旅客人数都大幅上升，尤其是旅客人数的大幅攀升为星空媒体产业的发展提供了必要的前提条件（见图 6.1）。

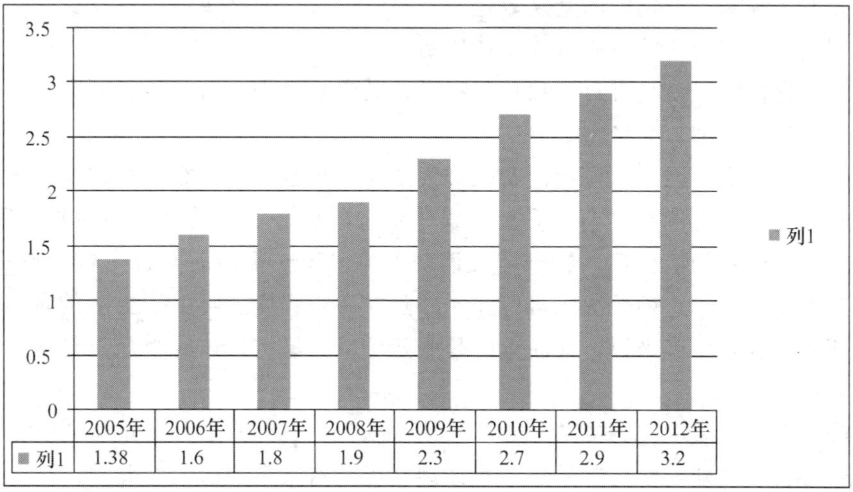

图 6.1　近年我国民航旅客运输情况[①]

从图 6.1 可以看出，近年我国民航在旅客吞吐量上逐年上升，旅客运输量业不断增加。从 2005 年我国乘坐民航的旅客的 1.38 亿人次发展到 2008 年的 1.9

① 资料来源：根据中国民航统计数据整理。

亿人，及至2012年的3.2亿人次。民航旅客人数的大幅增加，是星空媒体产业快速发展的基础。

当前星空媒体产业尚处发展的初始阶段，整个产业更多的是面向乘坐头等舱和公务舱的高端精英受众，头等舱和公务舱创造的产值在星空媒体产业中也占有相当大的比重，因此对旅客进行仓位比例的调查与分析非常重要（见表6.1）。

表6.1　近年我国民航旅客乘坐舱位人数比例

	2004年	2005年	2006年	2007年
头等舱	3.5%	3.9%	3.3%	1.9%
公务舱	13.1%	12.0%	9.9%	9.9%
经济舱	83.4%	84.1%	86.8%	88.2%

从表6.1可以看出，近年来我国民航旅客一直以乘坐经济舱为主，占总体的80%以上，头等舱和公务舱的旅客数仅占总量的15%左右。

目前我国星空媒体的开发还主要是针对头等舱和公务舱的高端消费人群，并且只有那些规模较大的航空公司在某些特殊型号的飞机上配置了较好的星空媒体业务，其普及率和传播面很有限，仍具有较大的发展空间。随着星空媒体产业的深层开发，未来星空媒体的受众数量将会不断增加，最终实现全体飞机乘客都能享受到星空媒体带来的高质量的媒体盛宴。

星空媒体的受众具有自身独特的特征，其受众经济实力强，引领时尚、追求高品位生活、类型较为稳定。

（1）经济实力强，以塔尖消费人群为主体。星空媒体的载体形式决定了只有较高收入阶层才可能有机会享受星空媒体带来的服务，其受众大多为富有阶层，他们是社会消费的极少数，属于塔尖消费群体。现在很多航空公司打出价格牌，走大众平民路线，这种做法无可厚非，并且在一定程度上吸引了更多的乘客。但对于那些高收入旅客来说，更注重的是服务质量，星空媒体的受众正是这些富有阶层。

（2）引领时尚，追求高品位生活。目前，有人将富有阶层分为“旧富”和“新富”两种，“新富阶层”是星空媒体现在以及将来重要的消费群。

我国一家新生代市场监测机构（Sinomonitor International）从2004年开始进行中国新富市场与媒体研究（H3，China new rich marketing and media study），根据社会变迁、获取财富的方式、收入和消费形态四个维度，提出了“新富阶层”概念：进入富裕的时间短，通过知识、专业技能和社会资源获取财富，具有稳定的收入，有着新的消费理念，处于中国总体消费群体中的较高收入阶层，具有高消费、高学历、高感度（3H，Highconsumption、Higheducation、Highsensibility）的特点。其中高感度是指：敢于最先尝试高科技和新产品，勇于追求和创造高品质的生活，积极热情参与社会公益事务，喜欢发表观点，承担意见领袖功能等。

(3) 受众群类型稳定集中。据中国民航局统计，我国民航旅客按旅行目的分，公务旅行占50%左右，旅游占35%左右，其他仅占15%。公务和旅游人群约占旅客总数的85%左右，也是星空媒体最主要的受众群。据新生代市场监测机构中国新富市场与媒体研究（H3：2006）数据表明：星空电视媒体受众的年龄主要集中在25~40岁，比例高达84.7%，平均年龄为32岁；73.9%的受众都拥有大学及以上的学历；在收入水平上，航空电视受众人均税前年收入达到10.75万元；在职业特征上，中高层管理者、党政机关干部及中高级技术人员占到总体的71.7%。

二、传播特点

星空媒体作为一种崭新的媒体形式，传播精确直达，目标受众群清晰可见。星空媒体抢占高收入、高消费、高社会地位人群眼球，开辟了一个新的媒体市场和传播形式，形成了一个崭新的媒体产业。星空媒体在特定地点针对特定受众人群展开传播，其传播自然也具有崭新的特点：

(1) 针对性强。传统媒体的受众一般地域分布广泛，类型多样，需求也各不相同，众口难调，因此其传播针对性较差。

首先，星空媒体的受众类型稳定，主要是社会高端人群，与一般大众相比他们有着较高的信息和娱乐需求。其次，受众接受星空媒体服务的时间相对集中，只是飞机飞行期间，并且在这一段时间中，旅客一般无所事事，对于媒体来说这正是抓住受众眼球的大好时机。

因此，星空媒体时能够精准定位受众类型，根据其消费特点、娱乐需求，在适当的时间和地点为受众提供恰当的服务，从而使传播的针对性更强，效果更好。

(2) 强制性传播与主动性接受并存、互补。飞机上空间密闭、有限，旅客自由活动的范围较小，甚至有时还有时间上的限制，旅客只能在座位上睡眠打发时间或者被迫接受航空公司提供的服务。尤其是长途飞行易使人产生疲劳感、情绪低落，旅客也只好或乐于选择星空媒体服务来消磨时间、享受娱乐快感。从这些方面来看，星空媒体的传播具有一定的强制性。

另外，受众也有较大的自主选择权。星空媒体提供的服务包括了传统媒体的各种形式，如报纸杂志、广播电视，还可以网上冲浪，内容上也丰富多彩，如音乐、电影、动漫、游戏、娱乐搞笑节目等，受众可以根据自己的需要和兴趣自由选择和欣赏。

星空媒体的强迫性和主动性接受并存，在满足受众需求的同时，还能取得很好的传播效果。

(3) 服务的高品位性。与传统大众媒体相比，星空媒体的受众追求高品位高质量的生活，讲究时尚、流行、格调、身份、个性等元素，这就要求星空媒体为其提供的信息和娱乐内容品味较高，新闻和商务信息的时效性强，娱乐节目也较有艺术性。同时机上环境封闭、安静，旅客在观赏娱乐节目都配有自己的耳麦，不打扰他人也不受他人干扰，高质量高品位的服务是星空媒体的一大特色和优势。

(4) 跨媒体传播。星空媒体不能像一家报社、电台、电视台那样单独存在、独立经营，它的开发需要借助传统的报纸杂志媒体，更重要的是实现与广播、电视、网络媒体技术上的交叉组合和资源上的互补共享。可以说，星空媒体是一种跨媒体、跨行业合作的传播方式。如星空电视就需要航空公司与地面具有卫星电视的广电公司或媒体集团合作，受众享受音视频服务的内容可能来源于广播电视台，也可能来源于各种网站，甚至是来源于其他专门提供空中信息服务的媒体集团（如波音联接）。

星空媒体是一项高端产业，其受众多为富有阶层，是社会最就有消费能力的群体，航空公司和各种媒体要充分利用星空媒体的传播特点，为受众提供优质的服务，实现媒体价值的提升。

第四节 航美传媒

一、航美传媒的建设与发展

航美传媒集团（Nasdaq：AMCN）是中国极具影响力的中高端户外媒体运营商，拥有中国航空数码媒体市场超过 90%的占有率，以及领先份额的机场传统媒体资源，打造了覆盖北京、上海、广州等全国主要机场以及国航、东航、南航等多家航空公司 2 300 余条航线的航空媒体网络。航美传媒注重发挥其特有的媒体影响力，与联合国开发计划署、世界自然基金会、中国红十字会等 NGO 组织达成合作，并与包含中国中央电视台、上海文广集团等几十家强势媒体携手，广泛参与到“2008 北京奥运会”、“夏季达沃斯论坛”、“APEC 论坛”、“中央电视台年度经济人物评选”等重要活动中。2009 年 1 月，航美传媒入选德勤会计师事务所评选的 2008 年“中国高科技、高成长企业 50 强”第 6 名，以及 2008 年“亚太地区快速增长科技企业 500 强”第 9 名。2010 年 1 月，航美传媒荣获中国广告主金远奖，被《广告主》杂志授予“年度最具投资价值新媒体”称号。

2005 年 8 月，航美传媒正式成立。几个月后，到 2005 年 12 月，航美传媒即覆盖了 16 家主要机场、6 家航空公司航线的航空媒体网络。到 2008 年 9 月，航美数字媒体网已覆盖全国 53 家机场、12 家航空公司航线。

作为星空媒体产业先行者，航美传媒集团紧扣航空媒介资源，引领中国星空媒体产业的发展，正在成为中国传媒产业发展道路上的中坚力量。航美传媒是中国最大的专业航空媒体运营商之一，是专业经营机场及机载电视系统的传媒机构，打造了覆盖北京、上海、广州等全国 53 家主要机场和国航、东航、南航等 9 家航空公司机载电视系统的“中国航空数字媒体网”。

二、新媒体与传统媒体在航美传媒内的融合

如果户外媒体是皇冠，机场户外媒体则是皇冠上的“明珠”。金融危机的爆发，为航美传媒带来了新的市场机遇。航美传媒在金融危机发生之后才介入机场的传统媒体资源，最终达成的价格是理性的，也完全符合航美传媒既定的发展战略。

2005 年，航美传媒与新华社签订战略合作协议，在机场和航机的电视系统中为旅客提供日播的新闻节目。2005 年航美传媒巨资购置了世界领先水平的节目编辑制作设备、广告采集发布系统、为航美传媒节目发布远程遥控，监播操作提供了专业的技术支持。从 2006 年起，航美传媒与国家气象局等机构签署了合作协议，在机场的电视播出系统中，开通了《天气预报》栏目，为出行的旅客增加了服务内容，提高了服务质量。

2007 年 11 月，航美传媒成功登陆美国纳斯达克，成为中国第一家在纳斯达克上市的航空数字媒体网运营商。自 2007 年 11 月上市后，航美传媒积累了充足的资金，为航美传媒的逆势扩张提供了资金保障。航美传媒围绕高端人群生活圈，扩大媒体资源开发，使航美成为最专业的航空媒体运营商。在运营数字媒体和传统媒体的同时，航美传媒能够提供机场及航班上“一站式”广告服务，更好地整合多种媒体资源，提高了议价能力和定价能力。基于对航空旅客生活形态的深入研究，航美传媒将多元化的媒体形式有机地置于机场人群密集停留区域，如候机大厅、安检区、登机区、行李区、到达大厅等。

除此之外，航美传媒以“愉悦您的旅程”为核心理念，透过丰富的节目内容为旅客创造轻松的旅行感受。从进入出发地机场、登机、再到整个飞行过程，直至离开目的地机场，航美传媒始终致力于为航空旅客提供轻松、愉悦的优秀节目。节目播出设备也由最初的机载电视和户外大屏幕，逐步开发出诸如数码灯箱、立体电视等多元化媒介表现形式，极大地提升了航美媒体内容的整体视觉冲

击力。在节目内容选择上，精选国内、国际著名制作公司和通讯社进行合作，如CCTV、国家气象局、FTV、JUST FOR LAUGHS、WORLD WIDE、STAR TV、福克斯等，播出的娱乐、旅游、体育等短版优秀内容受到广大航空旅客的普遍欢迎。在2008年北京奥运会到来之际，航美传媒及时奉上相关的奥运节目，为国内外旅客全面而及时地了解即时奥运信息提供方便。

得天独厚的媒体环境，自动聚拢高消费人群的媒体平台，带来了突出的品牌传播效应。航美传媒吸引了众多国内外知名品牌，目前航美广告客户包括奥迪、中国移动、中国联通、东风雪铁龙、长城葡萄酒、海尔、日立、联想、雷克萨斯、LG、蒙牛、诺基亚、三星和上海大众等。航美传媒总部设于北京，在上海、广州、深圳和成都开设了分公司，并且在全国20多个主要城市设有办事处。航美传媒已发展成一支近500人的专业传媒人才队伍。

2009年3月，航美传媒集团获得了北京首都国际机场和深圳国际机场多种传统媒体的特许经营权，包括传统广告牌、灯箱广告和其他广告形式以及北京首都国际机场行李提取区的数码刷屏经营权。这是继2008年取得温州机场广告的独家经营权后，该公司再次全面涉足机场传统媒体的运营。

2010年12月，航美携手央视开通CCTV移动传媒民航频道航美传媒继而接手相关的传统媒体资源经营。

第五节　星空媒体的发展趋势

未来的星空媒体将集合报纸、杂志、广播、电视、无线网络等各种媒体的优势，为受众提供更加舒适的前所未有的媒体体验，成为一个巨大的媒介产业，实现新旧媒体创新和融合的超强价值。

一、未来发展环境

目前，由于人们创新观念的限制，星空传播技术和成本的制约，世界各国对星空媒体的开发还不充分和完善，其功能不完备，覆盖面也较狭窄。有很多美好构想一直停留在概念阶段。曾有专业人士提出，让航班进入到某个省市上空时，能够让当地的广播节目直接发射到机舱内，这对于广播电台和飞机乘客都是一个双赢之举。还有一位首都国际机场所在属地的一位政府官员联想到每当飞机即将着地时，乘客习惯透过机窗观看风景，设计在飞机俯瞰范围内的高楼广告的具有无限商机。当时笔者认为，如果飞机在降落时，飞行员视线范围内满眼皆是斑斓多姿的广告画面，会在很大程度影响飞机安全着陆。这一与星空媒体关联紧密的楼宇广告仅仅停滞于美好蓝图。

据中央人民广播电台经济之声《央广财经评论》报道，国内航班最快 2014 年全面实现上网打电话，让人对未来星空传媒有莫大期待。最新报道称，中国民航局正在就一份“航空公司运行控制卫星通信实施方案”向社会征求意见。方案提出，可以利用卫星通信技术与其他技术相结合，实现地空宽带通信，为航空公司与航空器之间提供话音及大流量数据通信业务，届时可以为飞机客舱旅客提供互联网、电报电话、实时电视等服务。根据民航局的计划，2013 年航空公司完成实施计划的制定及申报工作，并开始启动飞机卫星通信系统的加改装工作，2014 年国内航班将可以全面实现上网、打电话和看电视的功能。2011 年 11 月，国航率先宣布在国内推出无线局域网航班，并在北京首都国际机场进行了无线局域网航班验证飞行，由此成为国内首家获得民航局无线局域网航班运营许可的航空公司。

在浩渺的星空，载人飞船、遥控卫星和运载火箭等飞行器遍布太空，与点点繁星相映生辉。载人宇宙飞船技术的研发并试飞成功，使人们一直以来遨游星空的梦想成为了现实，一些超级富豪将征服太空成为宇宙人作为顶级奢华标志，一些超级富豪愿意投入巨资以享太空旅行体验，这种现象在美国、加拿大等发达国家十分普遍，甚至发展成为一种产业。若未来能向民用方面进一步转化，其媒体覆盖面和影响力，受众范围也会随之扩大。

2013 年，荷兰非营利组织“火星一号”单程旅行计划推出，在全球海选数人前往火星，为全球探险者描绘出一幅逐步建立他们新定居点的美好蓝图。据称，这一组织在两周内收到大约 7.8 万份移民火星的申请。这一大胆构想（有人斥为骗局），远远超出了传统星空媒体产业的意境。“火星一号”创始人兼首席执行官巴斯・兰斯多普说，“这正在变成有史以来最受欢迎的工作”，从现在情况看，有望实现收到 50 万份申请的目标。

“火星一号”计划 2023 年运送 4 人前往火星，使他们有去无回成为这一星球的永久居民，此后每隔两年运送更多人前往火星。“火星一号”估算，先期运 4 名定居者上火星可能耗资 60 亿美元。全球应征火星居民的热情迄今高涨。“火星一号”说，应征者数量最多的是美国，已有 17 324 人应征，其次是中国 10 241 人，英国 3 581 人。应征者数量排前十的其他国家分别是俄罗斯、墨西哥、巴西、加拿大、哥伦比亚、阿根廷和印度①。

二、未来发展趋势

1. 渠道更加多元

随着世界各国对新媒体产业的投入加大，各种新型传输特别是航空航天通信

① 参见佚名：万余中国人报名“移民”火星，登陆后将难返地球，《新京报》，2013 年 5 月 10 日。

技术日趋成熟，软硬件水平迅速提高，发展星空媒体的技术支持已经具备，为开发、打造星空广播、星空电视和星空网络等多元化的星空媒体渠道创造了条件。

2005年，波音联接首推了“空中电视”业务，后与世界各大航空公司纷纷开展合作，使飞机上的乘客可以通过笔记本计算机就可以收看到卫星电视节目。随着越来越多的国家将信息传播的竞争舞台瞄向星空，越来越多的卫星电视台也将更加注重空中电视的开发，专门为星空媒体的高端受众提供与一般大众不同的电视节目，将在不远的将来成为现实。未来的空中乘客，将可以接收更多的卫星电视频道，欣赏及时快捷的丰富节目。

空中广播是未来星空媒体的重要形式。现在飞机上都配有星空广播，但其作用仅停留在通知旅客登机着陆等信息，功能并没有全面开发出来。未来的空中广播，可以提供更加丰富多彩的信息娱乐节目，并且细分受众，按节目类型设置不同的频道，为受众提供专门的空中广播耳麦，旅客背靠在座椅上就可以悠闲享受广播节目。

网上冲浪是星空媒体受众重要的娱乐方式，网上海量信息能够满足各种人群的信息需求。商务人士可以通过上网浏览最新商务信息，收发电子邮件，处理公司事务，政府官员可以了解最新新闻事件，旅游休闲人员可以获得最新资讯，欣赏各种娱乐节目。有资料显示，目前在美国已经有1 200多架民航飞机可以为旅客提供上网服务，约占美国干线飞机总数的三分之一。有报道说，美国西南航空公司的Wi-Fi服务已经覆盖到整个机队。这表明，空中上网技术现在已经比较成熟。当下IT技术的进步非常快，而且有一个很重要的特点就是一旦这种东西研发成熟以后，它的产业化过程也是很快的。

空中上网可以提高民航公司自身的竞争力，尤其是对高端的商务客户，其对及时接受信息这方面的需求比较高，如果能够在有限的机舱里，无限的自由翱翔于网络世界，航空服务就跃上一个大台阶，竞争力自然大大提高。

另外，机舱本身就是小型的社区，经常因为工作需要而飞行的人群，可以构成一个更大的社区，所以说一些基于社区的应用，可以在机舱内部的网络当中也找到一个支点，基于这样的机舱社区，是否有可能会延伸出相关的一系列的产业链，值得关注和期待[①]。

2. 内容更加专业

未来的星空媒体产业，将由更为专业的集团公司经营管理，一改当下大多飞机信息传播宽泛杂乱的局面，讲求各种星空媒体和在不同地域空间的星空媒体的内容独特而且专业。可以预见，星空媒体的专业化制作团队、运营团队和管理团

① 参见陈宪：航空局域网利于提高民航及相关产业竞争力，中国网新闻中心，2012年10月17日。

队将各司其职，各展宏图。

超高远星空媒体将越来越丰富多样，飞船广告以及相关衍生产业前景辉煌，而且将朝着专业化的高精尖方向发展，这需要经营管理、艺术设计、法律法规等方面的专业梯队跻身其中。

从进入到星空传媒的第一链条——民航巴士开始，可以在不同线路设计不同的节目内容，往返线路都会有所区别。在不同城市的机场候机大厅，应该设计风格差异化、内容地域化、民族化的节目形式和节目内容。相对封闭的贵宾候机厅和敞开式候机大厅，也可以考虑不同的节目形式和节目内容，以满足差异化需求，实现产业利益最大化。

进入机舱之后，星空媒体要充分考虑到不同的时间和空间中不同类型的受众存在着不同的情感和信息需求，区别对待星空媒体受众的公共消费型、自我娱乐型和集体互动型的需要。公共消费型是一对多的传播方式，如机上的座椅枕套广告、餐饮小推车广告、登机牌、飞机登机着陆时播放的空中广播等，受众不分性别、年龄、职业的限制，都可以接收到这种传播形式。未来的星空媒体在进行此类传播时会更加人性化，如多提供一些实用的资讯信息，使受众在愉悦的气氛下主动关注和接受公共消费型信息。

自我娱乐型是指旅客可以自娱自乐，独自一人欣赏喜爱的音乐、电影，也可网上冲浪。这种传播是目前星空媒体主要的传播形式，具有个性化特征，需要媒体在内容上做到包罗万象、丰富多彩，使受众有较大的选择空间，同时开展与其他影视音乐、影视集团的合作，使节目内容更加时尚，独具特色，增强受众吸引力。

集体互动型是指受众通过光纤电缆、网络等实现与他人互动，共享信息与娱乐。这种传播一般是多对多的方式，如机上旅客间通过联机一起聊天、办公、玩游戏等。这种传播具有极强的互动性，是未来星空媒体重要的发展内容，可以改善网络联接环境和功能，提供可供集体互动的网上聊天社务等，使受众能真正享受到与地面相同甚至是超值的服务体验。

3. 产品更加多样

星空媒体产业的开发，不仅仅停留在民用航空飞机的窄小空间里，不仅仅局限于机场巴士和相关的报纸杂志等纸质媒体开拓，而是要向商业飞机、私人飞机乃至更为广阔的宇宙飞船进发，覆盖更为广阔更为高端的受众人群，围绕星空传媒的产业链将更为丰富，产品更加多样。太空传播、太空食品、太空旅游和太空教育等将逐渐走入人们日常生活，共同形成充满想象力的太空经济。

未来的星空媒体集团必然向传统媒体领域进军。星空电视台、星空广播电台的概念已经被不断提及，相应的电视频道广播频率已在运筹帷幄之中，可望通过合作、收购和合并等方式进行媒体资源整合，打造传媒产业化集团。在这一方面，航美集团走在前列，2009年航美传媒集团开始进军传统媒体，并将在航空媒体的市场份额方面、市场战略方面实现大的突破。通过掌握更多的媒体形式，为客户提供一站式的服务，为客户降低采购成本，以实现和客户的双赢。星空媒体产业涉入传统媒体，从服务流程到服务内容进行集成、整合，实现一站式服务，更好地为受众服务，同时实现资源利用的最大化，媒体价值的全面提升。

据统计，航天科技1美元的投入，将换来7～12美元的回报。航天科技又被称为技术金矿，它对技术的拉动和对经济增长的带动，远远高于人们的想象。”中国航天科技集团公司总经理马兴瑞说，“我们发射一颗卫星，价值不仅仅是卫星研制、发射服务所带来的，还有运营服务和地面维护服务，这一链条带来的价值不可小视。”

1961年，美国“阿波罗”计划开始实施，到1972年结束时花掉了240亿美元。但谁都没想到，240亿美元随后带来了高达几千亿美元的民用市场。

“不仅仅只是摆在超市里的太空稻米、太空蔬菜，太空经济是未来经济新的增长点，并将从各个方面极大改变我们的生活。”在中国航天科技集团公司系统科学与工程研究院院长王昆声看来，凡因人类航天科技诱发的经济活动，皆属太空经济，它涵盖通信、金融、医疗、国防、太空旅游、太空资源开发和能源利用等诸多领域。

航天科技是社会经济与科技进步的“发动机”，将不断促进生产力的发展。它对转变经济发展方式、寻找新的增长点以及国家科技创新，都有至关重要的意义。

太空经济将成为未来10年、20年乃至更长时间中国经济又一有力的推进器。航天科技对相关产业有着明显的促进和带动作用。中国近年来开发使用的1 100多种新材料中，80%是在航天技术的牵引下完成的。目前我国已有2 000多项航天技术成果移植到国民经济各个部门，民用航天产值已占据航天总产值的半壁江山，投入产出比高达1∶10。

这架经济发展的“倍增器”正在释放着巨大的能量。粗略估计，由我国航天产业所辐射出来的产业链价值，已经达到1 200亿元的规模。仅卫星领域而言，卫星广播电视教育使我国几千万人通过这所“空中学校”接受培训，直接节省资源可折合数百亿元。矿产、地质、铁道、桥梁等部门利用资源卫星进行勘察，节约的资源和所取得的收益都相当可观①。

2013年6月20日10时许，我国首次太空授课举行。王亚平向中国人民大学

① 参见2012年6月27日，人民网。

附属中学和全国 8 万余所中学 6 000 余万名师生在神舟十号飞船上展示了失重环境下物体运动特性、液体表面张力特性等物理现象。

数据表明，目前全球航天产业总收入中，来自商业部分的贡献已达 60%以上。与之相比，中国航天产业却显得有些步伐缓慢。中国航天产业经济收入在全球占比仅为 3%左右。中国航天产业目前仅处于产业化阶段，远谈不上商业化。因此，我国星空传媒产业前景极为广阔。

第七章　动漫游戏产业

电子游戏诞生在20世纪60年代的美国，目前美国主流的游戏机是微软的Xbox360，软件生产商主要有EA、Activision-Blizzard等。动漫是指以“创意”为核心，以动画、漫画为表现形式，渗透于图书、报刊、电影、电视、音像制品、舞台剧、计算机和各种移动互联网等基于现代信息传播技术手段的新型艺术，其相关产品的开发、生产、出版、播出、演出和销售，以及与动漫形象有关的服装、玩具、电子游戏等衍生产品的生产和经营的产业，即动漫产业。鉴于动漫游戏时时互相耦合，相互交叉渗透，产业发展往往难分彼此，在很多国家和地区一般统称为动漫游戏产业。

动漫与游戏贯穿新媒体产业的方方面面，是网吧产业、电脑媒体产业和移动互联网产业等的主要支柱。网络动漫与网络游戏的更新换代，驱使一批又一批网络动漫游戏爱好者前赴后继，“欲与天公试比高”，或“武林争霸”，或“魔兽争雄”。

截至2011年6月，包括单机游戏和网络游戏，全球的电子游戏产值达到650亿美元。如果再加上动漫产业，全球的电子游戏和动漫产业总产值应该在1 000亿美元左右。其中，美国动漫游戏产业占全球总值约为40%。2005—2012年，美国数字游戏产业的增速是其经济增长速度的9倍。2007年，美国的电子游戏产业收入达到了95亿美元，2008年为117亿美元，2011年达到250亿美元，数字游戏产业已成为美国文化产业发展最快的领域①。

中国的网络游戏产业从2001年3亿元的市场规模增长到2009年人民币271亿元，过去5年网游行业保持了52%的年复合增长率，2011年中国网络游戏的销售业绩达到人民币428.5亿元（这一数据与日本的70亿美元基本持平），比2010年增长34%。

电子游戏在创造巨额经济效益的同时，还成为增强一国软实力的重要因素。在西方国家已经诞生了“游戏学”（Ludology）这一结合了传播学、计算机科学、

① 李乾清：美国数字游戏产业成为市场黑马，《中国文化报》，2012年11月30日。

心理学、叙事学和艺术学等学科的新兴学科[①]。在中国，为了应对快速增长的动漫产业发展，全国很多高校纷纷成立动漫学院或数字媒体艺术学院，以满足专业市场的人才需求。

第一节　中国动漫游戏产业

动漫游戏产业是中国最具发展潜力的新兴产业之一，也是中国政府重点扶持的文化产业，现在正在成为新的经济增长点。截至 2010 年年底，中国活跃大型网络游戏用户规模为 1.1 亿人，比 2009 年增长 4 069 万人，增长率为 58.7%。另据来自国家新闻出版总署的统计数据，2011 年我国网络游戏市场实际销售收入达到 428.5 亿元人民币，比 2010 年增长 32.4%。其中，民族原创网络游戏收入为 271.5 亿元人民币，同比增长 40.7%，占市场实际销售收入的 63.4%，连续 7 年占据市场份额主导地位。

一、中国动漫游戏产业的产生

2004 年以来，文化部先后批准了上海、四川、大连三个国家动漫游戏产业振兴基地，主要开展动漫游戏产业的培训、研发、产业孵化与国际合作。基地的建设目标不是为企业挂牌，而是使之成为我国动漫游戏产业的孵化器，强调导向性和示范性。此后几年，又在长沙、无锡建立了动漫产业基地。

几乎同一时期，国家广播电影电视总局批准在深圳、大连、苏州、无锡、长影集团、江通和上海美术电影制片厂、中央电视台中国国际电视总公司、三辰卡通集团、中国电影集团公司、湖南金鹰卡通有限公司、杭州高新技术开发区动画产业园、常州影视动画产业有限公司、上海炫动卡通卫视传媒娱乐有限公司、南方动画节目联合制作中心等建立了 15 家国家动画产业基地，以及中国传媒大学、北京电影学院、吉林艺术学院动画学院、中国美术学院等 4 所国家动画教学研究基地。

2005 年 7 月，文化部、信息产业部联合印发的《关于网络游戏发展和管理的若干意见》(以下简称《意见》) 提出发展和管理并重，着力提高原创水平。其中的第三条特别强调了“国产原创”的重要性，“要以科学发展观来指导和检验网络游戏发展和管理工作，既清醒地认识到网络游戏存在的问题，采取措施、加强监管，努力解决现存的问题，为广大未成年人营造和谐的网络文化环境，又充

① 薛强：美国、日本和中国三国电子游戏比较研究，人民网-游戏频道 2012 年 10 月 17 日。

分重视网络游戏的积极作用和产业价值，立足长远，支持民族原创网络游戏产业的发展，使内容健康向上、形式丰富多彩的网络游戏产品居于国内市场的主流，民族原创网络游戏产品尽快占据国内市场主导地位，适时进入国际市场，网络游戏市场经营行为得到有效规范，知识产权得到普遍尊重，法制管理体系基本完备，打造一批具有中国风格和国际影响的民族原创网络游戏品牌。”

2007 年，中国网络游戏以《征途》、《魔兽世界》、《大话西游》、《劲舞团》、《跑跑卡丁车》、《泡泡堂》、《劲乐团》、《超级跑跑》、《QQ 堂》、《街舞区》和《QQ 音速》占据主要市场份额。

二、中国动漫游戏的发展

时过境迁，90 后的胃口在变。三国杀在风火经年之后，慢慢冷却。日历翻到 2013 年时，在网吧里面的网络游戏已然“穿越”。首先，腾讯科技凭借其科技创新能力和在 QQ、微信等的网络号召力，加大了网络游戏的投入力度，成为了网吧游戏的最大赢家。腾讯游戏创作的“穿越火线”、“地下城与勇士”、“QQ 飞车”和“QQ 炫舞”等，一直是 2013 年各家网吧游戏排行榜的前十名。由 17173 网吧联盟进行线上统计，联合几大媒体与网维、易游、讯闪等网吧游戏更新软件厂商更新软件，通过对近 12 万家网吧的游戏客户端的监控信息，共同打造的权威“网吧游戏排行榜”，前十名有一半来自腾讯游戏的杰作，“快吧”联合 131 游戏之家推出的“网吧热门游戏排行榜”前十名，只有排名靠后的三款游戏非腾讯游戏所制作或者代理（见表 7.1）。

表 7.1　2013 年我国网吧最热门的网络游戏

131 快吧	制造商	17173 网吧联盟	制造商
穿越火线	腾讯游戏（代理）	穿越火线	腾讯游戏（代理）
地下城与勇士	腾讯游戏（代理）	地下城与勇士	腾讯游戏（代理）
英雄联盟	腾讯游戏	QQ 飞车	腾讯游戏
QQ 飞车	腾讯游戏	QQ 炫舞	腾讯游戏
QQ 炫舞	腾讯游戏	反恐精英	世纪天成
逆战	腾讯游戏	梦幻西游	网易游戏
反恐精英	世纪天成	劲舞团	久游
御龙在天	腾讯游戏	跑跑卡丁车	世纪天成
梦幻西游	网易游戏	战地之王	腾讯游戏
梦三国	电魂科技	街头篮球	天游

排名 2013 年我国网吧最热门的网络游戏冠、亚军为《穿越火线》和《地下

城与勇士》，恰好也是2011年发布的《中国十大收入网游排行榜》中的龙头，由腾讯代理的这两款韩国生产的游戏，分别凭借54.6亿元和29.5亿元人民币销售业绩盖住了中国本土企业的风头。排名前十名的作品中，有四部是来自韩国，劲显“韩风”劲吹，也反映出中国网络游戏在创意、艺术表现、文化挖掘和市场运作等方面的欠缺。网易旗下的《梦幻西游》则以27.6亿元人民币的营收夺得季军，随后4～10名的产品分别为《天龙八部3》(23亿元)、《传奇》系列（22.7亿元)、《龙之谷》(15.8亿元)、《魔兽世界》(14.4亿元)、《诛仙前传》(13.5亿元)、《征途2》(9.8亿元)、《问道》(8.5亿元)。

三、中国网络游戏产业链构成

目前，我国网络游戏产业链主要由开发商、运营商和渠道商三大主体构成。其中开发商处于产业链最高端，对产业发展起到主导作用，也是产业链中附加值最高的环节。运营商是整个链条中最主要的资金流动环节，同时也是风险最高的环节。渠道商作为联结运营商与最终用户的中间环节，对网络游戏价值的最终实现非常重要，但目前其经营状况普遍不佳。

网吧通常在产业链中扮演两个角色：一是介于互联网接入服务提供商与最终用户之间，为游戏玩家提供上网服务；二是兼作行销网点，处于网络游戏销售渠道的最末端。在旧的产业链条中，处于散乱状态的网吧业并没有明确的地位，也没有受到相应的重视，网吧联盟多数只是作为运营商游戏推广的一种手段并没有系统地管理，网吧资源不能得到充分地挖掘和有效地利用。连锁网吧的出现，将改变网吧在产业链中的地位和作用，甚至引发产业链的蜕变。

通过连锁经营，网吧将形成区域性乃至全国性的大规模销售网络，在全国各地组织形成上万家网吧的连锁店，功能上也不仅局限于提供上网服务，还增加了多种增值服务。

连锁规模的扩大和覆盖率的提高，为连锁网吧发展成为专业的渠道商提供了良好的基础。网吧除集传统实卡销售和网吧虚拟点卡销售于一体之外，还能够将经营范围拓展到游戏软件以及相关产品的销售。各种主题网吧的出现，也能够吸引更多类型的人群参与到网络游戏中，甚至出现针对特定人群和特定网吧的“主题游戏”。更重要的是，对于运营商而言，无需在全国各省市寻找总代理，而直接与一两家连锁网吧合作便可形成遍及全国的“一条龙”销售体系，减少了价值链中分销渠道的环节，提高了利润空间。

由于连锁网吧逐渐取代了传统渠道商，确立了其在网络游戏产业链中的重要地位，并逐步显示出其在网络游戏推广中的强大优势。网吧直接面向网络游戏的受众，是游戏推广的重要阵地，而连锁网吧的出现更加有利于推广活动的规模化、正规化。开发商通过连锁网吧，便可直接在全国各个地区组织系列推广活动，这也将是连锁网吧作为渠道商所提供的增值服务之一。

随着开发商与运营商的逐渐合一，连锁网吧直接负责游戏推广和渠道，网络游戏产业链将通过以开发和市场两个主要价值增值点为中心的纵向整合，逐渐由原来的三元结构变为更加便捷的二元结构。据此，网络游戏经营更加规范，厂商的盈利能力和盈利水平有所提升，迎来中国网络游戏产业发展的新高潮①。

第二节　美国动漫游戏产业

支撑美国数字游戏产业快速发展的，是全美乃至世界范围内一个庞大的游戏迷阵营。据游戏设计师简·麦克尼格尔介绍，地球上有 5 亿人每天玩游戏 1 小时，其中 1.83 亿人来自美国。许多人可能以为电子游戏是孩子们的最爱，但 1/4 的美国游戏玩家年龄超过 50 岁。

自 2007 年金融危机爆发以来，美国文化产业同其他产业一样未能幸免于难。但数字游戏产业却利用美国民众收紧钱包缩减高端文化消费之时，把握商机，一举成为美国文化产业新的增长点。根据美国市场调查分析及研究机构 NPD Group2010 年 1 月 15 日的调查数据显示，美国视频游戏行业的销售收入为 196.6 亿美元，包括游戏硬件、软件和外设产品，不过相比 2008 年的 214 亿美元营收降低了 8%。游戏机、PC 游戏软件市场共营收 105 亿美元，其中 PC 游戏软件行业的销售收入是 5.38 亿美元。

像其他多种娱乐产业一样，美国游戏产业主要实行行业自律管理。在游戏的出品和销售两个层面都分别有着各自的全国性行业组织。游戏出品商的全国性行业组织是总部位于华盛顿的“娱乐软件联合会”（Entertainment Software Association，简称 ESA，原名“互动数字软件联合会”），该联合会成立于 1994 年，为非营利性机构，其成员包括了电子艺术、微软、索尼电脑娱乐、威旺迪游戏等游戏行业巨头，可以说代表了美国游戏市场的主体企业。在美国人眼中，游戏是重要的休闲娱乐工具之一，是创新的灵感和源泉，而美国游戏市场以发行商为主的产业链展开。

一、游戏是重要的休闲娱乐工具

在一项针对美国民众关于游戏消费情况的调查结果显示，大约有 63% 的美

① 参见曾静平，项仲平等著：《网络文化概论》，陕西师范大学出版总社，2013 年 6 月第 1 版。

国人喜欢玩游戏，多数人都把游戏看成是一种能够有效减小压力的娱乐方式，几乎所有的美国人都认为玩游戏能够让家庭关系更融洽，很多人都喜欢与同学、朋友、亲人一起玩游戏，这样能够得到更大的乐趣。

美国娱乐软件协会（ESA）发布的研究报告显示，在2011年，72%的美国家庭都拥有游戏机，玩家的平均年龄并不是人们想象中的青少年，而是37岁，甚至有29%的玩家在50岁以上。有33%的玩家表示玩游戏是他们最喜欢的休闲娱乐活动，而统计得出的游戏买主的平均年龄高达41岁。玩家们选择游戏主要集中在：游戏的画面质量、游戏故事情节、是否是喜欢游戏的续集以及游戏口碑状况。其中，52%的购买者是男性，48%购买者是女性。在美国，有19%的玩家倾向于玩网络游戏，而在线游戏中，最受美国玩家喜爱的是拼图、纸牌、以及小游戏类型。策略、体育、角色扮演类居其次。但是美国的移动游戏领域发展势头迅猛，有55%的美国玩家热衷于用手机或其他手持设备玩游戏。

ESA的研究报告还显示，在美国有91%的父母自己也在玩游戏，有86%的孩子在购买游戏之前得到了父母的允许。有90%的父母愿意为孩子们玩游戏买单，68%的父母已经开始相信游戏是可以提供教育功能的，57%的父母认为游戏可以促进家庭关系和谐进步，54%的父母觉得游戏能够成为朋友间联系的纽带。这比5年前家长们对游戏的理解要积极很多。家长们在对游戏的限制上，比对互联网、电视、电影方面的限制要多很多。娱乐软件分级协会（ESRB）也受到了父母们的高度赞扬。86%的父母都了解游戏分级。

二、游戏是创新的灵感和源泉

今天的游戏设计者正试图对数字游戏产业进行特别的延伸，将数字游戏元素融合到影视、出版、IT甚至制造业当中。因为自2007年年底金融危机爆发以来，以资本、原材料或劳动力为核心要素的物质生产出现明显衰退，而具有知识密集、创意驱动和高附加值等特征的文化产业却呈现出更强的可持续性。数字游戏产业作为美国新兴文化产业的代表，现在不仅服务于消费，更开始服务于生产。

现代个人计算机的许多进步和创新都归功于游戏产业，如声卡、显示卡和图形处理器，CD-ROM和DVD-ROM驱动器等，UNIX和CPU也有一些较为显著的改善。部分特别开发的UNIX可以让程序员玩太空旅行游戏。

现代游戏对PC资源的应用最为苛刻。许多玩家购买大功率的个人电脑为的是用最快的设备运行最新最先进的游戏。因此，CPU发展的部分原因是游戏产业比商业或个人应用需要更快的处理器。

声卡起初是为游戏添加数字音频而开发的，后来才用于音乐和高保真。早期显卡的开发是为了显示更多的色彩，后来则用于图形用户界面（GUI）和游戏。图形用户界面促进了高分辨率的需求，游戏促使了3D加速诞生。显卡还是唯一允许多个连接的硬件（如SLI或者CrossFire的显卡）。CD-ROM和DVD-ROM的开发一般用于媒体的大容量存储，而廉价的大容量媒体信息存储能力催生了更高的读/写速度。

三、美国游戏市场以发行商为主

美国游戏产业所建立的市场，是以发行商为核心的商业链条。发行是美国游戏产业链的核心环节，其风险最大，利润也最高。发行商在投资开发时通常采用版税金预付的方式，投资后发行商获得对该项目一定的控制权，资金并非一次到位，而是安排专门的项目经理监控游戏的开发进度，根据进度注入资金，如果开发状况与预期偏差太大，发行商可以要求返工或终止投资。母盘制作完成、开发工作结束后，发行商通常还要承担本土化、生产、市场推广、公关、分销等后续工作。

发行商支付给开发商的版税率，通常在15%～25%，低可至10%，高可达45%，这一比率通常以产品的净营业额为基础。版税率的高低一般受到发行商的投资额度、产品潜在销量、知识产权归属等因素的影响。通过版税金预付的方式，开发商降低了风险，但回报也相应变小。这种商业模式使得众多开发企业甚至小的开发团队没有经营方面的后顾之忧，有助于规避不必要的风险，令其能够将全部精力投入游戏开发这一最重要的任务上。而发行商在承担巨大风险的同时，也能够享受到少数极为成功的产品所带来的巨大收益，使产业良性循环下去。

第三节　英国动漫产业

动漫是英国创意产业和技术发展扩展最为迅速的领域之一，其劳动力构成涉及创意和传媒产业的许多分支，正在国际上获得越来越高的声誉。英国目前有300多家动漫企业，全国雇员为4 700人左右。全英各地均有特征鲜明且运作成功的动漫生产制作中心，包括布里斯托、卡迪夫、邓迪、伦敦和曼彻斯特。这些地方聚集着大量高水平的动漫人才。

在英国，动漫产业归类于创意产业。1997年5月，时任英国首相布莱尔推动成立“创意产业特别工作组”时，创意产业就被明确提出作为一种国家产业政策和战略规划。布莱尔亲自担任工作组主席，设立创意产业局，负责包括动漫产业在内的产业扶持和产业规划。英国创意产业特别工作组将创意产业定义为："源于个人创造力、技能与才华的活动，通过知识产权的生成和取用，这些活动可以发挥创造财富与就业的成效。"从英国政府确认的13个行业来看，当时虽并未直接提到动漫产业，但是根据创意产业的定义，动漫产业无疑属于创意产业的范畴。作为老牌的工业国家，英国已经清楚地意识到依靠包括动漫产业在内的创意产业进行产业结构转型的必要性和可行性。可以说，在21世纪前夕，英国政府将动漫产业列入国家着力发展的产业类别是十分明智的。8年时间，创意产业局就在英国培育了12万家创意企业，每年产值高达600亿～700亿英镑。创意产业相关从业人员，竟占全英国就业人口的一半。对于动漫产业，政府一方面大力扶持；另一方面严格监管，其中一个重要的原因就是动漫产品对未成年人影响巨大。

英国动漫产业雇员中，大学毕业生占四分之三以上，硕士研究生占三分之一以上，远远高于高等教育劳动人口在英国劳动力人口总数中的平均比例。为迎合市场需求，这些动漫人才拥有全球领先的最新数字技能。英国的许多动漫工作室在一系列专业领域内拥有全球公认的专业技能。其中，学龄前故事和设计动漫尤其令英国引以为傲，如广为热播的多媒体定格动漫连续剧《查理与罗拉》(由Tiger Aspect Production制作)和《小羊肖恩》(由Aardman Animations制作)。

在英国，有一些世界顶级公司专门为影片提供计算机生成视觉效果，如Double Negative公司。在该公司众多作品当中，《哈利·波特》系列尤为世人所熟知。英国动漫公司开发和使用先进技巧与技术的能力越来越为世人所瞩目。比如DMS的创建者Natural Motion公司就实现了在3D角色动漫领域的突破。

以牛津大学的研究为基础，DMS将人工智能、生物学和动态模拟结合起来，创造出了高质量的实时3D角色动漫。Trunk Animation也是一个处于业界领先地位的公司，他们利用2D和3D计算机辅助技巧创作出了新颖并且引发整个视觉产业思索的作品。

英国动漫产业的另一个助力因素在于经常举行各种重量级的动漫产业活动，比如两年一度的英国动漫奖，覆盖到了英国动漫领域的方方面面，还有一年一度的鲁钝国际动漫节等。鲁钝国际动漫节是全球最大的动漫节，每年夏天都展出来自全球30多个国家的2 000多个动漫作品，在其持续一周的活动时间里放映360部电影。

第四节　日韩动漫游戏产业

随着数码技术的发展，"内容产业"渗透到日本的各个领域，动漫和游戏已经成为日本娱乐产业的中流砥柱，每年有数以千计的动漫电视节目和几十部动漫影片问世。

一、日本动漫产业规模及开发推介模式

近 20 年来，没有一个国家像日本那样，疯狂大赚电子游戏的钱。从 20 世纪 60 年代初的街机，到六七十年代之间的家用游戏机，再到八九十年代的掌上游戏机，日本经过 50 多年的耕耘，终于把电子游戏这棵“摇钱树”，培育成第一时尚娱乐产业，垄断全球业界长达 10 余年。对日本来说，电子游戏产业是国家经济的重要支柱之一，在 GNP 中占有 1/5 的举足轻重地位。日本游戏业在最辉煌的 1998 年，曾经占领全球电子游戏市场硬件 90％以上，软件 50％以上。

Media Create2009 年 12 月 31 日公布的一组游戏产业数字显示，2009 年日本游戏业市场界中，硬件市场为 2 208 亿日元，是 2008 年的 84.7％，软件市场为 3 504 亿日元，是 2008 年的 96.4％。

日本动漫产业的向外延伸，依靠的是屡试不爽的“免费”手段。日本外务省利用“政府开发援助”中的 24 亿日元“文化无偿援助”资金，从动漫制作商手中购买动漫片播放版权，并将这些购来的动漫片无偿地提供给发展中国家的电视台播放，使不能花巨资购买播放权的发展中国家也能够播放日本的动漫片。但对这些发展中国家来讲，这种“免费的午餐”只是暂时的，等到其对日本动漫产品形成依赖后，从免费到低价位再到正常价位，这一营销策略将会逐步实施。

日本游戏公司的开发体制基本上是三三模式，即所有游戏开发部门分为三级，新进人员和能力一般的开发人员集中在若干小型游戏开发部门，开发投资较小的普通游戏，从中培育和发现游戏开发人才；然后资深的开发人员组成更具实力的中型部门，负责制作在市场上有一定知名度的游戏；最后则是集中公司最优秀人才的大型制作部门，通常由公司最优秀的王牌游戏设计师担纲制作人，总负责游戏的开发，而这类王牌制作人都是凭着其作品出色的市场表现，从游戏策划升到游戏监制再升到游戏制作人。日本几乎所有著名游戏公司都采用这个行之有效的筛选机制，从这个机制出来的游戏设计师，都是业界的精英，也是创作出人气大作的游戏作品的保证。日本公司对这些天才往往不惜巨资，他们的年薪通常都是以百万美元计。如由著名游戏设计师铃木裕负责开发的超级游戏大作《莎木》，世嘉公司投入了 5 000 万美元的巨资，开创了全世界游戏软件开发费用的新纪录，毫不逊色于好莱坞大老板们拍电影时的大手笔。

二、韩国从文化战略产业高度发展动漫产业

1998 年，韩国明确提出“文化立国”的方针，将包括动漫产业在内的文化

产业作为21世纪发展国家经济的战略性支柱产业。为此，韩国政府出台了《21世纪文化产业的设想》，制定了《文化产业发展五年计划》、《文化产业发展推进计划》。计划用五年时间，把韩国文化产业的产值在世界市场的份额由2001年的1%扩展到5%，海外出口额增加到100亿美元。

2003年，韩国文化观光部制定了《漫画产业发展中长期计划（2003—2007年）》。该计划提出：至2007年，韩国漫画制作规模要达到5 000亿韩圆，消费市场达1兆韩圆，使国产漫画市场占有率提高到70%，销售市场与借阅市场各占40%和60%，出口占10%。

2006年1月4日，韩国的文化观光部又发表了《动画产业中期增长战略》，提出了新的目标，将每年只有3 000亿韩圆的韩国动画市场规模在2010年之前提高到1兆韩圆。为此，韩国政府在2006—2010年间投资764亿韩圆（约7.36亿元人民币）。

为实现"文化立国"，发展新媒体产业，韩国政府还出台了《国民政府的新文化政策》、《文化产业振兴基本法》、《文化产业促进法》等法律法规。其中，《文化产业振兴基本法》是韩国政府第一部有关文化产业的综合性法规，很多条文与动漫产业相关，比如，这部法规首次正式把漫画列入文化产业范畴，为政府对漫画产业的支持提供了法律依据。另外，韩国还修订了《广播法》、《影像振兴基本法》、《著作权法》和《电影振兴法》等相关法律条文。这些法律条文一方面明确了动漫产业的产业性质，为其健康发展提供了有力的法律保障。

为了给动画产业提供良好的生存发展空间，韩国政府对国产动画片与进口动画片在本国电视台的播放比例进行了详细的规定：韩国动画片占45%，外国动画片占55%。此外，任何一个外国国家的播放额度，不能超过外国动画片播出总量的60%，这主要是为了防止日本动画片充斥电视荧屏。在这样严格的规范下，目前韩国电视媒介上，韩国动画片、日本动画片和其他国家的动画片的播放比例分别是45%、33%和22%。为了防止动画片在电视上的播出时段缩小甚至消失，韩国政府修订了《广播法》，从2005年7月起，采用本国动画片义务播放制，各电视台要保障用总时间1%～1.5%的时间播放本国动画片，这使韩国动画片有了稳定的国内市场。

除了规范性政策，韩国政府还对动漫产业实施了一整套激励机制。2002年，韩国游戏动画业分别评出了15和12个获奖产品和单位，"国务总理奖"（大奖）为最高奖项，奖金1 000万韩圆，"文化观光部长官奖"（优秀奖）奖金500万韩圆，"特别奖"奖金300万韩圆。为了提升本国原创能力，增强在国际竞争中的实力，韩国政府加大了奖励力度，2003年，文化观光部把"国务总理奖"升格为"总统奖"。

动漫游戏产品的对外出口，是韩国动漫游戏产业发展的重点，为此，韩国政府于2002年设立"出口优秀奖"，奖金500万韩圆。除了丰厚的奖金外，国家还为获奖单位提供国内外经营出口的多种优惠。韩国知名的《流氓兔》，因为在销售及许可业绩、消费者喜欢度、构思和质量水平等几个方面的评估中深受好评，连续两年被授予"大韩民国卡通造型大奖"。韩国三维动画片系列《小企鹅 PORORO》也因孩子们的喜爱而赢得政府最高奖。这些奖项，不仅给了动漫从业者莫大的鼓励与支持，也扩大了这些获奖动漫产品在国内外的知名度，为其进一步拓展市场创造了有利条件。

据韩国 CONTENTS 振兴院 2010 年 9 月 20 日公布的一项统计结果，截至 2009 年年底，韩国共有游戏公司 4 573 家。其中有 56.1%公司在开发网络游戏，手机游戏约占 29.3%，有 12.7%公司同时开发多个平台的游戏，包括网络游戏和手机游戏或者网络游戏和单机游戏等。

据韩国文化体育观光部和韩国通信振兴院联合公布的《2010 年韩国游戏产业白皮书》，2009 年韩国游戏产业全球销售额达 56.7 亿美元，同比增长 17.4%。其中，网络游戏销售额 32.0 亿美元，占比 56.4%；网吧游戏销售 16.7 亿美元，占比 29.4%；音像游戏销售 4.5 亿美元，占比 8.0%。从出口国家销售占比情况来看，中国 34.9%、日本 26.5%、美国 12.3%、中国台湾 8.3%、欧洲 8.2%和东南亚 6.7%。

韩国游戏产业的发展得益于政府的扶持。韩国政府不仅给游戏产业以正确的定位和引导，更是将其和本国经济发展紧密地联系到一起，做了很多市场培育方面的工作，如政府每年向游戏产业投入的资金多达 500 亿韩元，并为游戏企业提供长期的低息贷款，建设游戏产业基地以扶持中小游戏企业的发展等。

在韩国，从制作到运营，一个网络游戏公司起步门槛较低，主要得益于政府实行的援助计划。此外，在有利的政策形势下，韩国出现了众多的游戏院校，一些原本不涉足此领域的大学也开设了游戏相关专业课程，以大力培养游戏专业人才，从而为游戏生产提供了基础保障。

韩国动漫领域具有分级制度，这种分级制度是一种政府行为。韩国设有专门负责电影与游戏内容分级管制的机构——"韩国媒体评等委员会"（Korea Media Rating Board，KMRB），这是仿效美国"娱乐软件分级协会"（Entertainment Software Rating Board，ESRB）的产物。针对韩国国情，KMRB 的分级比 ESRB 更为保守。具体来说，它分为全年龄、12 岁以上、15 岁以上与 18 岁以上几个级别。

为了保障分级制度的有效运行以及保护玩家在网上的虚拟财产不受侵犯，韩国政府实行了网络游戏实名制。此外，韩国政府还制定了游戏企业的延伸责任制，如果玩家因玩某个游戏出现了诸如自杀等问题，企业应承担相应的赔偿责任。这样一来，游戏企业在开发、销售其产品时就不得不考虑其社会效益。

第八章 移动互联网产业

移动互联网是以移动通信和互联网的融合为技术基础，以笔记本计算机、手和 PAD 为应用终端，旨在满足人们在任何时候、任何地点、以任何方式获取并处理信息需求的一种新兴业态。和云计算、物联网等新兴热点领域一样，移动互联网已经成为世界各国重点发展的战略性新兴产业范围，也是中国发展战略性新兴产业的重点领域。我国“十二五规划纲要”明确提出了“新一代信息技术产业将重点发展新一代移动通信、下一代互联网”。2011 年 12 月，国务院部署加快发展我国下一代互联网产业，明确提出了今后一个时期我国发展下一代互联网的路线图和主要目标。

智能手机的普及和智能平台的日趋完善，使移动媒体应用迅速渗透和增值。除了一般性应用，分类、在线零售、拍卖网站、游戏信息、健康信息都是移动互联网产业增速非常快的领域。在经历了游戏、电子商务、在线支付的快速增长后，目前健康方面的应用成为增长最快的领域，增长率高达 134%。在线零售和电子支付仍然保持着 80%以上的增长，此外，男性杂志的用户数呈现了 82%的增长速度（见图 8.1）。

毋庸置疑，移动互联网已经从几年前只有科技人士才热衷的事物迅速进入到了各行各业人们的生活中，从通信、社交、商务、娱乐、新闻等各方面给人们带来便利，深刻改变了人们的生活方式和营销方式。

2013 年 5 月，群邑互动进行了一项关于智能手机用户的调查研究，研究结果非常有趣：手机在中国已经成为了人们生活中的新“配偶”，59% 的中国人通过手机与伴侣分手；60%的人会为了使用一周手机而放弃一个月的性生活。95%的人睡前一小时都在忙着用手机去获得所有相关信息——他们的睡眠时间实际上也因此推后了一小时，我们称之为“第 25 小时”。

有着“互联网女皇”美誉的著名分析师玛丽·米克发表的报告显示，中国网民在移动端花费的时间占到所有媒体的 22%，远高于美国的 12%。

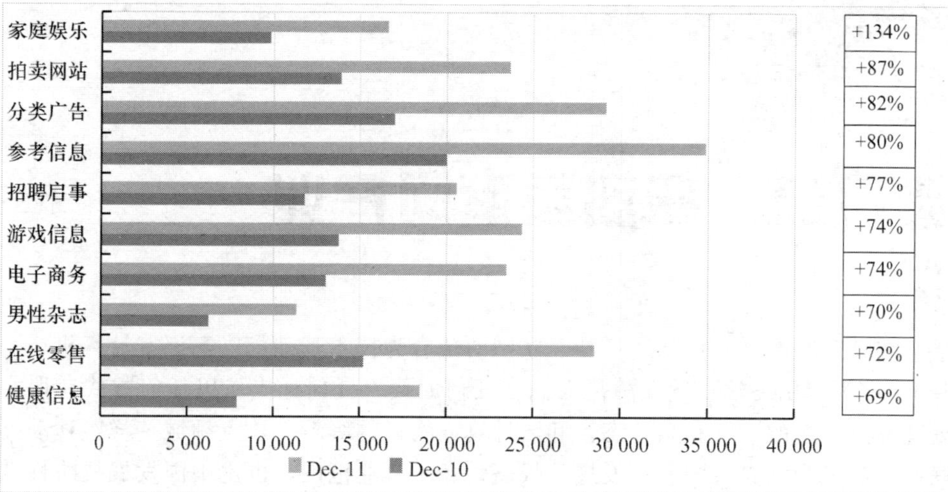

图 8.1 美国移动新媒体的用户数及增长率[①]

2012 年 8 月 6 日，当北京奥运吊环冠军陈一冰在伦敦近乎完美地完成了他的最后一套动作却错失金牌，中国的亿万网民纷纷讨论他是否受到了不公待遇。百度的后台数据显示，网民对于陈一冰的搜索在那一刻达到了最高峰。55%的用户一边收看电视转播，一边通过手机搜索陈一冰。在百度贴吧上，约有超过一百万的访客当晚访问了贴吧，其中大约 40%来自移动互联网[②]。

用户数量的激增，硬件和软件的不断成熟，这些都给移动新媒体的发展注入了持续的活力，移动新媒体在 21 世纪迎来了跨越式的大发展。

移动互联网有着完善的产业链，可以分为终端层、软件层和应用层三个层次。终端层细分为智能手机、平板计算机以及各种 PDA（个人数字助理）等，并涉及芯片、OEM、IDH 等产业链细分领域；软件层则细分为操作系统和中间件等；对应用层，则包含了众多细分领域的应用软件。因此，移动互联网包含了众多的细分领域，聚集各大 IT 厂商参与其中。

随着 3G 移动网络的普及，移动终端的多样化，以及数据流量收费的降低和 Wi-Fi、新一代互联网技术的成熟，新一代消费者往往一人同时拥有从便携式计算机到智能手机和平板计算机等两个甚至更多的移动设备，信息通信技术（ICT）产业跨入了移动互联网时代。在媒介融合的大趋势下，移动互联网产业在全世界尤其是发达国家取得了长足的发展。2011 年，全球互联网产业的市场

① 资料来源：comScore MobiLens，3 mon. avg. ending Dec-2011 vs. Dec-2010. US。

② 参见陈建豪：移动互联催生用户行为变化，《第一财经日报》，2013 年 7 月 12 日。

规模接近 1 500 亿美元。2008 年开始，中国移动互联网产业规模增长迅速。2009 年、2010 年、2011 年三年增长率超过 40%。2012 年，中国移动互联网产业规模超过 9 000 亿元。[①]

第一节　中国移动互联网产业

随着智能手机的普及、互联网企业的发力和无线网络的发展，智能手机成为我国移动互联网发展的重要载体。截至 2013 年 6 月底，我国手机网民规模为 4.6 亿，较上年底增加约 4 379 万人，在整体网民中的占比提升至 78.5%，第一上网终端的地位更加稳固。我国移动互联网产业发展态势良好，在各应用领域均有较好表现。其中，交流沟通类和信息获取类手机应用依然是手机的主流应用，发展领先，用户规模和使用率均有较大幅度的增长；休闲娱乐类和电子商务类手机应用渗透率虽然相对较低，但发展速度较快，整体领域使用率看涨，成为亮点。

手机网民对手机上网依赖性较强，79.9%的手机网民每天至少使用手机上网一次。手机游戏和手机小说是网民付费意愿相对较高的两个手机应用，比例分别为 63.7%和 30.3%。在付费方式上，手机网民更偏好软件一次性付费，占比为 39.3%，其次为软件包月收费，比例为 39.3%。手机网民对手机广告的接触度较低，51.9%的手机没有注意过手机上的广告。应用软件、游戏内广告的效果最好，在各广告渠道中占比最高，为 60.5%，其次为传统的浏览网页时的文本和图片广告，占比为 52.3%。

我国移动互联网产业的发展呈现出以下几大特点：

一、即时通信成为热门产业

根据中国互联网络信息中心的调查显示，QQ、MSN、飞信、Pica（皮咔）、PepTalk（随 e 聊）和微信等即时通信越来越流行，以此为手机聊天等工具的使用人数占到手机网民的 71.5%。即时通信成为潮流，手机聊天成为时尚，以此延生而来的产业蓬勃发展。

即时通信产业链丰富，盈利手段多种多样。以手机 QQ 为例，在使用手机 QQ 过程中产生的 GPRS/CDMA 流量费用由当地中国移动或中国联通运营商收取。文字、语音、图片、音视频价格各异。试听歌曲和 MV 欣赏还有另外资费

① 参见王武军：五大举措助力地方政府发展移动互联网产业，赛迪网，2013 年 2 月 26 日。

模式。

手机 MSN 的下载和开通都是免费的，但使用过程中产生的 GPRS 流量费则要由当地运营商收取费用。手机型号不同、网络接入情况不同以及登录频次不同，都会产生价格不等的资费。

移动 MSN 采用了即时显示的模式，界面简洁，在输入框输入文字按手机确定键即可发送。由于不支持聊天记录，隐私有了保障，深受欢迎。移动 MSN 功能比较单一，没有广告打扰，操作方便，适合追求高品质、高效率的白领阶层。

飞信是由中国移动推出的一种即时通信聊天软件，实现 PC、手机、WAP 等多终端登录并且永不离线，“无缝即时互通”，不仅可以发送免费短信，还支持多达 8 人的在线会议，并且保证了手机与计算机之间 MP3、图片和 Office 文件的传输功能。飞信可以实现个人计算机与手机的聊天，发送一条飞信的费用甚至比短信还低，对那些长时间坐在计算机旁的手机用户来说极具吸引力。

PICA（皮咔）是一款免费的移动信息通信工具，集聊天（语音），交友，娱乐，博客为一体。PICA（Personalized Information and Communication Assistant）为个性化的信息和通信助理，为 PICA 用户提供一个沟通和展示的空间。即刻进入中国最大的免费移动聊天社区，随时随地和朋友保持沟通、分享精彩瞬间。

PICA 有语音对讲功能，好友之间可以语音对聊。PICA 的增值服务比较多，如“群 & 聊天室”、“PICA 乐园”和“PICA 吧”，这就相当于拥有了一个自己的移动博客。

二、手机网游成为网络游戏产业增长点

越来越多的信息显示，手机网络游戏正在成为网络游戏产业新的重要增长点。根据中国互联网网络信息中心（CNNIC）2013 年发布的《中国手机游戏用户调研报告》，网络游戏用户在游戏平台的选择上更喜欢手机终端，57.1%手机游戏用户更常在手机上玩游戏，24%会更多在 PC 上玩游戏。

手机游戏用户最喜欢通过手机浏览器下载手机游戏，用户比例远高于手机应用商店。UC、腾讯、垂直下载网站成为主要的游戏下载渠道，与这三大平台相比，电信运营商平台不具优势。用户在选择下载平台时，朋友的影响最大，占 34.7%，其次是平台操作层面，比例为 20.9%，游戏种类与质量和品牌的知名度是另三大影响要素。手机网游用户中，经常用 Wi-Fi 网络玩手机网络游戏的比例为 53.5%，高于其他网络类型，使用 3G 网络的比例次之，为 38.8%。

与 PC 设备相比，手机便携性、移动性的特征更能满足用户随时随地使用手机游戏的需求，用户利用排队、等车的时间进行游戏，手机游戏碎片化的特性凸

显。平板计算机终端与手机终端相比，57.1%手机游戏用户更常在手机上玩游戏，24%会更多在计算机上玩游戏。29.8%的用户在手机上玩游戏以来，计算机端玩游戏的时间减少了，手机游戏逐渐成为了一种普遍的娱乐方式。在整体网游进入疲惫停滞期的时候，手机网游发展迅速，手机端网络游戏用户规模增长迅猛。2012 年底，手机网络游戏用户规模较上年同期增长了 29.8%，远远超出整体市场增速。移动互联网的发展和智能机的普及为手机游戏带来巨大的发展空间。在这当中，平台发挥着重要作用。

三、移动电子商务应用整体看涨

移动电子商务（M-Commerce），就是利用手机、PDA 及掌上计算机等无线终端进行的 B2B、B2C 或 C2C 的商业服务，应用涉及移动支付、移动订票、手机电邮、移动搜索、手机银行和手机购物等领域。

随着移动互联网的兴盛，通过手机等移动终端进行移动支付、移动订票、手机电邮、移动搜索、手机银行和手机购物等的人群逐渐增大。艾媒咨询的数据显示，2011 年中国移动电子商务用户规模为 0.92 亿人，同比增长 58.6%。2012 年，中国移动电子商务用户规模继续大幅度增长，超过 1.5 亿人。2011 年，中国移动电子商务市场交易规模为 156.7 亿元，同比增长 609.0%。2012 年中国移动电子商务市场规模达到 251.5 亿元。预计到 2015 年，中国移动电子商务市场规模将超过 1 000 亿元。

2009 年 7 月 31 日，淘宝网发起了“手机上网，一元秒杀一辆汽车”活动，引起社会各界巨大关注和反响，掀起了手机购物的热潮。淘宝网此次秒杀从传统的电脑战场转向了手机终端，买家必须通过手机登录淘宝网手机版才能购买商品。1 元就可以买到 1 辆汽车，对用户来说无疑是巨大的诱惑。

淘宝网的这次活动不仅让手机用户享受到了前所未有的新的网上购物体验，还可以说是它对未来手机移动电子商务开展的一场高调预热，为网站开展手机移动电子商务增强了信心，同时也促进了手机 3G 网络的推广和运营。

根据中国互联网网络信息中心（CNNIC）2013 年 3 月发布的《中国网络购物市场研究报告》，有 40.7%的网购用户过去半年使用过手机查询过商品。其中首要的方式是登录购物网站的客户端软件浏览，占到 53.6%；第二位的是手机百度等通用搜索查看，占 28.6%；第三位的是输入网站打开网站浏览，有 26.4%；使用一淘网等购物搜索和网购推荐类软件浏览的比例分别为 12.1%和 11.2%。与 2011 年相比，网购用户直接登录购物网站查找商品的比例大大增加，购物网站 APP 应用在网购用户中的渗透明显加深。

2012 年，我国实际通过手机购物的用户规模达到 5 544 万人，占手机网民的

13.2%。我国手机网购用户人均手机网购 8 次，年消费金额 1 474 元。

手机网购提升了用户消费的便利和趣味性，调查显示用户使用手机网购的情景较为多元化：有 53.3%的用户在家休闲时用手机网购，有 31.8%的用户是在无法使用电脑联网时用手机网购，26.2%的用户在上班、上学时用手机网购，还有 13.9%和 10.6%的用户是在乘坐公共交通工具和排队等候时用手机网购。

四、平面媒体融合移动互联网

最近几年，全球报业暗淡无光，报纸的读者急剧下跌。由于移动终端和网络的普及和成熟，全世界的报业都将目光更多地投向了移动新媒体，中国也不例外。

《人民日报》、新华社等机构先后都开办了自己的网站。刚开始时，平面媒体主要是将内容平移到网络。近年来，以 APP（Accelerated Parallel Processing）形式接入移动互联网的模式获得了巨大成功，逐渐取代了传统移动互联网接入模式（如浏览器、网页等）的主导地位，成为众多商业机构追捧的热点。目前，比较著名的 APP 商店主要包括苹果的 APP Store、谷歌的 Google Play Store、诺基亚的 Ovi Store 和微软的 Windows Phone Marketplace 等。无论是哪个商店，都包含着上万种甚至更多的应用程序，蕴藏着巨能产业。

各类纸质媒体顺势而上，借此找到数字化新闻的发展方向。传统纸质媒体借助移动互联终端获取新闻，包括 RSS 订阅推送、手机报等，同时需要培养用户的纸媒 APP 黏性。如读者从国内著名的《南方周末》的 APP 上就可以读到他们的特色的“南周专栏”、“民调中心”等，不仅增强了品牌的意识，而且建立用户的黏性。

随着智能手机、平板计算机等移动终端的不断涌现和快速普及，谷歌的 Android、苹果的 iOS 成为目前两大主流移动终端操作系统。开放和封闭，各有取舍。而下一代 Web 技术 HTML5 与云计算技术的兴起，使得 Web 能力得到极大扩展，富媒体、图形高级处理、终端能力访问、高性能 JavaScript、运行环境、3D 渲染硬件加速、数据本地存储、数据本地查询等技术将把 Web 打造成为全功能高效率跨终端的统一应用层平台。

第二节　美国移动互联网产业

美国皮尤研究中心（Pew Research Center）于 2012 年 3 月发布有关美国新闻媒体状况的最新年度报告指出，美国媒体的数字化正加速迈入移动时代，是如今美国传媒业最引人关注的一个发展趋势。

一、移动互联网产业基础

报告公布的数据显示，超过四分之三的美国成年人已经拥有了一台笔记本式计算机或是台式机，44%的美国成年人已拥有一部智能手机，平板计算机的拥有率达到了18%。大约51%的智能手机用户以及56%的平板计算机用户使用设备获取新闻。23%的美国人使用多个数字设备获取新闻。

2010年6月7日，苹果宣布将在苹果手机上兼容微软开发的搜索引擎Bing，同时继续保留谷歌作为苹果手机的默认搜索引擎。此前，苹果手机上已经兼容了谷歌和雅虎两大美国本土搜索引擎。事实上，在搜索引擎，尤其是手机搜索引擎这一领域，微软、谷歌和苹果已经是竞争对手。微软与苹果合作，本来是想成为苹果的默认搜索引擎，由于吸引和展开更广泛的合作，对于新媒体公司来说，已成为更优化的竞争方式，所以即使没能达成最初的合作目标，微软也乐意退而求其次。毕竟，能够与谷歌共享不断扩张的苹果手机市场，比被拒之门外要好得多。同时，对于苹果来说，将微软纳入合作团队，也有效缓解了谷歌过度垄断手机搜索引擎市场的现实威胁。据StatCounter的相关数据，谷歌目前占据了全球手机搜索引擎市场的97.83%，雅虎和微软的Bing分别以1.19%和0.38%紧随其后。在美国本土市场上，竞争态势也基本一致，谷歌的市场份额高达97%，雅虎和Bing分别是1.9%和0.75%。在这种情形下，苹果与微软的合作成了苹果与谷歌竞争的最有效途径。

这种竞合趋势，无论对于新媒体企业还是对于用户来说，都将是最佳选择，它不仅把更多无谓分化在大量不同公司里的技术和市场有机融合在一起，更重要的是它自动而有效地实现了用户行为的持续整合，为所有涉足新媒体领域的公司创造了一个良性循环的产业生态环境，一方面通过“融多于一”持续提升新媒体视频产业集成度，同时又通过“化一于多”不断拓展新媒体的产业边界。而社交媒介，正是这一新增产业边界里的佼佼者。

皮尤研究中心的调查发现，美国台式电脑或笔记本电脑用户经常在电脑上看新闻的比率达70%，智能手机用户中有51%会用手机看新闻，把看新闻作为主要使用目的之一的平板电脑用户比率为56%。调查显示，美国拥有一个以上网络终端的人逐渐增多，而这些人倾向在多个终端上都浏览新闻，这意味着移动终端的普及会增加人们的新闻消费量。

美国市场研究公司Comscore 2011年10月公布的调查结果显示，移动终端推动《纽约时报》和《华尔街日报》等美国5大报纸网站的流量平均上涨9%。皮尤研究中心的调查发现，传统媒体的品牌影响力在新媒体转型中发挥着重要作用，与传统个人计算机等用户相比，移动终端用户在消费新闻时似乎更看重新闻机构的品牌和声誉。约35%的传统计算机、手机和平板计算机用户会首先选择传统媒体的正式网站或其移动应用版来阅读新闻，然后才是通过搜索新闻关键词和新闻门户网站。

随着智能手机的普及，3G、4G无线网络的高速渗透，移动媒体持续对人们的生活方式和消费方式产生影响。一些常见的应用，如浏览网页和下载内容等，在美国增长了11.6%，高于法国、德国、意大利、英国和西班牙的平均增长率（9.2%）。

二、移动新媒体产业发展状况

移动新媒体市场和产业的发展需要硬件和软件的支持，波士顿咨询公司（Boston Consulting Group）的研究还显示，美国智能手机用户数达到了97 865 000；占手机市场份额41.8%，低于英国、西班牙、加拿大和意大利智能手机的市场占有率（见表8.1）。

表8.1　各国智能手机用户数（单位：千人）①

英国	25 386
西班牙	17 855
加拿大	9 103
意大利	21 067
美国	97 865
法国	18 788
德国	21 300
日本	16 092

在智能手机平台方面，2005年12月至2011年12月的数据显示，Palm、Symbian、Microsoft老牌系统正被后起之秀iOS和Android赶超，iOS随着iPhone手机的发布稳步上升，到2011年年底已达到30%，而谷歌的Android系统更是在两三年间取得了爆发性增长，2011年年底接近50%。

在用户使用习惯方面，美国人在社交网络、地图查询、查看体育信息和在线零售等方面的应用高于统计的欧盟、加拿大和日本等国家和地区（见表8.2）。从表中可以看到，在多项移动媒体应用中，收发短信和打电话仍是最主要的功能。现在，短信功能已不是手机的特有应用，飞信、微信和语音信息等应用软件受到广泛的欢迎，人们在各种移动媒体终端上都可以使用信息发送和接收功能。

① 数据来源：comScore MobiLens（截至2011年12月）。

表 8.2　美国与欧盟等国家和地区的移动互联网使用比例①

移动互联网使用习惯	国家和地区			
	美国	欧盟	加拿大	日本
发短信	74.3%	84.4%	69.2%	44.4%
打电话	60.3%	59.8%	55.1%	63.9%
使用邮箱	40.8%	30.0%	35.9%	57.3%
访问社交网络	35.3%	25.7%	31.2%	19.6%
查天气	35.2%	23.2%	29.8%	35.1%
打游戏	31.4%	27.5%	30.8%	15.3%
访问搜索	29.5%	20.4%	25.6%	30.8%
地图查询	26.5%	18.2%	21.6%	19.4%
浏览新闻	25.5%	20.0%	20.1%	24.3%
听音乐	23.8%	27.4%	23.0%	13.3%
查看体育信息	21.8%	16.5%	16.0%	19.7%
查询金融信息和股票行情	15.1%	11.3%	11.4%	17.9%
访问在线零售	12.2%	8.2%	6.1%	10.0%

第三节　英国移动互联网产业

英国是国际手机电视的“试验场”，是世界上第一条商业短信诞生的地方。随着新媒体的日益壮大，随之而来的是新一轮的文化繁荣。前伯明翰大学文化研究中心教授赛迪·普莱恩（Sadie Plant）早在 2001 年便在其研究《论手机》（On the mobile）中预言，移动通信必将深刻影响社会组织模式与私人生活，同时也会创造一个崭新文化领域。

一、移动互联网的影响

针对英国新媒体业务形态的快速发展势头，电信企业、互联网企业和传统媒体企业等产业链的各方都在重新思考和定位自己的角色，并进行新媒体业务的尝试。无论是传统互联网企业，还是传媒巨头，都纷纷转战新媒体领域。如英国传媒巨头 BBC、英国的移动电话运营商沃达丰（Vodafone）开始大规模进入互联网

① 数据来源：comScore MobiLens（截至 2011 年 12 月）。

服务领域，英国电信运营企业则加大了对 IPTV、手机电视等业务的拓展，并积极与互联网企业合作建立新媒体产业联盟等，全力进军移动互联网产业。

英国广播公司是传统广播电视媒体与互联网融合的急先锋，iPlayer 软件是其推出的网络视频点播服务器，用户可下载观看过去 7 天 BBC 播出的电视节目，这些节目既可以保存在电脑里也可以存储在 MP3、PDA、掌上游戏机等移动终端设备上，同时这些节目都受数字版权保护，只能保存 30 天，超过规定时间会自动失效，作废的视频文件将不能被打开。

资料显示，英国国内目前有 2 200 万户宽带用户，60%的宽带用户在当月访问过英国广播公司的网站，这表明观众对于高品质的音像节目保持着旺盛的需求。同时也说明，观众希望在方便的时间和地点收听或收看节目。这样一来，内容版权的保护和移动终端的普及显得非常重要。不过，在英国即使用笔记本计算机等移动终端接收网络电视信号，也需要缴纳电视执照费，所以没有缴费的观众并不能随意浏览网络电视。

英国是老牌报业大国，《泰晤士报》、《金融时报》、《每日邮报》、《卫报》和《每日电讯报》等都在全球颇具影响力。自 2008 年国际金融危机发生以来，老牌报业大国受到网络新媒体和金融危机的双重打击，已有 70%的地方报纸倒闭，80 多家报纸裁员和“瘦身”，报业几乎成了减薪、裁员的代名词。2009 年，英国的电视广告收入首次低于网络广告收入，越来越多的传统报纸面临倒闭，或从纸质报纸转型为网络报纸，免费报纸正在成为报业的主流。

二、移动互联网应用规模

英国移动用户最早于 2008 年通过苹果和谷歌的应用商店获得使用。到 2011 年，移动互联网广告支出自 2008 年增长了 5 倍，这与移动应用的增长步伐基本相一致。由英国互联网广告局和普华永道会计师事务所公布的研究报告显示，2011 年显示广告支出增长最为显著，从 2010 年的 2 800 万英镑增长至 6 890 万英镑，约占总的移动广告支出的三分之一，增长幅度高达 186%。

根据 eMarketer 的最新估计，英国的移动广告在比世界上任何地区都更多尝试去接触国家中每个移动网络用户。美国 2012 年花费 36.35 美元的广告费用在每位移动网络用户身上，比世界上任何一个市场都高。挪威以每人 35.71 美元紧追其后，英国每位移动网络用户花费在世界上位列第三，广告花费平均每人 31.5 美元（见图 8.2）。

英国的移动互联网产业日益勃兴，与英国颁布《数字英国》计划密不可分。根据《数字英国》计划，英国在 2012 年建成覆盖全境所有人口的宽带网络，每个家庭至少能享受到 2 Mbit/s 的宽带服务。

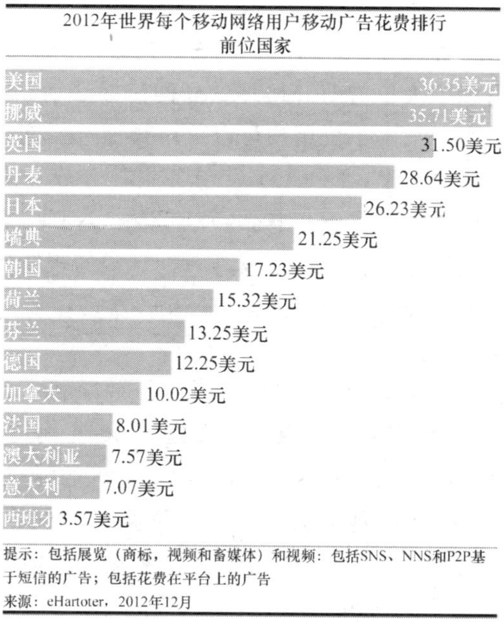

图 8.2　2012 年世界每个互联网用户移动广告花费排行前位国家

第四节　日韩移动互联网产业

一、日本移动互联网产业

随着 3G 技术的发展，移动上网正在改变着日本人的生活习惯。日本信息和通讯部每年公布一次的《日本的信息和通信》报告显示，2005 年年日本利用手机访问互联网的用户超过了采用传统计算机上网的用户。2005 年年底，日本有 6 920 万人利用手机访问互联网，而用传统计算机访问互联网的人数为 6 600 万。

手机上网普及是日本互联网发展一大特色，其技术基础是 I-mode。I-mode 是 NTT DOCOMO 于 1999 年 2 月 22 日推出的数据业务，是世界最成功的无线互联网服务之一。I-mode 中的“I”的含义是 Interactive，Internet，和 I（代表个性）。I-mode 在日本推出后，迅速普及，很快在日本掀起一股无线上网热潮。I-mode 用户可以随时连接互联网进行浏览，与一般 PC 拨号上网不同，I-mode 更像专线上网，只要开机就一直保持在线上，在线浏览通过数据流量收费。I-mode 为日本手机媒体的发展奠定了坚实的技术基础，也为日后向 3G 的快速转型铺平了道路。

iMode手机成为网络终端，是新闻、广告、增值服务的载体。日本iMode取得巨大成功，并且出现了大量借助iMode的新闻传播活动。在日本各大报社纷纷通过手机媒体传送新闻。日本手机用户可以菜单式地选择网络信息服务。手机用户阅读新闻所缴的费用由NTT DOCOMO与各报社分成。许多日本出版社也将纸质出版物通过iMode同步出版，以扩大市场份额。NTT DOCOMO通过iMode打造了一个完善的移动媒体平台，使之成为一种日常的视听欣赏方式。同时，日本手机电视在播放上采用simulcast（同时联播）方式，手机电视可同步接收家用数字电视节目。

从技术角度而言，日本的iMode只能算是2.5G手机。目前日本在大力发展3G业务。日本的移动通信市场有三家公司在提供3G业务，它们是NTT DoCoMo公司、KDDI公司和Vodafone KK公司。3G手机的特点是高速度、多媒体、个性化。它的速度很快，不仅能通话，还可以高速浏览网页、参加电视会议、观赏图片和电影以及即时炒股等。3G时代的来临使手机媒体具有网络媒体的许多特征，成为人们随身携带的交互式大众媒体。除尽可能普及3G网络外，NTT DoCoMo已经开始酝酿推出基于4G技术LTE商用网络。

日本雅虎（Yahoo Japan：www.yahoo.co.jp）是日本访问量一直排名第一的门户网站。日本雅虎注重网络广告与网络互动游戏相结合。这样可以让人参与，交互性强，让消费者与品牌、产品较长时间深入接触，产生更深印象，而且可以将手机消费者信息建立客户数据库。日本雅虎其他收入来源还有为用户在网上拍卖预销售、LISTING（将公司的信息内容放到日本雅虎上）、为公司制作网站及提供服务、宽带收入、广告策划等。凡进入日本雅虎网上拍卖场的人，需每月缴纳280日元，每件拍卖品另收100日元的手续费，日本雅虎则保证拍卖者身份的真实性。

2009年被称为日本的“手机宽带元年”，当年传输速度最大可达10 Mbit/s，至2010年，日本手机上网用户已突破4 000万，2011年功能型手机用户约为4000万，其中近60%为智能手机，直接经济效应估计为36 567亿日元。

二、韩国移动互联网产业

韩国是全球移动互联网最为发达的地区之一。自从2002年韩国移动运营商把CDMA网络全面升级到CDMA20001xEV-DO以来，移动互联网的发展更是突飞猛进，高速移动网络进一步带动了具备移动Web2.0特征的移动互联网业务的发展。用户市场对移动互联网业务的需求从铃声下载、新闻服务等逐渐向移动多媒体、移动社区等新型移动互联网业务转移。据估计，约50%的韩国人口都是移动互联网注册用户，在线交易类业务也极大冲击了离线业务市场，如移动拍卖等。

韩国是全球第三代移动通信业务发展最快的市场之一。不论是语音市场的增值业务（如彩铃业务），还是手机电视、手机音乐、手机游戏和手机定位等，3G数据业务在韩国发展得有声有色。截至 2008 年 11 月底，韩国 3G 用户数量约为 1 586 万人，占移动通信用户总数的 34.92%，比欧美国家 28% 的平均水平高出近 7 个百分点。

根据韩国未来创造科学部发布的手机用户统计资料显示，截至 2012 年底韩国 LTE（Long Term Evolution，长期演进，也即 4G）手机用户人数为 2 297.29 万名，比第三代移动通信（3G）用户 2 210.2 万名还多。

韩国的移动互联网管理较为规范，其主要手段即是对于手机采取一户一网、机号一体的号码入网登记制。韩国人买手机时必须出示身份证，然后由售货员将顾客的身份证号码、住址等信息输入电信运营商的中心数据库，这种从源头上管理手机的办法十分有效，并且针对垃圾短信泛滥的情况，也通过手机实名登记来保障对信息发送方的管制：广告商在发布手机短信广告时，必须注明“广告”字样和发送者的单位、电话及手机号码。如果手机用户不愿意接收该信息，所产生的电话费将由广告发送者承担。同时，对于滥发垃圾短信者个人可处以最高 8 500 美元的罚款，并且规定，商家在每天晚 9 时至次日上午 8 时之间不得发送短信广告。

第九章　融合媒体产业

美国圣迭戈大学传播学院教授萨姆瓦说："人们的传播方式，就是他们的生活方式"，而"新技术和信息系统"、"世界人口的变化"和"世界经济领域的转移"等三种国际发展状况使跨文化交往更加明确与广泛①。

传媒产业是指传播各类信息、知识的传媒实体部分所构成的产业群，它是生产、传播各种以文字、图形、艺术、语言、影像、声音、数码和符号等形式存在的信息产品以及提供各种增值服务的特殊产业。新媒体产业的发展，已经进入到原本人们始料未及而又风起云涌的"融合媒体时代"，形成巨大的融合媒体产业。融合媒体产业包括了传统媒体之间的融合、传统媒体与新媒体的融合、新媒体之间的融合诞生的新型媒体融合产业，以及由新兴技术融合催生的三网融合产业、物联网产业和云计算产业。

第一节　媒体融合产业

媒体融合即是报纸杂志广播电视等传统媒体间、电脑媒体、手机媒体、楼宇广场媒体、车船媒体和星空媒体等新媒体间，以及传统媒体与新媒体之间的相互依存、相互渗透、资源共享和利益共赢。这种新型的产业形式，即是媒体融合产业。

一、传统媒体间的融合

传统媒体历史悠远，积淀厚重，有着强烈的受众黏合度，有着其自身的不可替代性。

报纸的浓郁墨香让中老年读者爱不释手，它可以传阅可以收藏甚至可以传代，不需要借助任何电子设备就能颂读；广播的即时性满足了听众随时随地的信

① 参见拉里 A·萨默瓦和理查德·E·波特著：《跨文化传播》，中国人民大学出版社，2004 年 4 月第 1 版。

息需求，它的伴随性解决了很多在漫长行程中的枯燥与无赖，完全可以不受外界干扰享受娱乐休闲资讯；电视声像俱佳，现场感强烈，让观众身临其境浸染其中。受众在选择媒体上不存在排它性，可有多种选择。于是，传统媒体之间的融合应运而生。

随着各种传媒技术的涌现，全球经济一体化的不可遏阻，以及我国文化体制改革的逐步深化，各种媒体之间的门槛被打破，报纸杂志广播电视间的合作融合案例越来越多。

2004 年 5 月，原牡丹江广电集团和报业集团重组合并为牡丹江新闻传媒集团，在全国率先实行了产业化、公司化改革，第一个实现了同一区域内跨媒体的融合重组。经过近 10 年的改革和发展，这家全国第一个企业性质的传媒集团，现拥有五张报纸、一个期刊、三个广播频率、五个电视频道、一个新闻网站，已经发展成为一家横跨广播、电视、报纸、杂志、音像出版、网站等多种媒体，涵盖广告、影视、网络、印务、出版发行、传媒教育、旅游、国际贸易等多种业务领域的全媒体集团。

中央电视台与地方广播电视台一直长期协作，无论是新闻联播数十年来广泛采纳全国各级广播电视台选送的新闻素材、综艺娱乐节目的全国性巡演联播和开门办春晚等举措，还是体育赛事转播的全国联手及至联合组建奥运会电视转播“国家队”、携手国内外优秀纸质媒体的系列动作，都让中央电视台尝到了融合产业的甜头。2008 年年底，中央电视台异常“温情”地牵手全国 49 家地方电视台，共同成立了一个“中国电视新闻直播联盟”。2009 年 9 月 27 日，中央电视台财经频道（CCTV-2）与浙江日报报业集团签署战略合作协议，探索电视媒体与平面媒体合作发展的新路径，实现人员共享、选题共享、设备共享的合作新模式。

近年来，在强大的市场竞争压力下，不同行政级别的媒体之间合纵连横和合作经营的案例不断涌现。光明日报报业集团与南方报业传媒集团合作经营的《新京报》已成为首都市场的大报之一[①]。

新华社凭借全球新闻网络，积极进军电视媒体市场。新华社与黑龙江电视台、江苏电视台等媒体的合作已经之有多年，收获颇丰。

2009 年 3 月 7 日电，新华社和黑龙江电视台签订了全面战略合作的意向协议，在电视业务方面展开全面合作。新华社正努力实现战略转型，大力推动由传统新闻产品生产为主向现代多媒体新闻信息业态拓展、由面向媒体为主向直接面向终端受众拓展、由立足国内为主向有重点地更大范围参与国际竞争拓展，力争

① 参见陆地：跨界，中国媒体产业经营的五个突破，《新闻战线》，2011 年第 3 期。

早日将新华社建成中国特色社会主义世界性现代国家通信社。

新华社与黑龙江电视台共同对新华社的中国新闻名专栏《新华视点》电视版、黑龙江电视台的《今日话题》节目进行整合，将《新华视点》打造成为有广泛影响力的品牌电视新闻节目。同时还在扩大新闻播出量、建立重大新闻和突发事件快速反应机制、打造新闻直播平台等方面进行了合作①。

二、传统媒体与新媒体间的融合

新媒体与传统媒体原本有着密切的联系，早期的互联网大量的内容就源自传统报纸杂志广播电视。因此，如果说传统媒体之间的融合是近水楼台，那么，新媒体与传统媒体间的融合可谓水到渠成。

2000 年 1 月 10 日，美国在线公司和时代华纳公司合并，组建“美国在线——时代华纳公司”，成为全世界最为庞大的因特网和传媒业集团。这起引爆全球关注“媒体蛇吞象”事件，拉开了全球传统媒体与新媒体全面融合的序幕。据悉，新公司的价值高达 3 500 亿美元，相当于当时墨西哥、巴基斯坦的国内生产总值。

韩国广播公司（KBS）是韩国最大、最具代表性的广播电视台。1997 年 11 月，KBS WORLD Radio 开始网络广播，实现了广播机构与听众及网民融为一体的新概念的广播，实现了“边听边看”的广播时代，满足世界各地听众新的要求。

为了开拓市场，韩国各大报业媒体不仅强化了自己的网络建设，而且纷纷打算进军广播电视行业，希望通过建立自己的广播电视台来赢得市场。韩国的电视台和通信社也纷纷加强网络建设，将制作精良的视频产品放到网上供人们收看。

2007 年 1 月，中国移动与凤凰卫视签署战略联盟协议，在创新移动内容、产品、服务和应用的开发和推广方面展开合作。同日，中国移动与新闻集团和星空传媒集团有限公司（“星空传媒”）签署了战略合作备忘录，双方将致力于建立长期的无线媒体战略合作伙伴关系。

中国移动与凤凰卫视的战略联盟，旨在通过联合开发、销售及提供创新的无线内容、产品、服务和应用，进一步提升中国移动与凤凰卫视各自于移动通信及传媒行业的领导地位。

通过与新闻集团及星空传媒签订战略合作备忘录，各方将在全球范围内共同探索基于移动多媒体通讯平台的与高质量媒体内容相结合的新业务。合作的初步范围可能包括开发、集成及营销多媒体内容及其他移动增值服务。

---

① 参见董琳：新华社音视频部和黑龙江电视台开展全面战略合作，新华网北京 2009 年 3 月 7 日电。

从 2006 年开始，中央电视台投入财力、物力、人力，专注传统电视与新媒体的综合利用。第一步，将原来容易引起歧义的“央视国际网络”改名“央视网”；第二步，借力 2008 年北京奥运会独家承揽新媒体转播权的良好机遇，扩大品牌影响力；第三步，2009 年 12 月 28 日，正式开通以视听互动为核心、融网络特色与电视特色于一体的全球化、多语种、多终端的公共服务平台—中国网络电视台。

2008 年 8 月 8 日至 8 月 24 日，央视网充分利用所取得的奥运会新媒体转播权，联合新浪、搜狐、网易、腾讯、酷 6、PPS、悠视网、PPLive 共 9 家网站进行奥运会联合转播，并与合作伙伴人民网、新华网等 174 家网站进行公益性联合推广。2010 年春晚，中国网络电视台实施多终端、多语种、全球化直播推送，覆盖全球 140 个国家和地区。直播期间，中国网络电视台海内外累计观看人次达 7 850 万，比 2009 年增长 1.34 倍。

2010 年全国两会，中国网络电视台通过中、英、西、法、阿、俄等联合国 6 种语言进行了多语种、全球化的图文视频互动报道。此外，中国网络电视台首次借助 iPhone 手机平台，实现“两会”境外移动传播，覆盖全球 142 个国家和地区的 4 500 万部 iPhone 用户。中国网络电视台两会报道累计访问总量达 2 亿页次。

南非世界杯比赛期间，中国网络电视台世界杯赛事直播累计观看超过 4 亿人次。最高同时在线观看人数为 556 万人，出现在 7 月 3 日德国与阿根廷队的比赛时段，创造了全球互联网直播并发最高记录。

上海世博会报道，中国网络电视台创建了国内最大的世博会网络视频节目数据库，发起“筑梦上海滩”、“世博寻宝”等网络原创栏目与活动，对上海世博会进行了全程、全景式报道，总访问量达 5.81 亿页次。

广州亚运会报道期间，中国网络电视台总访问量达 22 亿页次，直播观看人次累计达 7 300 万次。作为“广州亚运会官方独家新媒体转播机构”，中国网络电视台网络直播亚运赛事近 900 场，直播时长近 1 000 小时，其中网络独家直播赛事 350 场，时长 450 小时。此外，中国网络电视在亚运会赛事转播中，对当下最时尚的高科技 3D 视频技术进行了尝试，首次在网络上进行 3D 视频实验性播出。

2010 年 7 月 8 日，南方广播影视传媒集团与南方报业传媒集团签订了一项战略合作协议，内容涉及新闻、经营、大型活动和新媒体等多个方面。广东电视台珠江频道先后与《羊城晚报》、《广州日报》、《南方都市报》、《南都周刊》和腾讯娱乐、搜狐娱乐、新浪娱乐、大洋网、优酷网、酷 6 网、广州日报手机报以及广州地铁电视等建立了广泛的、多层次的经营与合作关系。电视节目在门户网站播出的跨媒体模式已经非常普遍。2010 年 8 月 26 日，上海广播电视台和搜狐网就节目发行、策划定制节目、商务整合营销、跨平台内容播出等达成跨媒体合作协议，开启了国内互联网原创节目登陆电视台的新模式。

三、新媒体与新媒体间的融合

互联网是一种典型的新媒体形式，在新技术的支撑下，它与其他新的终端嫁接汇聚，就形成了新媒体与新媒体的融合，衍生出新的产业业态。

互联网与电脑终端的融合，产生了计算机媒体产业；互联网与定位技术的结合，产生了物联网产业；互联网与手机、各种 PAD、车船、飞机火箭等的结合，派生出移动互联网产业；互联网与臆想中的云端结合，又孵化出了前途无量的云计算产业。

鉴于此类种种的新媒体与新媒体间的融合，已经在不同篇章中展开专论，不再赘述。

四、媒体融合产业的样态

新媒体的发展，模糊了不同媒体之间的界限，打破了传统媒体的生存格局。新旧媒体在现有媒介格局中各占一席之地，不断细分媒介市场。

传统媒体和新媒体一般从以下几个角度进行融合：

（1）从媒体形式互补的角度进行融合。其一，传统媒体和互联网的融合。互联网已经成为有效提高传统媒体到达率的重要载体；其二，传统媒体和手机的融合。这种融合是较之前者融合可以有效细分受众群，获得较高的回报；其三，多种媒体的融合。这种融合更有利于各媒体的发展，实现多方获益。

（2）从吸引受众关注的角度进行融合。传统媒体的公信力和权威性吸引受众，新媒体的自由开放和多元互动吸引受众。两种媒体互相依托吸引受众的注意力。以东方卫视《我型我秀》节目为例，除了传统的电视播出之外，东方卫视还将这一节目通过短信互动、手机流媒体、宽频网络等多种传播渠道进行播映，设置了网络点播、幕后花絮、在线直播、选手博客、会员用户上传歌曲、投票（选手和网民）、论坛几大板块。

（3）从信息共享和信息传播的角度进行融合。新媒体的不少内容，都是对传统媒体内容的转述，使新媒体的技术与传统媒体的内容相结合达到信息共享。例如，电子报纸在印刷报纸的基础上，适应计算机网络的内容与形式上的需求，出版同印刷版有所不同的网络版，在内容上，网络版可以不受限制，依托报纸的新闻内容，发表详尽的深度报道和背景资料，还可以发挥多媒体技术的优势，提供生动的声音、影像服务。

美国学者迈克尔·波特认为，在一个产业的上游、中游和下游都有相应的产业。这些产业由若干优势资源组成。产业价值链既可以分解，也可以融合。分解就是将产业价值链的各个节点切割，独立成一个新产业；融合就是把两个或两个以上的经济实体进行融合，在更大的范围内对资源进行优化配置。依照波特理论，新媒体产业融合有水平融合、垂直融合和多元融合三种样态。

（1）水平融合。就是在同一层次上或同一类别的企业中进行融合，并有一个新的机构对此进行经营管理。表现在新媒体融合上，就是多个具有相同性质的新媒体机构互相融合，组建一个新的媒体机构，如新媒体集团。这种融合的好处，一是可以扩大新媒体机构的规模。传媒经济具有规模经济特质，尤其是复制生产成本较低，其复制量大，单位产品生产成本越低，竞争力就会增强。二是可以最大限度地实现资源共享和优化配置。通过优化配置产业集团内各产业各环节的优势资源，是资源产生的效益最大化，从而实现效益的最大化。三是降低管理成本。新媒体集团组建完成后，对内部组织机构进行整合，诸如人事、财务等可由原来的多个部分合成一部分，实现人力资源的节约；同时，通过整合后的组织机构，可以实现扁平化管理，节约行政成本；还可以通过集团制定统一的发展战略，增加新媒体集团的竞争。

（2）垂直融合。就是新媒体机构以某项业务为核心，将其上游、中游、下游的制造商运营商进行整合。新媒体已不是简单的知识密集型或者技术密集型产业，而是“资本＋知识＋技术＋人才”密集型产业。新媒体机构支持该业务的相关技术企业包括平台进行垂直融合，成立一个具有强竞争力产业的新媒体集团。这种垂直融合的好处，一是可以节约交易成本，二是实现资源互补。以互联网为平台的新媒体产品，将产品最终呈现给受众，至少需要内容支持、技术支持、平台支持和网络支持。垂直融合还可以增强对领域的控制力。垂直融合后的新媒体机构，因为涉及新媒体的各个环节，也就是整个生产流程可以在企业内部完成，成本相对较低，且能保证质量，从而提升企业的核心竞争力。

（3）多元化融合。指新媒体机构与相关行业进行融合，将多个产业收归旗下。就新媒体机构而言，这种融合表现在两个方面：一是跨媒体的融合，即传统媒体和新媒体融合。二是跨行业融合。非媒体行业寻找有助于机构发展的资源，通过收购或控制这些资源，使自己做强做大。跨媒体融合可以促进新媒体机构内获得广告资源优势资源配置，如果一个新媒体资源机构通过融合，获得了视频、游戏、报刊和广播、电视、电影等多个媒体的资源，那么媒体经营机构就可以获得广告资源进行优化配置，既可以使其他相关媒体得到更好的发展，也可以提升客户的广告效果。多元化融合的核心是实施品牌战略，通过培育核心品牌提升新媒体机构的影响力，带动广告及相关客户和受众及链条内各种资源的消费。

第二节　三网融合产业

“三网融合”指的是互联网、电信网与广播电视网的共同支持、互相协作背景下的资源共享与互利共赢。按照国际电联（ITU）的定义，互联网属于电信业务的一份子，实际上早就融为一炉了，而互联网与广播电视的合作已经渗透到多个层面，所以，“三网融合”的焦点主要是电信网和广播电视网的传载平台共享、内容业务互通与政策法规的有序施行。

一、中国“三网融合”

1. 三网融合的相关政策

中国一直在着力倡导与推进“三网融合”。国家《“十一五”规划纲要》中指出：“积极推进‘三网融合’，建设和完善宽带通信网，加快发展宽带用户接入网，稳步推进新一代移动通信网络建设，建设集有线、地面、卫星传输于一体的数字电视网络，构建下一代互联网，加快商业化应用，制定和完善网络标准，促进互联互通和资源共享。”2008 年 1 月，国办发〔2008〕1 号文件进一步指出：以有线电视数字化为切入点，加快推广和普及数字电视广播，加强宽带通信网、数字电视网和下一代互联网等信息基础设施建设，推进“三网融合”，形成较为完整的数字电视产业链，实现数字电视技术研发、产品制造、传输与接入、用户服务相关产业协调发展。2009 年 2 月 18 日，国务院审议并原则通过了《电子信息产业调整振兴规划》，明确指示“落实数字电视产业政策，推进三网融合”。3 月 22 日，中广移动卫星广播有限公司与中国移动签署了关于移动多媒体广播与 TD-SCDMA 合作的协议，共同推动 TD 及 CMMB 两个自主知识产权标准的应用，为“三网融合”在手机电视领域的突破奠定了良好的基础。

随着 3G 时代的到来，互联网、广播电视网与电信通信网在新技术促进下业务渗透与合作增多和提速，特别是伴随着下一代互联网（NGN）构想的正式诞生，给中国“三网融合”迎来了新的发展机遇。

2013 年 8 月，国务院颁发国发〔2013〕32 号文件，“关于促进信息消费扩大内需的若干意见”，在第二大项“加快信息基础设施演进升级”第六条再次提及“全面推进三网融合”——加快电信和广电业务双向进入，在试点基础上于 2013

年下半年逐步向全国推广。推动中国广播电视网络公司加快组建，推进电信网和广播电视网基础设施共建共享。加快推动地面数字电视覆盖网建设和高清交互式电视网络设施建设，加快广播电视模数转换进程。鼓励发展交互式网络电视（IPTV）、手机电视、有线电视网宽带服务等融合性业务，带动产业链上下游企业协同发展，完善三网融合技术创新体系。

2. 三网融合的发展

我国“三网融合”早在10多年前就有了明确的发展思路，并且在最近几年有了很多实质性的动作。国家广电总局的数字电视业务发展给“三网融合”的发展储备了丰厚的物质基础和人才梯队，IPTV更是实现了行业跨越，先行尝试了市场接轨与业务合作，成为打破行业坚冰的重要举措。

在“2007中国移动通信产业高峰论坛”上，工业和信息化部方面指出，三网融合是通信技术和业务发展的必然趋势。三网融合将首先在互联网和无线网上实现。在互联网上将表现为IPTV（网络电视），在无线网上表现为手机电视。

2007年前后，泛在网使得各行业尤其是移动通信用户能够随时随地的享受到“无所不在的网络”。从泛在网概念的提出，到目前的局部应用，通过“无所不在的网络”已经将部分原来不属于电信范畴的技术，如传感器技术和标签技术等各种的距离通信技术纳入到了其中，从而真正构建起一个范畴更大的网络体系。2009年，以物物相连风靡世界为特征的“智慧地球”，让以互联网为基础的“物联网”身价倍增，产业前景无以限量。

2009年5月，北京市经济和信息化委员会表示，北京将在农村开展三网融合试点，IPTV、手机电视等也会出现在农村。6月，新疆移动与当地广电部门签署业务合作协议，双方利用有线电视网络，结合新疆移动家庭产品，共同拓展家庭宽带市场。同期，广东省政府出台了《关于加快推进珠江三角洲区域经济一体化的指导意见》，明确提出要建设珠江三角洲高清互动数字家庭网络，率先实现电信网、有线电视网和互联网“三网融合”。

江苏省的“三网融合”也有了具体行动。江苏省通信管理局现正式向“江苏省广播电视信息网络股份有限公司”发放互联网信息服务业务ICP和因特网接入服务业务ISP经营许可证，这是电信行业管理局首次向广电系统下属公司发放许可证，打破电信和广电行业“互不进入”壁垒的决心之大由此可见。

在江苏之前，深圳、山西、重庆等省市也已经向广电网络发放了ICP的经营许可证。除此之外，许多地方有线网络的运营商在未获得相关许可的情况下已经介入了宽带业务的运营。分析人士指出，电信的VOIP、国际出口及ICP、ISP许可是广电最想涉足的领域，ICP和ISP是广电已经实际涉入的领域，并且其开放对电信的威胁度最低。因此，极有可能成为推动“三网融合”的首个突破口。

中国真正意义的举国体制“三网融合”推进与实施应该是始于 2010 年。2010 年 1 月 13 日，中国国务院召开国务院常务会议，决定加快推进电信网、广播电视网和互联网“三网融合”，并且明确了推进“三网融合”的阶段性目标，即 2010—2012 年重点开展广电和电信业务双向进入试点，探索形成保障“三网融合”规范有序开展的政策体系和体制机制。2013—2015 年，总结推广试点经验，全面实现“三网融合”发展，普及应用融合业务，基本形成适度竞争的网络产业格局，基本建立适应“三网融合”的体制机制和职责清晰、协调顺畅、决策科学、管理高效的新型监管体系。

经过几年多方面协调运作，前后确定了第一、二批“三网融合”试点城市（见表 9.1）。第一批试点城市如上海、南京、杭州、深圳、厦门、青岛和绵阳等，都是传统电视生产基地，对“三网融合”先行先试的设备近水楼台，这些生产制造商对未来商机充满渴望，政府说服它们先无偿拿出一批装备推进当地的“三网融合”相对容易。

表 9.1 “三网融合”试点城市表

第一批试点城市	第二批试点城市
北京市 上海市 南京市 杭州市 武汉市 深圳市 哈尔滨市 长株潭城市群 绵阳市 青岛市 厦门市 大连市	直辖市：天津 重庆 省会城市：石家庄 太原 呼和浩特 沈阳 长春 合肥 福州 南昌 济南 郑州 广州 南宁 海口 成都 贵阳 昆明 拉萨 西安 兰州 西宁 银川 乌鲁木齐 计划单列市：宁波 地级市：扬州 泰州 南通 镇江 常州 无锡 苏州 孝感 黄冈 鄂州 黄石 咸宁 仙桃 天门 潜江 佛山 云浮

几年的试运行以来，中国“三网融合”进展没有预期顺利，离实现产业化运营还有漫漫征程，主要是围绕谁来主导“三网融合”以及“三网融合”的演进方向争执不休。尽管国家广电总局和工信部都非常明确朝向“下一代网络融合”，但围绕“下一代网络融合”的概念，却有着三种不同版本的诠释：NGB、NGN 与 NGI。

NGB 是英文 Next Generation Broadcasting Network 的缩写，即下一代广播电视网。NGB 是以有线电视数字化和移动多媒体广播电视，即我们熟知的 CM-MB 的成果为基础，以自主创新的“高性能宽带信息网（3TNet）”核心技术为支撑，构建的适合我国国情的、“三网融合”的、有线无线相结合的、全程全网的下一代广播电视网络。NGB的主要特点就是全程全网、互联互通和可管可控。

国家广电总局将“三网融合”的战略重心放在NGB。2008年12月4日，科技部与国家广电总局在钓鱼台国宾馆举行了《国家高性能宽带信息网暨中国下一代广播电视网自主创新合作协议书》签字仪式。2009年7月31日，国家科技部和广电总局在上海举办了中国下一代广播电视网（NGB）的启动仪式，这标志着我国广电NGB建设进入了实质性地推进阶段，预示着NGB不仅仅是一个抽象的概念，揭示出一个实实在在的、触手可及的美好前景。

国家广电总局认为，现有广播电视网无法支持跨域类服务，也无法实现统一管理。作为国家下一代信息基础设施，下一代广播电视网（NGB）要实现媒体内容的全网交换、业务的互操作、跨域运营、全网统一管理等客观需求。只有实现全程全网，才能基于全网调度网络资源和业务资源，凸显“全国一张网”的概念，满足人们日益增长的多样化、多层次的业务需求。实现全程全网主要体现在以下三个方面：一是实现全网内容和业务的管控；二是实现全网内容和业务的调度，实现资源共享；三是实现调度业务的区域间结算。

国家广电总局指出，广播电视网为基础建设下一代网络具有以下几个方面的优势。第一，可以充分利用我国广播电视网络的带宽资源，在较短时间内，以较低成本建设国家高性能宽带信息网，使之成为新一代国家信息基础设施，在我国较快普及信息化；第二，可以构建传输快捷、覆盖广泛的现代传输网络体系，提升改造传统媒体和发展新兴媒体，加快我国信息服务业的发展，支撑相关技术领域的创新，带动相关产业的发展，提升国家的核心竞争力；第三，我国广播电视网络经过几十年的发展，已经形成了适合中国国情的安全播控体系。有线电视网络通达千家万户，目前是入户带宽最宽的基础网络，已经拥有1.6亿有线电视用户，用户规模居全球首位。因此，广播电视网络天然地满足NGB可管可控、宽带的需求。此外，广播电视网在业务内容丰富、内容可管可控、用户群体巨大等方面具有不可替代的优势，完全符合以视频为主导的融合业务发展需求。

NGN是英文Next Generation Network的缩写，即下一代通信网络。NGN是以软交换为核心的，能够提供包括语音、数据、视频和多媒体业务的基于分组技术的综合开放的网络架构，代表了通信网络发展的方向。NGN具有分组传送、控制功能从承载、呼叫/会话、应用/业务中分离、业务提供与网络分离、提供开放接口、利用各基本的业务组成模块、提供广泛的业务和应用、端到端QoS和透明的传输能力通过开放的接口规范与传统网络实现互通、通用移动性、允许用户自由地接入不同业务提供商、支持多样标志体系，融合固定与移动业务等特征。

NGI是Next-Generation Internet的缩写，目标是将现在网络的连接速率提高至现有Internet速率的100～1 000倍，进而突破网络瓶颈的限制，解决交换机、路由器和局域网络之间的兼容问题。

时至今日，NGI在诸多方面都取得了长足进展，例如无损失及低损失数据压缩技术（MP3与MP4）降低了音、视频信息转输对带宽的需求，速度更快、成本更低的接入技术也大量涌现，从而使Web视频已成为各类新型应用系统及操作系统的常备应用组件之一。下一代Internet协议的IPv6等也为NGI的发展奠定了坚实的基础。IPv6是由Internet工程工作小组研发的最新IP协议技术，旨在取代已沿用了20年之久的IPv4，它可以大大增加IP地址的数量和安全性能。NGI具有广泛的应用前景，支持医疗保健、国家安全、远程教学、能源研究、生物医学、环境监测、制造工程以及紧急情况下的应急反应和危机管理等。

工业和信息化部力推NGN。电信网不仅仅是互联网规模扩张、用户增长、应用繁荣的基础网络支撑，更是在宽带化、移动化两个方面直接拉动了互联网产业的发展。近年来，这个趋势拉动趋势更加明显。专家指出，电信网本身发展出来的多媒体信息服务正在改变未来的互联网发展模式，视频、搜索、无线等三大互联网“新贵”成为新的亮点。随着互联网日趋宽带化、移动化，向传统电信业渗透的步伐还在进一步加快。网络新媒体、在线娱乐、网络咨询和搜索业务、移动信息业务等互联网服务，都已经在一定程度上运用了电信网络技术，并得到了深入的发展和全面提升。

中国工程院李幼平院士自称“天马行空，不属于任何一派”，其对“三网融合”的理解语出惊人。他认为，电信网、广播网、互联网这三张大网未来的发展趋势将是电信网与广播网将相继融入到互联网。李幼平指出，“三网融合”是信息产业生产力的一种突破，首先是“整合异构网络”的能力要有新的突破，其中最关键的一条，是“广播网如何助力互联网”。运用存储转发（store-and-forward）原理，广播网有可能帮助互联网化解“带宽不足”和“内容难管”两大难题。今天的互联网，只依托电信网作为基础设施，将来，可能依托电信网和广播网两者作为双基础设施，形成三网融合的互联网，从“各献所知”造就“各取所需”的信息环境。

笔者认为，“三网融合”对于广播电视行业、电信通讯业和互联网产业都是极大利好，是一个多赢大局。对于广电和电信行业，都是补充和完善，是由大而强，而对于互联网行业，则是形成完整的价值链，商机万千，生机无限。

以我国网络融合的实践为例，其过程首先是“一网融合”，如通信网络内部的融合，其技术以电信固网和电信移动网融合即FMC（固定移动融合）技术为代表，目前还没有完成。广播电视网络面临着广播网与电视网的融合、传统广播电视与数字广播电视、中央级广播电视网与省地市广播电视网的融合等问题亟待解决。在“一网融合”基础上发展而来的“二网融合”，如互联网和通信网的融合刚刚起步，电信固网与互联网正在融合过程中。互联网和广播电视网的融合势头强劲，以传统广播电视内容为核心竞争力的广播电视网络正在蓬勃发展，从中央到地方的各级网络电视台、网络广播台的建设正紧锣密鼓，我国“三网融合”的发展轮廓日益清晰。[①]

中国的“三网融合”市场前景巨大，推进迟缓的缘由盘根错节，需要从政策法规、行业监管、技术成果、内容渗透、市场运营等各个方面进行“大动作”施行“大手术”。同时，要尽快改变当下“三网融合”研究与决策光从各自领域（行业）的势力范围、技术运用、商业利益或业务推及等微观角度出发的现状，从中观或者宏观层面透视政府决策部门在此间的重大意义，洞悉“三网融合”与国家信息化建设的紧密关系，远虑至铸造“资源节约型社会”和国民经济和谐发展等国计民生的重大影响。如斯，则中国的“三网融合”兴盛可期。

二、美国三网融合

美国是全球最早尝试“三网融合”的国家，电信和信息通信业市场开放较早，竞争更为成熟和充分。早在 1934 年，美国就颁布了《通信法案》。同时，由《通信法案》授权，成立了由 6 个局和 10 个办公室组成的联邦通讯委员会（FCC），作为独立的联邦行政机构对商业广播电视和电信通信行业进行统一管理，负责颁发相关的许可证。其组成的 5 位委员，须经参议院同意后由总统任命，可见其位置显赫。

随着时间的推移和技术的发展进步，《通信法案》已经不适应新形势的要求。1996 年 2 月，美国时任总统克林顿和副总统戈尔在全力打造信息高速公路之时，调整通讯产业法规制度，在《通信法案》的基础上适时推出了新的《电信法》，从法律上解除了对“三网融合”的禁令，拉开了广播电视与电信通讯全面竞争与合作的帷幕。

从根本上说，原来基本上垄断市话的地方贝尔公司将面临来自长话公司和有线电视经营者发起的竞争，而原来垄断有线电视的经营者将首先面临市话公司的挑战。在市话领域，除了 7 家贝尔公司和 GTE 之外，还有 1 400 多家小的电话公司参与竞争。长话市场的竞争虽早已展开，但主要还是由 AT&T、MCI 和 Sprint 三家公司垄断，除了三家大的公司之外，还有 300 多家较小的长话公司参与竞争，加上进入长话市场的市话公司和有线电视公司，竞争更加激烈。

---

① 参见曾静平：论三网融合的融合方向与市场前景，《南方电视学刊》，2010 年第 6 期。

新的《电信法》颁布后，美国的接入市场成为竞争焦点。有线电视已连接到千家万户，同时由于其带宽具有能够同时提供话音、数据和视频业务的优越性，首先成为长话和市话公司争夺的重要领域。

在美国有线电视与电话的融合当中，政策是决定性的首要因素。美国《电信法》和联邦通信委员会（FCC）为有线电视公司进入电信市场大开绿灯，不仅规定“有线电视经营商经营电信业务不需要申请营业执照”，同时“在有线电视公司要提供电话业务而介入电信领域时，电话公司要允许与它们相互接通”。不仅如此，《电信法》也为电信公司进入有线电视市场打开了大门。例如，在《电信法》第三篇“有线电视业务”中，就明确规定电话公司可提供视频节目业务。

其次，新技术和新业务加速了三网融合进程。由于新的《电信法》明晰了有线电视产业以“开放式视频系统”（OVS）取代“视频拨号系统”（VDT），有线电视公司纷纷从新技术和新业务方面寻找出路，打入电话市场。由于大多数多媒体业务并不能由窄带通信设施支持，大多数高速数据业务也已不能由现有的互联网服务器提供，提供高速电缆调制解调器成了有线电视公司的一大市场机会。同时，VP 宽带多媒体网络的实施也由大西洋贝尔抓紧进行，它使用 ADSL 和其他技术，在互联网上实现全综合话音与视频宽带网络业务。

在电信行业全面开放的环境下，美国信息产业的“三网融合”是一种自然实现的过程，融合是竞争的产物。网络和业务的融合要达到增强竞争实力的目的，必然采用新技术或新业务来实现，使自己在市场竞争中立于不败之地。“三网融合”是由市场来推动的，不是人为规定来实现的，因此管制总体上说是宽松的。在政策和市场双重利好的条件下，美国的三网一步步地朝着融合迈进。

2000 年，美国在线和时代华纳（Time Warner）宣布计划合并。这一被业界称之为“蛇吞象”的合并案例，彻底打破了广播电视与电信通信的藩篱，引起了全球广播电视业、互联网业和电信通信业的极大兴趣。这一兼并重组，旨在扩展品牌内容服务以及通信服务的大众市场，合并后的公司形成了一个通信和大众媒体紧密汇聚的“大媒体”公司。这个大公司拥有因特网最大用户群体，并有娱乐、出版和有线电视领域的广泛基础，实现了最大限度的资源共享。此后，世界各地的广播电视等大众传播机构纷纷与电信通讯业巨头结盟，有些甚至是跨国家跨地区的兼并重组。

三、英法三网融合

英国是全球实施“三网融合”较早的国家。1997 年，英国政府做出政策性的决定，逐步取消对公众电信运营商经营广播电视业务的限制。1999 年，英国的 Video Network 即推出了基于 DSL 的视频点播业务。从 2001 年 1 月 1 日开始，电信运营商可以在全国范围经营广播电视业务。目前，英国基本实现了有线电视与电信的双向进入。

2003年，英国《通信法》颁布实施，并依法成立了融合的管制机构——广播监管局（OFCOM），统领电信管理局、无线电通信管理局、独立电视委员会、无线电管理局、播放标准委员会五大机构，彻底打破了原来信息领域中存在的各种壁垒，使技术和业务得到进一步融合。

OFCOM在成立和组建过程中，高度重视新机构的高层次与整体性，直接对议会专门委员会（该议会专门委员会同时负责英国贸工部和文化、媒体与体育部的有关事务）负责，而不需对内阁大臣或政府部长负责。在财务上，OFCOM只接收国家审计办公室的审计和监督。这样的做法使OFCOM独立于政治，具有高度透明和延续性。英国政府无权干涉OFCOM的监管工作，仅在有关无线电频谱的国际事务中，OFCOM需要与英国贸工部一起处理相关事务，如出席有关无线电国际大会。

当前，英国模拟电视逐渐被数字电视取代，固定和无线宽带电信服务增长迅速。截至2008年年底，英国使用数字电视的家庭已经超过了50%，并还在以每周3万户的速度增长，宽带数字用户线和Cable Modem网络已经覆盖全英国80%的家庭和企业。英国宽带无线业务频谱的划分，使乡村消费者更易于接入宽带。移动电话用户5 450万，普及率超过90%。使用图像信息的消费者越来越多，以3G为代表的技术变化，使英国信息市场涌现出许多新服务。

法国的“三网融合”进展比较顺利，电信和广播电视彼此是对称开放的，融合发展是主旋律。在市场准入方面，法国电信业和广播电视业并不互相排斥。但目前的实际情况是，广电进入电信的不多，主要的问题在于资金方面——法国广播电视运营商需要投入大量的资金建设新网络、开发新业务，无暇进入电信领域。相对而言，电信进入广电的动作则大一些，尤其是在数字电视方面。

到目前为止，法国的电信部门与广电部门还没有像英国一样建立统一独立的电信和广播电视监管机构，仍然存在电信与广电多头管制的状况。

四、日韩三网融合

日本是亚洲较早开始“三网融合”业务的国家，总务省是日本通信与广电的统一管理机构，在管理体制上实现了通信与广电监管的融合。2001年，日本总务省设立了电信业纷争处理委员会，该委员会履行四项职责：一是利用其专业性迅速解决纷争；二是通过商谈在纷争出现之前解决问题；三是在通信业者与其他业者协商时，保持中立，保障双方对等；四是通过向总务大臣建言改善竞争规则等。此外，日本总务省还设有信息通信审议会、独立行政法人信息通信研究机构、电信团体组建的协会等，这些机构都在一定程度上保障三网融合的竞争与合作能够有条不紊地进行。由于宽带业务的不断普及，日本政府出台了若干基于通信与广电融合的相关法律，例如《广电经营电信业务法》和《促进开发通信广电融合技术法》等。

几年前，日本“三网融合”在业务层面上还仅限于电信网与互联网的两网融合。随着宽带业务的推广，2005年广播电视与电信的融合已经成为政府与相关企业研究的热点问题。根据NTT信息通信综合研究所对这一问题的研究，得出了以下结论：传统的通信方式为一对一的方式，传统的广电方式为一对多的方式，但随着通信与广电的融合，已经打破了这一传统的概念。由于ICT技术的发展，目前已经提供了许多不能按上述基本概念划分和管制的中性业务。即很多新业务已不能区分是属于通信，或是广电的管理范畴。在现行法律框架下，通信管制方式与广电管制方式十分不同，两大领域的划分成为大问题，急需在法律层面解决管制体系的问题，制定适应当前业务发展的法律法规①。

2008年，韩国国会通过法律，允许电信运营商通过宽带网络提供电视节目服务。这意味着为包括KT在内的韩国固网运营商提供IPTV服务扫清障碍。

2009年之前，韩国的“三网融合”十分混乱，IPTV、DMB（移动数字电视）、数字电视等电视广播一直没有进展。随着韩国信息通信部和广播委员会合并，成立韩国广播通信委员会，统一负责韩国的电视广播、通信和新传媒政策。这一做法果然灵验，新的管制机构成立不久，韩国“三网融合”总体比以前顺畅许多。

韩国电信KT已在首尔及周边地区推出试验性IPTV服务，并计划推广到全国。而在此前，韩国另一家运营商Hanaro电信也推出了IPTV业务——“HanaTV”，现已发展用户50多万，并拟于2008年年初扩展到100万，实现盈利目标。市场调查表明，韩国电信84%的用户都愿意购买“MegaTV”服务。

短短十年，韩国电信业异军突起，成为全球宽带最发达的国家之一。IPTV的正式起步，将进一步促进韩国宽带业务的发展及社会信息化进程。优惠的政策支持和良好的产业基础以及积极的社会人文环境，为韩国IPTV的顺利起步打下了坚实基础。

第三节　物联网产业

根据国际电联的定义，物联网（Internet of Things，IOT），就是通过二维

① 参见曾静平，李炜炜：国外三网融合发展沿革及启示，《电视研究》，2009年第10期。

码识读设备、射频识别（RFID）装置、红外感应器、全球定位系统和激光扫描器等信息传感设备，按约定的协议，把任何物品与互联网相连接，进行信息交换和通信，以实现智能化识别、定位、跟踪、监控和管理的一种网络。简而言之，物联网就是物物相连的互联网。基本特征是物体使用协议与其他物体或物联网基础设施进行讯道联系。这里的物体可以是真实世界的实体或虚拟物体，它们可以通过标识被自动识别。物联网被认为是继计算机、互联网、移动通信网之后的又一次信息产业浪潮。近年来，美国、欧盟、日本和中国等全力助推物联网建设，试图将物联网产业作为振兴经济、抢占未来国际竞争制高点的“法宝”。

2005年11月17日，在突尼斯举行的信息社会世界峰会（WSIS）上，国际电信联盟（ITU）发布了《ITU互联网报告2005：物联网》。这算是国际组织正式提出了“物联网”的概念。

2008年11月，美国政府将IBM公司提出的“智慧星球”战略作为美国信息化战略的重要内容，并将物联网列为“2025年对美国利益潜在影响最大的关键技术”。美国总统奥巴马就职后，将“新能源”和“物联网”列为振兴经济的两大“武器”。

欧盟各国在物联网方面进行了大量研究，并开始推动物联网的主要技术RFID在经济、社会、生活各领域的应用，着力解决安全和隐私、国际治理、无线频率和标准等问题。2009年6月，《欧盟物联网行动计划报告》提出14项行动计划，试图夺取物联网发展主导地位。同年10月，欧盟推出“物联网战略研究路线图”，力推物联网在航空航天、汽车、医疗、能源等18个主要领域应用，明确12项关键技术，首推智能汽车和智能建筑。

2009年3月，日本提出“数字日本创新计划”，同年7月，进一步提出“I-Japan战略2015”，物联网被列为与交通、医疗、智能家居和环境监测同等重要的发展方向。

韩国积极地开展多项物联网城市建设试点项目，并将物联网城市称为“U-City”(“U”是“Ubiquitous Network 泛在网络的第一个字母)。韩国给出U-City一个明确的定义，即通过在道路、桥梁、学校、医院等城市基础设施之中搭建融合信息通信技术（ICT）的泛在网平台，实现可以随时随地提供交通、环境、福利等各种物联网服务的城市。韩国的物联网城市是一种通过IT与环境技术综合管理城市生活中必不可少的电、水、建筑等构成要素而实现环保性、宜居性的21世纪城市体系。

2009年8月，中国时任国务院总理温家宝在无锡考察传感网产业发展时明确指示，要早一点谋划未来，早一点攻破核心技术，并且要求尽快建立中国的传感信息中心。2010年3月2日，上海物联网中心在上海嘉定揭牌。上海以此打造国内最具竞争力、具有国际影响的物联网技术研发基地，形成规模应用示范，推动物联网及其相关产品、服务的产业化。物联网传感器产品已率先在上海浦东国际机场防入侵系统中得到应用，ZigBee 路灯控制系统点亮济南园博园，部分城市也有了未来智能交通系统（ITS）的雏形。我国目前物联网的发展，以北京、上海、无锡、杭州、嘉兴和深圳这几个城市最为突出①。

物联网的应用和产业发展在欧美国家方兴未艾，欧美国家已将 RFID 技术应用于交通、车辆管理、身份识别、生产线自动化控制、仓储管理及物资跟踪等领域。飞利浦、西门子等半导体厂商垄断了 RFID 芯片市场，IBM、惠普、微软等国际巨头抢占了 RFID 中间件、系统集成研究的有利位置，不少公司提供 RFID 标签、天线、读/写器等产品和设备，而沃尔玛、麦德龙等零售巨头和宝洁、宝马、大众等顶级制造商，已把 RFID 技术应用于供应链管理②。

一、美国物联网产业

物联网无论是从构想到概念还是最终核心技术的突破，以致引领全球新型产业浪潮，美国是当之无愧的创作者和领跑者。

早在第二次世界大战时期，美国就出现了作为物联网发展最核心的 RFID 技术，后来在美国对伊拉克战争中得到大量使用，用于管理军需后勤物资。1991 年，美国提出普适计算的概念，它具有两个关键特性：一是随时随地访问信息的能力，二是不可见性，通过在物理环境中提供多个传感器、嵌入式设备，在用户不察觉的情况下进行计算和通信。普适计算总体来说是概念性和理论性的研究，首次提出了感知、传送和交互的三层结构，可以认为是物联网的雏形。

1995 年，比尔·盖茨在《未来之路》书中首次提出“物—物”相联的雏形。1999 年，在美国召开的移动计算和网络国际会议上，提出了传感网的概念，认为“传感网是下一个世纪人类面临的又一个发展机遇”。美国国防部在 2000 年时把传感网定为五大国防建设领域之一，仅在美墨边境“虚拟栅栏”（防入侵传感网）上就投入了 470 亿美元。

物联网的完整概念一般认为是麻省理工学院 Ashton 教授于 1999 年最早提出来的，其理念是基于射频识别技术（RFID）、电子代码（EPC）等技术，在互联网的基础上，构造一个实现全球物品信息实时共享的实物互联网，即物联网。此设想有两层意思：第一，物联网的核心和基础是互联网，是在互联网基础上的延伸和扩展的网络；第二，其用户端延伸和扩展到了任何物体与物体之间，并进行信息交换和通信。简单而言，物联网就是传感网、互联网、智能服务的综合体，

① 参见马志国，孟梦：物联网介绍，《移动通信》，2011 年第 5 期。

② 参见张泽伟：美欧日抢占物联网国际竞争制高点，《经济参考报》，2010 年 6 月 25 日。

就是把世界所有物体连接起来形成的互联网络。

2008年11月，美国IBM公司发布了“智慧星球（Smarter Planet）”战略。“智慧星球”提到，在信息文明的下一个发展阶段，人类将实现智能基础设施与物理基础设施的全面融合，实现信息技术与各行各业的深度融合，从而以科学和智慧的方式对社会系统和自然系统实施管理。“智慧星球”提出，“把感应器嵌入和装备到电网、铁路、桥梁、隧道、公路、建筑、供水系统、大坝、油气管道等各种物体中，并且被普遍连接，形成所谓“物联网”，再通过超级计算机和云计算将“物联网”整合起来，实现人类社会与物理系统的整合。“智慧星球”其本质是以一种更智慧的方法，利用新一代信息通信技术来改变政府、公司和人们相互交互的方式，以便提高交互的明确性、效率、灵活性。该战略预言，“智慧星球”战略能够通过刺激政府加大对智能铁路、智能高速公路、智能电网等基础设施的投资，促进经济增长，创造大量的就业岗位，使美国经济甚至世界经济走出困境，并将为未来的科技创新开拓巨大的空间，增强国家的长期竞争力。同时，“智慧星球”战略能够提高对于有限的资源与环境的利用率，改变政府、公司和人们相互交互的方式，以便提高交互交流的明确性、灵活性和高效性。

依据“智慧星球”的研究结果，如果在新一代宽带网络、智能电网和医疗IT系统的建设方面投入300亿美元，就可以产生100万个就业岗位，并衍生出众多新型现代服务业态，从而帮助美国建立长期竞争优势。

近年来，美国高科技巨头谷歌、苹果以及传媒大腕迪斯尼等纷纷涉足物联网产业，美国物联网已经渗透到高新产品制造、零售购物等多个方面，整个产业规模迅速增长。全球知名管理咨询公司麦肯锡预计，到2025年，全球物联网的经济规模将达到6万亿美元。

美国店内移动营销平台提供商Swirl CEO希尔米·奥兹古奇（Hilmi Ozguc）表示，物联网正在迅速形成。谷歌和苹果公司都已拥抱这项技术，分别推出了谷歌眼镜和iBeacon，这无疑会加快物联网的发展步伐。

在很多美国人看来，科学家正借助于传感器，堪称连接物联网的“黏合剂”，将我们周围的事物以一种新奇且有力的方式连接起来，显著提升和改善了我们的日常生活，带来了之前难以想象的益处。比如，腕带可以追踪我们的步伐和消耗的能量；冰箱在牛奶喝完以后向我们发送短信；恒温器知道主人最喜欢的居室冷热程度，然后自动调温；甚至泰迪熊还能追踪婴儿心律等。而世界最大的一些品牌正在引领这种潮流，谷歌眼镜通过传感器探测周围灯光、物体的距离和活动。

迪士尼在数字腕带中置入了传感器技术，这种数字产品可以当作门票、支付工具和房门钥匙等使用。另一款可穿戴计算产品——耐克Nike+ Fuel Band，则能追踪用户的日常活动，报告他们的健康水平。

美国店内移动营销平台提供商 Swirl CEO 希尔米·奥兹古奇（Hilmi Ozguc）表示，传感器现在已经开始融入零售购物环境。当顾客刚一走进商店，这些公司就会利用传感器激活系统，向他们的智能手机上发送个性化商品优惠信息和内容。传感器可以更为准确地锁定一个人的地理位置，零售商就可以基于顾客所在位置——无论他们是恰好经过商店外面、走进商店，还是浏览店内某件东西，量身定制优惠信息并发送至他们的智能手机。利用传感器激活增值移动体验或高度个性化服务，可以从根本上转变零售购物体验。除了更为便捷外，这些传感器还会让我们变成更聪明的消费者，能让零售商根据我们每一个人的口味和喜好，打造一种高度定制化体验。

二、欧盟物联网产业

2000 年 3 月，在葡萄牙的里斯本举行的欧洲首脑特别会议上，欧洲理事会提出了一个未来十年的战略目标——使欧盟成为世界上最有竞争力、经济最活跃的知识经济体，计划建设“为所有人的信息社会（Information Society for all)”，推出了“E-Europe”行动方略，旨在充分利用欧洲的整个电子潜力、依靠电子业务和互联网技术及其服务，使欧洲在核心技术领域例如移动通信方面保持领头羊的地位。

2006 年 3 月，欧盟召开会议“从 RFID 到物联网”（From RFID to the Internet of Things)，对物联网做了进一步的明确描述。2008 年在法国召开的欧洲物联网大会的重要议题包括未来互联网和物联网的挑战、物联网中的隐私权、物联网在主要工业部门中的影响等内容。

为确保欧洲在物联网发展过程中的主导作用，2009 年 6 月 18 日，欧盟委员会发布了世界第一个物联网发展战略——《欧盟物联网行动计划》（Internet of Things An action plan for Europe)，描绘了物联网技术应用的前景，并提出要加强欧盟政府对物联网的管理，消除物联网发展的障碍。该行动计划系统地提出了物联网发展的管理设想，在世界范围内尚属首次。其中，管理体制的制定、安全性保障和标准化是行动计划的重点。从该计划可以看出，欧洲联盟试图掌握未来信息社会竞争的主动权，希望借助物联网的发展，实现“弯道超车”，改变既往互联网的发展上落后于美国的局面。为了保证该计划的顺利实施，《欧盟物联网行动计划》还配套了“加强管理”、“提高可信度”、“保护隐私和个人数据”和“推广标准化”等 10 项政策建议。

欧盟提出物联网的三方面特性：第一，不能简单地将物联网看做互联网的延伸，物联网是建立在特有的基础设施基础上的一系列新的独立系统，当然部分基础设施要依靠已有的互联网；第二，物联网将与新的业务共生；第三，物联网包括物与人通信、物与物通信的不同通信模式。物联网可以提高人们的生活质量，产生新的更好的就业机会、商业机会，促进产业发展，提升经济的竞争力。

2009 年 11 月，欧洲联盟发布了《未来物联网战略》，提出要让欧洲在基于互联网的智能基础设施发展上领先全球，除了通过信息与通信技术研发计划投资 4 亿欧元、90 多个研发项目提高网络智能化水平，欧盟委员会还将于 2011—2013 年间每年新增 2 亿欧元进一步加强研发力度，同时拿出 3 亿欧元专款，支持物联网相关公私合作短期项目建设。

2010 年 6 月，欧盟委员会推出了《数字议程》（Digital Agenda）五年行动计划，该议程是《欧盟 2020 战略》七项旗舰举措中的一项，该议程提出了七个优先行动领域，分别是统一数字市场的建立、更强的互操作性、增强互联网的信任度和安全性、更快的互联网接入、更多的研发投资、增强数字化文化技能和包容性、更多地应用信息和通信技术以应对气候变化和人口老龄化。

目前，欧洲是全球物联网运用最先进地区。德国电信的 M2M（机器与机器间无线通信业务）应用已经覆盖了能源、医疗、交通物流、汽车、消费电子、零售、工业自动化、公共事业和安全九大行业。英国正在推进智慧网格项目的规划，将在 2020 年前部署 5 300 万个燃气和电力计量器。知名咨询公司弗若斯特·沙利文发布报告称，预计到 2016 年前，欧洲国家的 M2M 市场复合年增长率将达到 33％。

三、日韩物联网产业

2009 年 2 月，日本为应对日渐疲软的经济环境，紧急出台了宏观性的指导政策“ICT 新政”。2009 年 4 月，日本总务省公布了“新政”的实施性文件——“数字日本创新计划（ICT Hatoyama Plan，亦称 ICT 鸠山计划）”纲要，将其作为未来 3 年中优先实施的政策。“数字日本创新计划”的目的是在数万亿日元的 ICT 行业创造新的市场，并在未来 3 年内增加 30 万至 40 万个就业机会（以累积方式计算），通过鼓励基于新增长策略的 ICT 投资行为，向 ICT 产业投入资金。通过这些措施，该计划还希望达到在 2015—2020 年使信息通信产业总值翻倍的中期目标（产业总值届时将高达百万亿日元）。该项目包括 9 个行动项目。通过实施这些行动项目，所有 ICT 领域的投资将加速进行，国内用户也将体验到一个通过 ICT 手段实现的真正繁荣、安全的应用环境。深入应用 ICT 也将引发全国工业结构的创新和国际竞争力的加强。

2009 年 7 月 6 日，日本 IT 战略本部发表了“I-Japan 战略 2015”，目标是体现以人为本，“实现以国民为主角的数字安心、活力社会”。I-Japan 战略中提出重点发展的物联网业务包括：通过对汽车远程控制、车与车之间的通信、车与路边的通信，增强交通安全性的下一代ITS应用；老年与儿童监视、环境监测传感器组网、远程医疗、远程教学、远程办公等智能城镇项目；环境的监测和管理，控制碳排放量。通过一系列的物联网战略部署，日本针对国内特点，有重点地发展了灾害防护、移动支付等物联网业务。

韩国是目前全球宽带普及率最高的国家，同时它的移动通信、信息家电、数字内容等也居世界前列。自1997年起，韩国政府出台了一系列推动国家信息化建设的产业政策，包括RFID先导计划、RFID前面推动计划、USN领域测试计划等。实现建设u化社会的愿景，韩国政府持续推动各项相关基础建设、核心产业技术发展，RFID/USN（传感器网）就是其中之一。

2009年6月，韩国通信委员会（KCC）决定促进未来物体通信网络建设，实现用户随时随地安全方便地进行人与物、物与物之间的智能通信。2009年10月13日，韩国出台了《物联网基础设施构建基本规划》，将物联网市场确定为新增长动力，提出到2012年实现“通过构建世界最先进的物联网基础实施，打造未来广播通信融合领域超一流信息通信技术强国”目标，并确定了构建物联网基础设施、发展物联网服务、研发物联网技术、营造物联网扩散环境等4大领域、12项详细课题。

从2010年年初开始，韩国政府陆续出台了推动RFID发展的相关政策，为使其成为RFID和传感网行业世界前三强进行努力。韩国政府称，为了加强对于行业全面情况的掌握，将在钢铁、电子和医药产品行业内应用高科技识别标签。韩国知识经济部表示，此举旨在推广RFID标签，并建立相关的传感器网系统，以维持对各种产品进行实时的、准确的监测。2010年1月，韩国首尔市表示将耗资27亿韩元，建设RFID公共自行车系统示范项目。而韩国的其他国家部门也相继推出一系列关于RFID的项目：韩国海洋研究院出台了构建RFID资产管理系统的政策，韩国警察厅宣布试行第四次RFID基础档案管理系统扩大项目，韩国国土海洋部推出了关于构建顺天地区USN海洋群及融合服务的项目，韩国行政安全部推出2010年视频档案RFID运用安全扩大项目。目前，韩国的RFID发展已经从先导应用开始全面推广，而USN也进入实验性应用阶段。2010年9月，韩国通信委员会（KCC）确立了到2012年“通过构建世界最先进的传感器网基础实施，打造未来广播通信融合领域超一流ICT强国”的目标[①]。

韩国政府倾力打造U-City，通过随时随地提供U-行政、U-交通、U-医疗、U-环境、U-教育、U-文化、U-物流、U-安全等物联网服务，旨在从根本上改变

---

① 参见陈柳钦：物联网，国内外发展动态及亟待解决的关键问题，《决策咨询通讯》，2010年第5期。

韩国人生活的方方面面[①]。

四、中国物联网产业

中国物联网产业经过几年的不断发展与创新，应用领域日益扩大且逐渐明朗，产业链逐步形成，产业体系初具雏形，产业规模快速增长。在国计民生重大关切的安防、交通和医疗三大领域以及举世瞩目的上海世博会和南水北调工程等重大项目应用上，中国物联网正显现着不同凡响的影响力。

根据2010年中国国际物联网博览会上发布的《2009—2010中国物联网年度发展报告》，2009年中国物联网产业市场规模达1 716亿元。2012年我国物联网产业市场规模达到3 650亿元，比2011年增长38.6%。至2015年，中国物联网整体市场规模将达到7 500亿元，年复合增长率超过30%，市场前景将远远超过计算机、互联网、移动通信等市场[②]。

中国工业和信息化部已将物联网规划纳入到“十二五”的专题规划，列为国家重点发展的七大战略性新兴产业之一，明确提出，要发展宽带融合安全的下一代国家基础设施，推进物联网的应用，锁定十大领域重点发展。

中国移动的物联网应用走在世界前列，现有网络规模与覆盖范围全球第一，进一步提升城市信息化发展速度，积极探索以通信技术实现节能减排的解决之道，方案涉及政务、交通、就业信息、公共事业等多个领域，覆盖用户7 000多万，推动了传统行业加速转型，助力全社会实现节能减排和可持续发展。

在美国提出物联网概念之前的2007年，中国移动已经启动了M2M建设，率先提出中国的物联网标准，并且通过ITU在国际上得到认可。目前，具有网络和标准双重优势的中国移动在物联网应用创新和产业发展上取得了突出成效，M2M终端数已超过300万，年均增长超过80%，并成功在上海世博会上开创世博手机票等前沿应用，中国移动系列自主创新的物联网应用成果，正成为上海等国际化大都市在信息化时代提升城市服务能级的重要力量。

世博手机票是全球首次把物联网领域RFID技术与移动SIM卡相结合的应用，突破性地为中国移动用户实现了“不换手机，更换一张RFID-SIM卡就能‘刷手机’坐地铁、游世博、去购物”的便捷服务。用户在世博园区每个出入口半数以上检票闸机和所有世博直达公交专线共约500辆公交车上都能获得方便、环保的游世博体验。

RFID-SIM卡承载的“手机钱包”是移动物联网产品中贴近市民的创新应用，中国移动用户可以应用它来便捷完成坐地铁、购物等小额手机支付。上海地

① 参见王喜文：聚焦韩国物联网智能城市（U-City）建设，《物联网技术》，2011年第6期。

② 参见《2009—2010中国物联网年度发展报告》。

铁 11 条线路全部 280 多个车站共近 3 300 个专用闸机通道可供“刷手机”通行，每座车站至少有 2 组进、出站闸机，并标识“手机钱包专用通道”字样，方便乘客使用。另外，世博园区内外的伊利自动售货机、星巴克、老丰阁餐饮、联华超市等 2 000 多家商铺都安上了支持手机钱包功能 POS 机，供上海市民和世博游客“刷手机”消费。世博运营首月，中国移动上海公司的手机钱包月交易金额超过 100 万，越来越多的市民和世博游客享受到中国移动物联网带来的城市智能生活。

同时，基于物联网技术的世博“车务通”率先实现无线环境下对车辆跟踪定位、运输路径选择、货况信息获取等服务，规模应用于上海出租车和公交车行业，在世博会期间全面服务于上海公共交通。同时，基于物联网的智能停车信息服务系统作为中国移动一类科技成果，已在中国移动上海公司内部停车场及无锡市“市民中心”大型停车场使用，并被中国移动海南、湖南等公司引入使用，在全国实现更大范围的推广应用。

远程智能无线抄表是中国移动率先将物联网技术服务于城市公共事业的典型创新应用。远程智能抄表系统不仅能利用无处不在的移动网络，实现自动“抄表”，为电力企业大幅节省人工抄表成本，使上海市民免受打扰，还能对收集的数据进行一系列智能化的处理，提高电力企业运营效率。目前，北京、上海、广东、重庆等地已实现了 100 多万台电表的远程无线抄表①。

随着物联网应用模式的日趋成熟，国内许多地区的物联网产业快速发展。据来自工信部网站公布的信息，湖南省已有 250 多家从事物联网研发、制造、运营和服务的企业，主营业务收入已约达 400 亿元人民币。

据悉，目前湖南物联网业在传感器、芯片设计、电子标签与读写机具、智能终端、应用软件、系统集成、运营服务等产业环节，全省都有企业涉足，基本形成初级产业链，在部分领域还有一定优势。

物联网在湖南工业、交通、电力、医疗等领域的应用模式正日趋成熟。全省电网 80%的业务和物联网有关联，无线电表的远程抄表、对配电变压器的运行状态进行实时监控、电能质量检测、负荷管理等应用逐步拓展。物联网在智能家居、环境监测、智能农业等领域的应用步伐也在不断加快，将成为新的应用增长点。湖南省经济和信息化委员会提出，到 2015 年要在全省培育 30 家物联网骨干企业，突破一批核心技术，产业规模突破 1 000 亿元。另外，湖南省将以长株潭为核心，打造智能工程机械、智能交通、数字医疗、智能电网等 3～5 个特色产业基地②。

① 参见叶凯，吕网大：中国移动物联网开创城市智能生活，2010 年 6 月 22 日，人民网。

② 参见魏慧：湖南物联网已形成初级产业链，规模达 400 亿元，2013 年 7 月 9 日，通信世界网。

第四节　云计算产业

云计算（cloud computing）是一种通过互联网以服务的方式提供动态可伸缩的虚拟化的资源的计算模式。“云”即是一个包含大量可用虚拟资源（例如硬件、开发平台以及I/O服务）的资源池。这些虚拟资源可以根据不同的负载动态地重新配置，以达到更优化的资源利用率。这种资源池通常由基础设施提供商按照服务等级协议采用按时付费的模式开发管理。

2006年8月9日，谷歌首席执行官埃里克·施密特（Eric Schmidt）在搜索引擎大会（SES San Jose 2006）首次提出“云计算”（Cloud Computing）的概念。谷歌“云计算”的概念起源于谷歌工程师克里斯托弗·比希利亚所做的“Google 101”项目，其核心思想是一种新的分布式计算架构，具有大规模扩展、水平分布的系统特性，所拥有的资源抽象为虚拟IT服务，并可进行持续配置，同时作为公用的资源进行管理。乔治·吉尔德（George Gilder）在其2006年10月在Wired杂志上发表的文章，标题为“信息工厂”（The Information Factories），对这种架构模式进行了详细介绍。

2007年年末，Cloud computing单词在英文中出现，2008年年初，Cloud computing被直译为“云计算”。这个单词背后代表的是一种全新的商业模式趋势，是一个继PC时代，网络时代以后的IT新时代的代名词。

2008年7月29日，雅虎、惠普和英特尔宣布一项涵盖美国、德国和新加坡的联合研究计划，推出云计算研究测试床，推进云计算。该计划要与合作伙伴创建6个数据中心作为研究试验平台，每个数据中心配置1 400～4 000个处理器。这些合作伙伴包括新加坡资讯通信发展管理局、德国卡尔斯鲁厄大学Steinbuch计算中心、美国伊利诺伊大学香宾分校、英特尔研究院、惠普实验室和雅虎。

戴尔公司称，云计算是“在数据中心和巨型规模的计算环境中，为他人提供计算机硬件定制制造”。为加强对这一未来可能重塑技术架构的术语的控制权，2008年8月3日，戴尔申请“云计算”商标。

美国政府方面认为，云计算不仅能够对“地盘”敏感的政府部门之间促进信息分享，云计算技术还能帮助企业租赁计算机资源，减少自主数据中心的建设及运营，从而削减成本。

在以美国为首的高科技巨头牵引下，世界各国政府十分关注云计算，并推出系列措施推动云计算的研发和应用。全球电子信息领域的主要厂商都在围绕云计算重新布局。主要互联网公司纷纷通过开放平台对外提供云计算服务，构建生态链，形成新的竞争焦点。各个行业也意识到云计算的优势和价值，纷纷推出云计算相关应用，大量云计算、大数据领域的创新公司在风险投资的推动下快速发展。仅2012年第四季度，就有近50家企业获得高达13.9亿美元的投资额。

中国的云计算起步晚，规模小。2012年中国公有云市场规模只有5.6亿美元，仅为全球云服务规模220亿美元的2.5%。

2010年10月23日，国家发展改革委、工业和信息化部《关于做好云计算服务创新发展试点示范工作的通知》中指出：为加强我国云计算创新发展顶层设计和科学布局，推进云计算中心（平台）建设，在充分考虑各地区产业发展情况的基础上，经研究国家发展改革委、工业和信息化部拟按照自主、可控、高效原则，在北京、上海、深圳、杭州、无锡五个城市先行开展云计算创新发展试点示范工作。

2010年10月18日，由北京市科学技术研究院计算中心打造的云计算平台已经建成。这个“云平台”，拥有每秒百万亿次的超强计算能力，是目前国内最大的工业云计算服务平台。

2013年9月18日，浙江建德投资40亿元建设云计算数据中心，旨在充分开发利用新安江水资源，并结合目前国际上最先进的低温水冷云计算存储集装箱技术，成为华东区域最大的云计算数据中心。云计算数据中心一期项目建成后，将实现年销售产值100亿元。

一、典型代表

自概念问世到真正进入产业发展，仅仅几年的时间，云计算已成为影响所有人日常生活的一种新锐科技形式，个人文件的云储存，移动手机和平板电脑通过云端来运行各类应用软件，开始不信任云计算的各类企业，现在斥资数十亿美元开始布局云服务。云计算已经影响到整个世界。

在所有云计算领域最具代表性的公司中，亚马逊由于向用户提供云计算服务AWS（Amazon Web Service），被视为云计算的先驱者。随着2008年谷歌的Appengine和微软的Azure的推出，谷歌和微软被视为云计算市场的新参与者，IBM则在2009年年初推出了云计算方案，被视为企业云计算市场的开拓者。亚马逊、微软、谷歌和IBM四大供应商巨头四足鼎立，亚马逊更是被美国信息技术咨询与研究公司Gartner视为当之无愧的云霸主。2013年，亚马逊一举击败IBM、微软、AT&T等竞争对手，“意外”赢得美国中央情报局6亿美元云计算服务的合同，让业界对亚马逊的云计算服务AWS更加刮目相看。

亚马逊是目前云计算领域当之无愧最重要参与者，因为这家公司从根本上发明了LaaS（基础设施即服务）市场，主要产品为EC2（Elastic Compute Cloud）、

EBS、S3（Simple Storage Service）和 SimpleDB 等。亚马逊云计算提供了非常多的选择，从每月几便士的云储存到每小时 5 000 美元的超过计算机增强驱动租赁，比如新兴创业公司 Dropbox、Instagram 等都是由亚马逊提供云技术驱动。

亚马逊 AWS 服务（Amazon Web Services）为初创公司和小型企业提供在线计算机服务，多年来一直被业界所忽视。公共云计算服务让企业可以租赁与其他客户共享的数据中心提供的计算能力、存储资源和其他服务。与创建和维护自己的数据中心相比，公共云计算服务通常更为便宜，更具灵活性。亚马逊的 AWS 部门于 2006 年率先推出了这项服务，并且赢得三星、辉瑞制药、美国公共电视台 PBS（Public Broadcasting Service）和美国航空航天局（NASA）等一批重要客户。

亚马逊现在已经真正进入企业云计算市场，并为其云服务提供了更多安全的功能。同时，亚马逊还组建了一支企业客户销售团队，亚马逊这些举措就是不想让对手 Vmware、Citrix 和 OpenStack 轻松跟它抢企业客户。

2005 年 11 月 2 日，亚马逊正式发布其首个 Web 服务——Amazon Mechanical Turk。[①] 在随后的几年间，亚马逊陆续推出了 30 余种丰富多样的 Web 服务，拥有遍布 200 多个国家的上百万用户。

分析师们预计，亚马逊 AWS 业务目前一年的营收至少为 20 亿美元，未来几年 AWS 的营收将达到 100 亿美元以上，继续长时间在全球云计算业务领跑。

2008 年，IBM 发布了“蓝云”计划相关的新产品和服务，并公布了最新云计算客户及合作伙伴。凭借发布的多款产品与服务，IBM 已拥有了最为完整的包括硬件、软件与服务的云计算解决方案，来帮助企业客户利用云实现成本与效率的优势。

“蓝云”代表了 IBM 在一直领先的计算领域中的下一个重大的进步，因为其根植于 IBM 数十年来在开发和领导大规模计算方面的丰富经验，其中包括并行系统综合体（Parallel Sysplex）、IBM 的“深蓝”SP 集群（Deep Blue SP Cluster）、“蓝色基因”（Blue Gene，一种强大的大规模超级计算机网络，它充分利用了开放系统和大量的非常低成本和高能效的组件）和网格计算（Grid Computing，基于一套开放标准和协议，包括主要的 SOA 标准）。

此外，IBM 云测试环境设计与部署服务可支持客户在自己的 IT 环境内构建一个云平台，安全地进行新应用测试。

在推出新的软件同时，IBM 还推出了云计算服务管理中心，该中心包含一套可共同为客户提供构建与交付云服务平台的产品。

---

① https：//www. mturk. com.

在不断拓展云计算价值链的同时，IBM 将与其业务合作伙伴 Juniper Networks 公司一起为选定的客户展示一些新功能。IBM 与 Juniper Networks 将展示当资源有限，高优先级应用得到优先处理时，混合云如何支持企业将其私有云无缝扩展至位于安全的公共云中的远程服务器。目前，IBM 与 Juniper 正在将此网络功能安装到 IBM 在全球的九个云实验室中，以促进客户参与。一旦安装完毕，IBM 与 Juniper 就能使客户机工作负载在北京、硅谷和圣保罗之间实现无缝转移，确保客户不错过任何一个服务等级协议①。

“蓝云”建立在 IBM 在领先的大规模计算领域的专业技术，将基于由 IBM 软件、系统技术和服务支持的开放标准和开源软件。全球超过 200 名 IBM 研究人员参与开发的“蓝云”，将帮助客户快速和简便地探索云计算基础架构以实现极限规模运算。

二、基本层次

云计算体系可以分成 5 个层次，即云应用层、软件环境层、软件基础构架层、软件核心层和硬件层。

云计算最上层是云应用层，是云提供给用户服务的接口，这种模型简化了云计算服务提供商的应用部署，一个云应用是部署在服务提供商的计算中心而不是用户的机器之中，可以称这种模型为软件即服务（SAAS），很有名的两个 SAAS 的例子就是 CRM（Customer Relationships Management，销售人员客户关系管理系统）和 Google Apps。

第二个层次是云软件环境层，也可以称之为软件平台层，这个层的用户是云应用的研发者，软件平台提供商提供研发者一种研发环境以及很好的 API（Application Programming Interface，应用程序编程接口），提供这个层次的服务可以称之为平台即服务（PAAS），在这个层中最有名的就是 Google’s App Engine，另一个范例就是 SalesForce Apex language。

第三个层次是云软件基础设施层，由这个层次提供基础资源给上一层。这一层提供的云服务有三种：计算资源，数据存储和通信。虚拟机是最常见的计算资源提供形式，可以称这种服务为平台即服务（LaaS），因此虚拟化技术是云计算的关键理论技术之一，目前以开源的虚拟化技术以 XEN 和 KVM 为代表，同时 vmware 虚拟化在企业虚拟化应用中也很广泛，在 LaaS 中最出名的就是亚马逊弹性云计算平台-EC2（Amazon’s Elastic Compute Cloud）和 Enomalism 弹性云计算平台（Enomalism elastic computing infrastructure）。数据储存是第二个基础设

① tech. ccidnet. com/art/3089/20090311/1705851 _ 1. html.

施资源，提供存储服务，也就是很有名的数据存储即服务（DaaS），例如 Google 的分布式文件系统 GFS。最有名的 DaaS 提供商就是亚马逊的 S3 和 EMC 存储管理服务。

第四层是软件核心层，这一层提供组成云实际物理服务的基本软件的管理。这一层的实现可以是操作系统核心、系统管理程序（Hypervisor）和虚拟机监视器或集群中间件。云计算的最底层便是硬件层，这一层的用户通常是有巨大 IT 需求的大企业，可以称提供的这种云服务为 HaaS——硬件即服务。最大的 Haas 范例便是 Morgan Stanley 和 IBM 建立的 sublease contract，本层相关技术有 remote scriptable boot-loaders（PXE、Uboot、IBM Kitty hawk）等。

云计算的主要特点是数据密集型的计算方式，同时还具有移动计算的特点。云计算的上述基本层次的关键支撑技术包括虚拟化技术、并行计算、分布式存储和分布式数据管理等①。

三、中国云产业

中国政府非常关注云计算的发展，在“十二五规划”和“国务院关于加快培育和发展战略性新兴产业的决定”中，都强调了重点支持云计算的发展。目前，国家部委与地方政府已经着手建设云计算试点城市和开展各类云计算战略计划，云服务也进入政府采购目录，并通过出台云计算数据中心标准、相关牌照重新开放等措施，以多种形式推动云计算的发展。

2009 年 12 月，由中国电子学会主办了中国第一届云计算国际学术会议，会议的主题是关于云计算的定义、技术、发展和安全问题。来自中国、日本、英国、美国、德国、挪威、加拿大、韩国和印度尼西亚等国的代表近 100 人参加了会议。截止到 2013 年，中国已经召开了 5 届云计算大会。

第二届中国云计算大会主要探讨云计算的实质内涵及发展趋势，云计算对产业、教育和社会发展的影响，交流国内外云计算的最新研究成果，分享云计算应用的实践经验，中国移动、思杰、CORDYS、EMC、IBM、Intel、联想、微软和友友新创等厂商参会发表了重要演讲并进行了产品演示。国内外企业围绕中国云计算产业开始了尝试性的行动：中国移动的“大云”项目不仅为其自身 IT 支撑系统服务，而且将能够满足对外提供移动互联网业务和服务的需求；IBM 作为企业级计算中云计算的先驱者，已经在中国完成了全球第一个云计算项目——无锡云计算中心项目，并开始产业化运作；广东电子研究院基于龙芯和曙光等技术，建成国内首个自主产权的云计算平台，并与东莞当地产业密切结合，开展了

① 参见刘刚，侯宾等编著：《Hadoop 开源云计算平台》，北京邮电大学出版社，2011 年 11 月第 1 版。

SaaS 云、教育云、动漫云、云制造等应用，“云产业”初见雏形。

到了 2011 年第三届中国云计算大会，云计算从概念的讨论到部分云架构方法的实验，升华进入了部分云运用的阶段，中国已有不少大型企业在全国或者在国际上自有的分支机构一些企业，依据自己的需要，已经开展了云服务的应用实验，提出了一些有价值的云服务的模型和架构。在企业系统内部进行了资源整合，软件的升级向云服务的总体方向探索，实际应用的势头正在扩大。

2012 年，云计算理念已经在中国深入人心，催生了诸多新的技术和商业模式，成为中国主要平台厂商和创新企业兵家必争之地，深刻改变着 IT 软硬件、互联网、电信、移动设备、消费电子、医疗卫生、电子商务等各行业的面貌。阿里云、盛大云、新浪云、百度云等公共云平台的迅速发展，腾讯、淘宝、360 等开放平台的兴起，标志着中国云计算真正进入到实践阶段。因此，2012 年被称为“中国云计算实践元年”。这一年，成规模上档次的中国云计算实践企业已经有 189 家，其中包括了阿里云、新浪、百度、盛大、腾讯、用友、360、淘宝、华为和中国电信等知名大牌企业（见表 9.2）。

表 9.2　中国云计算创新产品与应用部分企业名单（以参与时间为序排名）①

序号	公司	产品	主页
1	阿里云	阿里云云计算平台	http：//www. aliyun. com /
2	新浪	Sina App Engine	http：//sae. sina. com. cn /
3	百度	百度开放云平台	http：//yun. baidu. com /
4	盛大	盛大云	http：//www. grandcloud. cn /
5	腾讯	腾讯开放平台	http：//open. qq. com /
6	用友	用友企业云平台	http：//www. uftong. com /
7	360	360 开放平台	http：//open. 360. cn /
8	淘宝	淘宝开放平台	http：//open. taobao. com / index. htm
9	八百客	在线 CRM	http：//www. 800app. com /
10	Xtools	Xtools CRM 平台	http：//www. xtools. cn /
11	金山	快盘	http：//www. kuaipan. cn / index. htm
12	首都在线	云主机	http：//www. yun-idc. com /
13	酷盘	酷盘	https：//www. kanbox. com /
14	蓝汛	云＋CDN	http：//www. chinacache. com /
15	华为	网盘	http：//www. dbank. com /

① 资料来源：第四届中国云计算大会。

续 表

序号	公司	产品	主页
16	班墨	云测试平台	http：//www. alldaytest. com
17	北京云联科技	云游戏	http：//www. godhd. com
18	百会	在线 office	http：//www. baihui. com/index. htm
19	美科德	云宝	http：//www. mycloud. net. cn/
20	科大讯飞	语音云	http：//www. voicecloud. cn/index. html
21	一一五科技	115 网盘	http：//www. 115. com
22	华云	华云弹性计算云	http：//www. chinac. com
23	谷数科技	D-Fusion 8000 系列	http：//www. ceresdata. com
24	又拍云存储	又拍云存储	https：//www. upyun. com/index. php
25	中科金证	健康云平台	http：//www. casking. com. cn
26	中科曙光	曙光 cloudbase	http：//www. dawning. com. cn/chpage/c1
27	中科蓝鲸	云存储平台 BWStor CSA	http：//www. bwstor. com. cn/index. aspx
28	太极计算机	北京祥云定制化系统	http：//www. taiji. com. cn
29	亚信联创	橘云	http：//www. asiainfo-linkage. com. cn
30	济南银泉	Green2C 云计算平台	http：//www. yinquan. cn/index. html
31	炫我科技	炫云引擎	http：//www. shinewonder. com
32	拿云时代	拿云 ECP、云桌面	http：//www. nayun. cn
33	美地森	Cloud Engine	http：//yftty. com
34	友友系统	CloudWare 云操作系统	http：//www. yoyosys. com
35	UIT 创新科	UCA2000	http：//uit. com. cn
36	新浪	微盘	http：//vdisk. weibo. com/
37	百度	百度网盘	http：//pan. baidu. com/infocenter/
38	迅雷	迅雷网盘	http：//dynamic. xlpan. com/
39	浪潮	浪潮云海集装箱数据中心	http：//www. inspur. com/
40	华为	CSE 云存储平台	http：//www. huawei. com/
41	中兴	ZXF20 存储系统	http：//www. zte. com. cn/
42	中软	中软红云	http：//www. css. com. cn/
43	用友	网商服务	http：//www. chanjet. com/
44	金蝶	云计算的运行支撑平台	http：//www. apusic. com/
45	东软	Aclome 敏捷云管理环境	http：//aclome. neusoft. com/
46	新浪微博	新浪微博开放平台	http：//open. weibo. com/

续 表

序号	公司	产品	主页
47	同有科技	NetStor iSUM300	http：//www. toyou. com. cn /
48	卫士通	SJY15-C 服务器密码机	http：//www. westone. com. cn /
49	北京电信通	IDC 数据中心	http：//www. bjdxt. com /
50	华胜天成	IaaS 管理平台	http：//www. teamsun. com. cn /
51	中国电信	天翼云存储	http：//cloud. 189. cn /
52	中云融信	弹性云主机	http：//www. cloudmind. cn /
53	风云网络	风云在线	http：//www. cnsaas. com /
54	宝德	监控服务器	http：//www. powerleader. com. cn /
55	品高	品高云	http：//www. bingocloud. cn /Default. aspx
56	金蝶	金蝶桌面系统	http：//www. kingdee. com /
57	云创存储	cStor 云存储系统	http：//www. cstor. cn /
58	安久	安久计算云	http：//www. ungeo. com /
59	启明	启明网盘	http：//www. shvns. com /
60	上海引跑	EngineOne 云系统	http：//www. intple. com /

后　记

写写停停，不知不觉已历时五载。书名也由早期构思的《新媒体产业概论》，添进了国外新媒体产业的研究成果，摇身一变成了《中外新媒体产业》，成为“媒体产业系列丛书”中的一分子。

2013 年 8 月 1 日，国务院发布“宽带中国”战略实施方案，部署未来 8 年宽带发展目标及路径，意味着“宽带战略”从部门行动上升为国家战略。2013 年 8 月 8 日，国务院印发“关于促进信息消费扩大内需的若干意见”，指出“我国正处于居民消费升级和信息化、工业化、城镇化、农业现代化加快融合发展的阶段，信息消费具有良好发展基础和巨大发展潜力”，而“加快促进信息消费，能够有效拉动需求，催生新的经济增长点，促进消费升级、产业转型和民生改善，是一项既利当前又利长远、既稳增长又调结构的重要举措”。“宽带中国”接轨国际前沿，推动新一轮信息化发展浪潮，是抢占新时期国际经济、科技和产业竞争制高点的重要举措，给传媒教育与科研提出了更高要求。

掩卷收稿之时，笔者的角色也在悄然变化，除了日常教学科研，还在筹建中国第一个电信传播研究院。适逢国家建设“宽带中国”倡导“信息消费”，现代通讯技术与传统媒体的融合进入到实质性产业化阶段，传媒终端将极为多样多元，传媒内容需求会海量增长，各类信息产品的表现形式无穷无尽，“信息消费”时代的传媒产业人才培育，必须从更高战略层精心设计。笔者希望承载如此这般的举世良机，勇敢而自信的有所作为和担当。

在书稿写作过程中，得到了各方面的关心和支持。北京邮电大学党委书记王亚杰教授自始至终关注写作进程，从架构篇章等方面严格把关，精心评点。我的合作者杜振华教授跨越专业寻求突破，跨越时空更新数据资料，付出了很多很多，刘宇教授撰写了“互联网产业对经济的影响”。胡启镔、李欲晓、李剑锋、杨瑞萍、方明东、谢永江、李炜炜、魏学明、孙启明、徐敬宏、任乐毅、王连娟和莫茜等都是我的良师益友，有几位教授在我还是讲师时就开始指导和支持我的研究工作，是我不断进取的精神动力。研究生申卉、周添、郭琳、侯丽莎、武宇飞、王艺蒙、何地和王若斯等，为该书写作付出了很多劳动，在此一并致谢。

浙江传媒学院是我继续攀升的新云梯，奚建华书记和彭少健校长打破常规委以重任，让我这个“特聘教授”深感肩上重任。惟有不辱使命，带领团队人员星夜兼程，在传媒产业领域不断创新，在电信传播学科建设方面独树一帜，才能不辜负这份重托。

书稿几番甄改，翻阅参考了诸多文献，自感费尽了全力，投入了几乎所有节假日，甚至今年春节和中秋佳节还在斗室冥思，仍觉得有不少地方深思不够，或视野不及，或论证浅显，有诸多不足和片面之处，望各位方家批评指正。

2013 年 9 月于北京邮电大学明光楼